日本語・中国語 **形容表現例釈**

平松圭子 監修　大瀧幸子 編著

東方書店

まえがき

　日本語の常用形容詞の語彙とそれに相当する中国語形容詞を集め，用例集を作ることを大瀧幸子先生と計画してから十年余りの歳月を経て，ようやく『日本語・中国語形容表現例釈』として一冊にまとめることができました。

　当初はまだ現在のようにパソコンが普及しておらず，集めた資料に手を加えるたびに原稿を清書しなおさねばならず，初期の段階では，植松希久麿さん，武田早智子さん，田子琪さん，張小新さんに協力してもらいました。その後さらに，日本語形容詞の数が増え，用例も増えて現在の形になりました。

　日本語の常用形容詞から先に採取し，日本語の例文を作り，中国語に翻訳するという手順をとりましたが，中国語の基本的な形容詞を使用して訳すように心がけ，実用性に重きをおいたことは「本書の構成と使い方」に記してある通りです。よく読んでいただき，作文などに本書が役に立てば幸いです。

　形容詞の文法的なはたらきによる分類，意味上の分類，用例文の作成，相当する中国語，訳文，類義語など具体的な作業の大部分は大瀧先生の労によるものです。この後半の段階で，中国語訳文の作成や中国語のチェックに協力してくださった，徐曼さん，王軍さん，劉力さんの三先生，金沢大学に来られていた北京師範大学の李燁東先生に，心から感謝申し上げます。そして，本書の出版を快諾してくださった東方書店出版部の方々に御礼申し上げます。

平松　圭子
2002年9月10日

目　次

まえがき　i

本書の構成と使い方　v

本　文 ……………………………………………………………… 1

中国語索引 ……………………………………………………… 175
日本語索引 ……………………………………………………… 194

本書の構成と使い方

1：見出し語と索引の構成

　本書は日本語形容詞のうち基礎的なものを網羅したのはもちろんのこと，中国語の基礎的な学習に役立つように，『中国语基础词汇3000』(1986，文字教育研究社) や，『HSK語彙大綱』(『汉语水平等级准和等级大纲』1988) の中に含まれる甲級・乙級形容詞も，もれなく用例に含まれるように工夫してあります。その結果として，日本語の見出し語も形容詞以外のものが含まれるようになりました。(例えば，「きれいだ」「安全だ」「太っている」など)

1.1　見出し語

　見出し語は日本語を用いて，形容詞・形容動詞・「動詞＋～ている」形を五十音順に配列してあります。

　ある見出し語もしくはその見出し語のある意味区分に関連性の強い語は，㊝のマークをつけ，その見出し語の後 (またはその下位区分の一連の説明の後) に配置しています。㊝であげた語についての説明の書き方は，通常の見出し語に準じます。

1.2　各見出し語の説明

1.2.1　四角で囲まれた数字は見出し語の意味の下位区分です。それぞれの意味分類ごとの説明では下記のような表現を用いています。

a)「…の状態」

　もっとも一般的な「事物の状態を描写，判断する意味」を示す。また，連体修飾語にしか現れない意味については「…の属性」，連用修飾語にしか現れない意味については「…の様子」という文末表現を用いる。

b)「…のありさま」

　人間だけを総体として描写，判断する意味。

c)「…の感情」

d)「…の感覚」

　b) のうち，人間の感情，感覚を判断する意味。なお，中国語で心理・知覚動詞を用いて表す意味は「…の気持ち」とした。

1.2.2　見出し語の右側，または各意味分類の説明の後ろに㊥符号をつけて

示した単語は，中国語訳ではほぼ同じ表現が用いられるとみなされるものです。本書には見出し語として取り上げていませんので，その単語の訳し方を調べたいときは，左側の単語につけられている例文を参照してください。

1.2.3 見出し語の右側，または各意味分類の説明の後ろに「→」マークがついている単語が併記されている場合，それは中国語の用例が類似している，中国語としての類義語です。比べながら学習すると，中国語への翻訳の仕方にどのような区別があるか，理解しやすくなります。

1.2.4 見出し語の右側，または各意味分類の説明の後ろに「↔」マークをつけて示した単語は反義語です。

1.3 用例

1.3.1 各意味分類の説明の後に，日本語の用例とその中国語訳を示しました。その際には，その見出し語の使われ方によって，「連体修飾語」「述語」「連用修飾語」「連用活用形＋スル」の4種の文法成分に分けて表示しました。また，一部の見出し語については「慣用的表現」として，他の意味分類にあてはまらない用例を挙げています。

1.3.2 中国語訳文のうち，文となっているものは文末に句点（。）をつけ，フレーズのものは文末の句点を省きました。

1.3.3 異なる訳が成り立つ場合は，複数の訳を併記しました。部分的な置き換えが可能な場合，置き換え箇所を〔 〕で示し，置き換えられる訳語を／で区切って示しました。置き換えが二重になる場合は，[〔…／…〕…／…]のようにしました。

1.4 類義語コーナー

ある意味分類について，日本人に使い分けがわかりにくい中国語の類義語がある場合には「類義語コーナー」を設けて，基本的意味と典型的用例，用法比較の一覧表などを記入してあります。類義語コーナーでは以下のような原則にしたがっています。

1.4.1 中国語形容詞を語義のうえで4種類にわけ，各種類ごとに類義語の意味を記述するルールを次のように決めました。日本語で書かれた語義解釈の部分で，おのおのの中国語形容詞の意味が，どういう文末表現で表されているかによって，その形容詞の使い方が類推できるように工夫してあります。この文末表現の区別は見出し語の意味記述に準じています（1.2.1

参照)。
a)「…の状態」

　もっとも一般的な「事物の状態を描写，判断する形容詞」。ただし基本的な単音節形容詞のなかで，程度補語として具体的な数字を使える形容詞（計量形容詞とも呼ばれる，"大""长"など）については，「…の量が大・小」と記述したものもある。また，連体修飾語にしか用いられない形容詞（区別詞）には「…の属性」という文末表現を用いた。

b)「…のありさま」

　人間だけを総体として描写，判断する形容詞を，a)グループから分けた。特徴的な文法機能は，主語として人間を表す名詞をとって，直接述語として用いられることである。（"他（很）～"という使い方ができる）

c)「～の感情」

d)「～の感覚」

　b)グループからさらに，人間の感情，感覚を判断する形容詞をとりだした。特徴的な文法機能は①"我（很）～"のなかでも使える。②"让人～"（感情）"让人〔感到／觉得〕～"（感覚）のなかで使える。なお，中国語で心理・知覚動詞を用いている場合は「…の気持ち」とした。

1.4.2 語義解釈の次には，用法の特徴を「文型」「組み合わせ一覧表」「典型例」の順序で説明します。類義語コーナーによって，もっとも注意すべき点にしぼって，説明してあります。「組み合わせ一覧表」や「典型例」では，原文に対するインフォーマントチェックを依頼した先生方の意見が一致しなかった場合，30代の先生方のなかの多数決で記述を決めました。類義語には微妙な境界線があり，そうであるからこそ，類義語として意識されるのですから，皆さんも自分で読んだり聞いたりした表現を注意深く記録していくようにしてください。

1.5　索引

　中国語索引は中国語の形容詞・心理動詞を表音ローマ字表記に従い，アルファベット順に配列してあります。

　各単語ごとに日本語のどの形容詞の訳語になっているかが，掲載ページと一緒に挙げてあります。中国語の単語の用法を効率よく学習できます。

　日本語索引は見出し語を五十音順に配列してあります。また，本文中㊏で示した語は，→で親項目（見出し語）を示してあります。

【使い方の注意点】

(1) 文法成分4種類＝連体修飾語・述語・連用修飾語・〜スル（動詞化した使役表現：例えば「美しくする」）を文中に用いた用例を，順番に並べましたが，例文の分類わけは活用形よりもフレーズ全体の文法成分としての機能に重点を置きました。特に「〜クナル」「〜イラシイ」「〜イヨウダ」などは，連用修飾語や連体修飾語ではなく述語としての用例のなかに含めましたから，注意して下さい。

(2) 連体修飾語の用例のなかで，連体修飾語と中心語の間に一部白い三角マークのあるもの，述語の用例のなかで，主語と述語の間に一部黒い三角マークがあるものが含まれています。これは，それぞれ，主述構造のなかでは組み合わさらないこと，連体修飾語構造のなかでは組み合わさらないことを表しています。同じ形容詞と同じ名詞とが，連体修飾構造の中では組み合わさるのに，主述構造の中では組み合わさらない（その逆もある）とは，不思議ですね。こういう組み合わせがあることは，文法構造そのものにも意味表現機能があることの証拠の一つであり，中国語では日本語よりもこういう事例が多くあるようです。日本語で考えていては類推のきかないことですから，注意して学習してください。

(3) 見出しの日本語形容詞に相当する中国語形容詞（フレーズ）が中国語の文脈では複数可能になる場合，入れ替え可能な箇所を「〔……／……〕」の形で列記しました。文頭から複数の表現を複数の単文として列記する場合は「。」で区切って列記しました。ただし，入れ替え可能であっても，当然文全体の意味は微妙に変化している（そうでなければ単語一つの形に統一されていることでしょう）わけですから，一部の入れ替え可能な表現には「類義語コーナー」でその違いがわかるように説明してあります。見落とさないようにしてください。

(4) 用例中の中国語の用法について注意すべきことは，注をおいて指摘しました。

２：学習のポイント

　用例を学習する際に，次の具体的なポイントを見逃さないようにすれば，日本語と中国語の形容詞の違いがさらによく理解できます。作文能力を高めるのにも役立つことでしょう。

(1) 同じ日本語形容詞を翻訳する場合でも,主語になる名詞の違いによって述語に使われる中国語形容詞が変化します。
(2) 日本語形容詞の活用形の違いによって,つまり連体修飾語か述語か連用修飾語かによって,翻訳に使われる中国語形容詞も変化することがあります。
(3) 日本語形容詞・形容動詞の連用活用形（～く,～に）を中国語に訳す場合,組み合わさる動詞や文脈によって中国語形容詞が結果補語フレーズ〈動詞～〉,様態補語フレーズ〈V得～〉で使われるか,連用修飾フレーズ〈～地V〉で使われるかが変化します。
(4) 中国語の連用修飾フレーズを使うときには,動詞にアスペクト助詞"着""了"や方向補語,程度補語などを必ず付けねばならないことがあります。動詞の形にも注意を払って下さい。
(5) 日本語の名詞述語文（「彼は～い性格だ」「彼は～な人だ」など）は,中国語に翻訳する場合,主述述語文（〈他性格很～〉など）が自然な表現として選ばれます。総じて,中国語の口語体では短めの連体修飾語が好まれます。

3：参考文献リスト
3.1　日本語形容詞の用例を中国語に翻訳するための参考資料
　　外国人のための基本語用例辞典（1972,文化庁）
　　基礎日本語ⅠⅡⅢ（森田良行,1985,角川書店）
　　例解新国語辞典（林四郎編集代表,1993,三省堂）
　　日中辞典（1993,小学館）
　　詳解日汉词典（1983,商务印书馆）
　　常用词日语常用例解词典（1982,外语教学与研究出版社）
　　講談社中日辞典（1992,講談社）
　　中日辞典（1992,小学館）
　　現代中国語大辞典（1993,角川書店）
　　简明汉语塔配词典（张寿康,林杏光主编,1990,福建人民出版社）
3.2　中国語形容詞の意味を記述するための参考資料
　　现代汉语词典（1988,商务印书馆）
　　现代汉语同义词（游智仁等,1982,宁夏人民出版社）
　　近义词辩折（刘淑娥,1983,北京语言学院）

近义词应用词典（陈炳昭编著，1987，语文出版社）
形容词用法词典（郑怀德，孟庆海编，1991，湖南出版社）
实用汉语形容词词典（安汝磐等，1990，中国标准出版社）
现代汉语词塔配词典（张寿康，林杏光主编，1992，商务印书馆）
新编汉语多功能词典（张寿康审订，1989，国际文化出版公司）

＊本書は原稿作成に着手してから10年を経過しています。したがって最新の参考文献としてとりあげるべき文献が一部もれていることをおことわりしておきます。

記号一覧

- ¶ 用例
- ► 用例に対する中国語訳文
- 〔 〕 複数の表現が可能なもの
- [ ] 複数の表現が可能なもの(〔 〕と併用される場合)
- ／ 複数の表現の区切り
- 注 中国語の用法の注意を示す
- △ 述語としてのみ使われる
- ▲ 連体修飾にのみ使われる
- 附 直前の見出し語またはある意味分類と関連の深い見出し語
- ↔ 反対語
- → 参照語・関連語
- 未 日本語の類義語・近義語(見出しとしては取られていない)
- ◇ 類義語コーナーで中国語の例文を示す
- 〈 〉 類義語コーナーの例文で成語であることを示す

あ

あかい【赤い】
①色彩が赤い。
連体修飾語 ¶光り輝く赤い太陽▶〔光芒四射的／灿烂的cànlàn de〕红太阳 ¶真っ赤な服▶〔大红的／鲜红的〕衣服 ¶空が白み始めると赤い太陽が海面から顔を出した▶天渐渐发白了,红彤彤的hóngtóngtóng de太阳出现在海面上。
述語 ¶夕焼けで空が赤くなった▶晚霞wǎnxiá把天空映得yìngde通红。
連用修飾語 ¶夕陽が空を赤く染めた▶夕阳映红了天空。
②血色がよい,顔色が赤いありさま。
連体修飾語 ¶生まれたばかりの赤ん坊は赤い顔をしている▶刚出生的婴儿长着一张红嘟嘟hóngdūdū的小脸。¶あの社長はこのごろツヤツヤした赤ら顔をしている,景気がよいらしい▶那个总经理最近红光满面的,看样子生意做得不错。
述語 ¶昔のガキ大将は,皆ほっぺがまっかだった▶以前的小淘气包儿xiǎotáoqìbāor们,脸总是红扑扑的hóngpūpūde。 注 "脸红扑扑的"是子供のほほの赤みを表す。熟睡している時の生理現象も形容する。¶子供の顔が発熱で／日焼けで赤くなっている▶孩子的脸〔烧得／晒得〕通红。 注 "通红"は色が濃く,一面に広がる赤みを指す。¶ジョギングをしているうちに,顔がほてって赤くなってきた▶跑着跑着,不知不觉脸上发热,红起来了。¶私は恥ずかしくて顔が赤くなった▶我〔臊得／羞得〕〔脸都红了／面红耳赤ěrchì〕。

赤くする ¶綱引きをしている人たちは力が入って,顔を赤くしている▶拔河的人们憋得biēde脸都发紫了。¶父は怒りのあまり顔を赤くした▶父亲气得〔脸都发紫了／脸红脖子粗bózi cū〕。

あかるい【明るい】 ↔くらい
①光線の量が多い。
連体修飾語 ¶明るい光▶亮光 ¶もっと明るい電球を下さい▶我要一个更亮些的灯泡。¶明るいところで読まないと目を悪くする▶〔不在亮地方看〔书〕／如果光线不好〕,会把眼睛看坏的。 注 "光线好"は「日当たり,採光がよい状態」。
述語 ¶外はまだ明るい▶外头还亮着呢。¶私の部屋は南向きで明るい▶我的房间朝南cháo nán,〔光线△很好／屋子里亮堂堂liàngtāngtāng的〕。¶その部屋は明るくない▶那个屋子〔不亮／光线不好／有点儿暗〕。
明るくする ¶目を悪くするからもっと明るくしなさい▶对眼睛不好,再弄亮点儿。 注 "弄"は代動詞。何らかの行為を行うことである状態を生じさせる。
②色彩の明度が高い。
連体修飾語 ¶明るい黄色▶明黄色,鲜艳的▲黄色 注 主述構造での表現は"黄色醒目"。
述語 ¶この絵は色調が明るい▶这张画色调sèdiào鲜明。 注 複数の色の対比について言う。
明るくする ¶この絵はバックを明るくすると,もっとよくなるでしょう▶这张画儿要是让背景亮一些,就更好了。

♣類義語
鲜艳:色どりが明るく美しい状態(原則として複数の色のなかで目だっ

ていることが前提)。[→あざやか
だ①]
鮮明：①色と色の境界が鮮明な状態。
②抽象的な立場，観点，主題などが，はっきりと区別されて定まっている。[㋐鮮明だ]

[典型例]
鮮艳：〈～夺目〉◇～的民族服装◇花儿开得很～。◇打扮得～。◇商标～。
鮮明：①◇这幅画色彩应该～一点儿。②◇～的对照。◇写得～。◇回答～。
《共通》画儿画得～。

---

③人に与える印象・雰囲気が心地よく気持ちをひきたてる状態。または，人がそういう気持ちになった感覚，感情。

連体修飾語 ¶明るい人▶〔快活的/爽朗的/开朗的〕人 ¶明るい表情▶〔开朗的/愉快的〕表情 ¶明るい歌声がする▶响着明快的歌声。¶子供たちの明るい笑顔と，明るい笑い声が仕事の疲れをいっぺんにとってくれる▶孩子们快活的笑脸，响亮xiǎngliàng的笑声，使工作的疲劳一下子就会烟消云散yānxiāoyúnsàn。[注]"响亮"は，音と声のみを形容する。¶教室には明るい雰囲気が満ちていた▶教室里充满了快乐的气氛。¶2人で力を合わせて明るい家庭を築く▶两个人齐心合力，建立一个快乐的家庭。¶明るい職場を作る▶创建一个令人愉快的工作单位。

述語 ¶気持ちが明るい▶心情愉快。[注]"精神"は一般に思想や思考を指し，気分や気持ちの総称には使わない。¶あの人は性格が明るい▶他性格〔开朗/爽朗〕。他那个人很快活。¶卒業式が近づき，クラスの雰囲気が一段と明るくなった▶临近毕业典礼，班里的气氛更〔快活起来/快乐起来/活跃起来〕。¶身体の具合がよくなるにつれ，気持ちも明るくなってきた▶随着健康好转，〔心情也舒畅多了/快活起来/性格也开朗了。〕¶このごろ彼女は顔が明るくなった▶近来，她的脸上有了生气。

連用修飾語 ¶明るくほほえみかける▶愉快地微笑起来。¶その話を聞いて彼は明るく笑った▶他听了这句话，〔快活地/开朗地/爽朗地〕笑了起来。[注]"爽朗"は声を上げて笑う様子をよく形容する。

明るくする ¶彼女の言葉は人の心を明るくする▶她的话语使人快乐。

♣類義語　　　　　　　　→さわやかだ
开朗：①性格や気の持ち方があけっぴろげで明るく，それが表情にも現れているありさま。②場所が明るくひろびろしている状態。
爽朗：①性格がさっぱりしていて対人関係にこだわらず，それが物言いにも現れているありさま。②天気がさわやかで人に明るい印象を与えている状態。

[典型例]
开朗：①〈豁然huòrán～〉◇心情～。◇性格～。◇性情～。
爽朗：①〈～活泼〉◇～的笑声◇声音～。◇性情～。◇～地大笑起来。◇～地回答。

---

④先のことに希望が持てる状態。
連体修飾語 ¶明るい前途▶光明的前途 ¶明るい見通しが立った▶前途有了〔希望/光明〕。
述語 ¶彼らの前途は明るい▶他们的前

途很〔光明/有希望〕。¶いい人を社長に迎えることができて，この会社の前途も明るくなった►请来了适当的人当经理，[这个公司的前途也有望了/这个公司也有前途了。]

慣用的表現 ¶与党には特に明るい政治をしてほしい►人们特别希望执政党zhízhèngdǎng实行〔光明正大的/透明度高的〕政治。注スローガンは"光明正大"を用いる。

⑤(特定の問題について)知識が豊かなありさま。文型～に明るい

述語 ¶彼は法律に明るい人だ►他是一个精通法律的人。¶彼は中国の歴史に明るい►他〔精通中国历史/对中国历史很精通〕。¶私はこのあたりに明るい►我对这一带很熟悉。¶彼は北京の地理に明るい►他熟悉北京的地理。¶彼は中国の風俗習慣に明るい►他很了解中国的风俗习惯。

♣類義語 →くわしい

精通：学問や専門技術・業務に精通しているありさま。

懂：学問や専門技術・業務，あるいは道徳や人の道を体得しているありさま。

熟悉：よく接触して，慣れ親しんでいるありさま。

了解：調査や行動を通して，知識を得ている(←→本質を理解している)。

文型 "懂"と"了解"は目的語の位置で対象を表す。"精通"と"熟悉"は目的語の位置のほか，"対～"という介詞構造で，対象を表す。

典型例

精通：◇～医学理工。◇～法国文学。◇～业务。

懂：◇～礼貌。◇～道理。◇～德文。◇～计算机。

熟悉：◇～的声音◇～的人

了解：◇～情况。◇～历史。◇～群众。

あきらかだ【明らかだ】

①誰でも事実・真実だとわかる状態。

連体修飾語 ¶それは明らかな事実だ►那是明显的事实。¶私は明らかな証拠をにぎっている►我有着非常确凿quèzuò的证据zhèngjù。

述語 ¶犯人が彼であることは明らかだ►很明显，罪犯就是他。¶ひとつ間違えれば大惨事になることは明らかだ►出一个差错chācuò就会引起大事故，这是很明显的。¶彼が偽証したのは明らかだ►他作假证是很明显的。¶彼の病気がだんだん悪くなっているのは誰の目にも明らかだ►谁都看得出来，他的病越来越严重yánzhòng。注"越来越～"：結果の善し悪しに関係なく用いられる。"渐渐"：結果が悪い時は用いられない。

連用修飾語 ¶明らかにあなたの負けだ►显然是你输了shūle。¶それは明らかにあなたの責任である►那显然是你的责任。

②隠れていた正体や真相がはっきりとなった状態。

述語 ¶事の真相が明らかになった►事情已经真相zhēnxiàng大白了。¶誰が犯人か次第に明らかになるだろう►谁是罪犯将会逐步搞清楚的。

明らかにする ¶問題点を明らかにする►把问题搞清楚。¶路線の是非を明らか

にする▶分清路线是非。¶私たちは誰が友で,誰が敵であるかを明らかにするべきだ▶我们要分清敌我。我们应该分清谁是朋友,谁是敌人。¶自分の立場を明らかにする▶表明自己的立场。明确表明自己的态度。¶立場を明らかにすべきだ▶要立场鲜明。注"要"是"应该"よりもはっきりと命令口調を示す。

慣用的表現 ¶火を見るより明らかだ▶洞若观火dòng ruò guānhuǒ。¶言わずとも明らかだ▶不言而喻。¶一目で明らかだ▶一目了然。

あさい【浅い】

①表面から底(奥)までの隔たりの量が少ない。

連体修飾語 ¶浅い海▶浅海¶浅い皿▶浅底盘子¶近くに浅い川が流れている▶附近流着一条〔很浅的/水不深的〕河。

述語 ¶この川は浅い▶这条河很浅。

②色調が淡く,明度が少し高い。

連体修飾語 ¶浅緑▶浅绿色,淡绿¶浅黒い顔▶一张黑黝黝的脸¶色が浅い▶颜色〔很浅/很淡〕。

③(眠り・傷など)生理現象の程度が軽い状態。

連体修飾語 ¶浅い傷を負った▶受了轻伤。

述語 ¶傷は浅い,頑張りなさい▶〔这伤〔较轻/不重〕/这伤口还不深〕,挺着点儿。¶眠りが浅い▶睡得〔不实/不熟〕。睡觉轻。

④物の見方や人間関係の作り方が不十分なありさま。

連体修飾語 ¶浅い考え▶肤浅的〔见解/看法〕

述語 ¶あなたは考え方が浅い(甘い)▶你想得太简单;你认识肤浅;你见识短。注"见识短"は,人生经验が少なくて考えが不十分なこと。¶その件について私の理解はまだ浅い▶我对那件事的理解还很肤浅/还不够。¶愛情が浅い▶爱情不深。爱得不深。感情不好。注"感情好,感情不好"男女間の愛情,夫婦間の愛情について用いることが多い。¶2人の関係は浅からぬものだ▶他们俩的交情不浅。他俩的关系不一般。

慣用的表現 ¶女の浅知恵▶头发长,见识短。

⑤季節や生活が始まったばかりの状態。

連体修飾語 ¶浅い春▶初春,早春

述語 ¶春はまだ浅い▶春天刚刚到。¶私と李さんのつきあいはまだ日が浅い▶我和小李的交往时间还不长。¶知り合って日は浅いが,私たちはもう友だちになった▶我们认识〔还没多长时间/还不久〕,就成了朋友了。¶私の教師としての経験はまだ浅い▶我作为教师的经验〔还不够/还不/还少〕。

あざやかだ【鮮やかだ】

①色彩,映像がはっきりしている状態。

連体修飾語 ¶鮮やかな赤いスカーフ▶一块鲜艳的红领巾¶彼女は色鮮やかな花模様の和服を着ていた▶她穿着一身花纹色彩鲜艳的和服。¶前には目にも鮮やかな朱塗りの大きな鳥居があった▶前边有一座醒目xǐngmù的大朱红zhū-hóng牌楼páilou。

述語 ¶この絵は色彩が鮮やかだ▶这张画色彩鲜艳。¶この白黒テレビの画面はとても鮮やかだ(鮮明だ)▶这台黑白

电视机的画面非常清晰qīngxī。¶この カラーテレビの画面はとりわけ鮮やか だ▶这台彩色电视机的画面色彩格外 〔醒目/清晰〕。
連用修飾語 ¶南国の風景が鮮やかにスク リーンに映し出された▶银幕上很清晰 地展现出了南国风光。
2 技術，腕前が見事な状態。[→見事だ] [→素晴らしい]
連体修飾語 ¶鮮やかな演技▶〔出色的/精 彩的/高超的〕演技 ¶鮮やかな武芸を 披露した▶他向人展示了高超的武艺。 ¶昨日のサッカー試合で，彼は鮮やか なシュートを決めた▶他在昨天的足球 比赛射了一个挺漂亮的球。¶あなたの 鮮やかな職人芸を拝見しよう▶让我们 欣赏欣赏您〔高超的/漂亮的▲〕手艺吧! 注 "手艺"は職人の腕前を指す。"漂 亮"は主語として"手法"を選ぶ。¶彼 は鮮やかなスリーランホームランを 打った▶他打了一个〔漂亮的/精彩的〕 三人得分défēn本垒打běnèi dǎ。
述語 ¶彼の答弁は実に鮮やかだ▶他答 辩〔精彩/漂亮/高超/出色〕极了。
連用修飾語 ¶難問をとても鮮やかに解決 した▶他非常〔漂亮地/出色地/巧妙 地〕解决了这个难题。¶難しい任務を 鮮やかにやり遂げた▶〔出色地/漂亮 地〕完成了这项艰巨的任务。¶彼は質 問の矛先を鮮やかにかわした▶他巧妙 地回避了问题的矛头。

♣ 類義語

精彩：(演技，竞技，弁論，文章な ど)技術的なできばえがすぐれてい る状態。

高超：身についた技術や能力が，水 準以上にすぐれている状態。

漂亮：晴れがましいことをやって見 せる手際がすばらしい状態。

出色：できばえが水準以上にすぐれ， それを成しとげる手際もすばらし い状態。

文型 "出色""漂亮"のみ連用修飾語に 使える。[~地]完成了任务/解决问 题。

典型例

精彩：◇~的表演◇~的节目◇~演 得~。◇文章写得~。

高超：◇~的记忆力/技术~。

漂亮：◇事情办得~。◇射门很~，但 可惜没进去。

出色：◇工作非常~。◇~地表达出 来。

3 ある事物についての記憶がはっきりし ている状態。

連体修飾語 ¶この事は私に鮮やかな印象 を与えた▶这件事给我留下了深刻的印 象。

述語 ¶その時の印象は今も鮮やかであ る▶当时的印象现在[还记得很清楚/还 记忆犹新]那儿的情景/景象还还历 lìlì在目。

連用修飾語 ¶当時の情景が今も鮮やかに よみがえってくる▶当时的情景，现在 还可以清楚地回想起来。

あたたかい【暖かい・温かい】；あた たかだ【暖かだ・温かだ】

1 全身で感じる温度が心地よい熱をもっ ている感覚。または，そう感じさせる 状態。

連体修飾語 ¶暖かい風▶暖风 ¶暖かい春 ▶暖和的春天 ¶暖かい日ざしを浴びて

あたたかい

子供らが遊んでいる▶小孩儿们晒着温暖的阳光,在玩儿呢。¶暖かなこたつにもぐりこむ▶钻进zuānjìn暖和的被炉bèilú里。¶暖かな布団の中からなかなか起き出せない▶舍不得shěbude离开暖和的被窝bèiwō。

述語 ¶冬でも日なたは暖かい▶即使是冬天,太阳下也暖和。¶室内が暖かくなると眠くなる▶屋里一暖和,人就发困。¶風はまだ冷たいが,日ざしが暖かくなってきた▶虽然风还有〔些寒意hányì,/一点点冷〕但阳光已让人感到〔温暖/暖洋洋的〕。¶このオーバーは生地は軽いが暖かい▶这件大衣虽然料子很轻,可是穿着却暖和。

連用修飾語 ¶太陽が暖かく照らしている▶太阳照得暖融融的。注"阳光""炉火"を形容する。

暖かくする ¶ストーブを焚いて部屋を暖かくする▶生炉子〔暖暖/暖和暖和〕屋子。

♣類義語

温暖:①(天候,季節について)暖かい(詩的表現)。②思いやりの深さが人の気持ちをなごます状態。

暖和:身体の芯からポカポカする感覚。または,ある原因がそういう感覚を人に与える状態。

文型 動詞として用いた場合

温暖:◇大家的关怀~着我的心。

暖和:◇外边怪冷的,快进来~~吧。

2 固体,液体の温度が適温で気持ちよく感じさせる状態。

連体修飾語 ¶温かい飲み物▶热饮料¶温かいうどん▶一碗热汤面¶温かいうちに召し上がれ▶趁热吃吧!¶赤ちゃんの暖かいほっぺたに触ると私の心まで暖かくなるみたいだ▶一触摸到婴儿那热乎乎的小脸蛋儿,就像有一股暖流一直流到我心里。

述語 ¶あなたの手は暖かいね▶你的手热乎乎的。¶スープはまだ温かい▶汤还挺热乎。¶遭難者のうち,この子だけは体がまだ暖かいので助かりそうだ▶遇难者中,只有这孩子身体还温和,好像能救活。注物体を形容する場合,"温和"は体温と同程度の温度を示す。液体では,「ぬるい」感覚を与える程度。

慣用的表現 ¶ふところが暖かい▶手头〔宽裕/宽绰kuānchuo〕。

3 愛情がこもっていて幸せな気持ちにさせる状態。

連体修飾語 ¶あたたかい家庭[→なごやかだ]▶幸福和睦的家庭¶あたたかい人[→しんせつだ]▶〔待人亲切的/热心肠的〕人¶温かい言葉をかけられて私は思わずほろりとした▶听到这〔热情的/亲切的〕话语,我不由得鼻子发酸,眼泪在眼眶里打转儿。¶あなたの温かいご配慮に感謝します▶非常感谢您的〔亲切关怀/关心〕。¶あの子にはあなたがたの温かい思いやりが必要です▶现在需要你们对那个孩子〔多加关怀/多加关心/关心体贴〕。¶もう少し温かい態度を示して下さい▶请你再热情一点儿。请你态度再亲切一点儿。¶彼は私のことを温かい目で見ていてくれる▶他用〔关切的/亲切的〕目光看着我。他用〔同情的/充满关怀的〕眼光注视着我。注"目光"は具体的な目の形のことで人の表情を表す。"眼光"は視線の他,心の中の物の見方や観点など

が見通せる目つきのことで，使われる文脈が異なっている。
述語 ¶彼は人柄が温かい►他很热情。
連用修飾語 ¶彼らは私を温かくもてなしてくれた►他们热情招待了我。我受到了他们的〔热情招待／亲切招待〕。
慣用的表現 ¶あの人には温かみというものがない►那个人〔很冷酷／没有人情味儿〕。

あたらしい【新しい】
①事物や時世・流行・傾向が以前のものと異なっている状態。
連体修飾語 ¶新しいブラウス►一件新的女衬衫chènshān ¶新しい住所►新地址，新住址 ¶新しい資料を提供する►提供新资料。¶いくつかの新しい政策を打ち出した►制定了一些新政策。¶新しい学問の分野を切り開いた►开辟了kāipìle新的学术领域。¶新しい学問を学ぶ方がよい►最好学新兴xīnxīng学科。
述語 ¶部屋を模様替えして気分が新しくなった►改变一下房间的摆设装饰·使人觉得焕然一新huànrán yī xīn。
連用修飾語 ¶この人が新しく入社した人です►这是我们公司新来的人。¶来月この製品を新しく売り出す予定である►下月这个产品打入市场。
②食物や草花がとれたてで，生命力を感じさせる状態。
連体修飾語 ¶新しい魚►一条鲜鱼，一条新鲜xīnxiān的鱼 ¶新しい野菜►新鲜的蔬菜
述語 ¶果物は新しければおいしいとは限らない►水果不一定是新鲜的都好吃。¶鱼は新しくないと，おいしくな

い►鱼不新鲜不好吃。
③流行している行動様式をもっているありさま。
連体修飾語 ¶新しい女性►现代妇女，新女性，时髦shímáo女性，摩登módēng女郎 [注] "摩登"は貶義に使うことが多い。
慣用的表現 ¶彼は新しがり屋だ►他好hào赶gǎn时髦。他追求时兴shíxīng。

[附] **あらたな【新たな】；あらたに【新たに】**
□これまでにないものを提示した属性；提示して見せる様子。
連体修飾語 ¶これは新たな見解である►这是一种新颖xīnyǐng的见解。
連用修飾語 ¶新たに動議が出された►重新提出了动议。

あつい【暑い】
①全身で感じる温度が高い。または，そう感じさせる状態。
連体修飾語 ¶焼けつくように暑い日ざし►炽热chìrè的阳光 ¶暑い日が続いている►连着几个大热天。
述語 ¶この部屋は西日がさすので暑い►这屋子西晒xīshài,屋里热烘烘的rèhōnghōngde。¶熱いお湯につかっていたので，暑くて汗が止まらない►在热水里泡pào了半天,热得直流汗。
慣用的表現 ¶彼は暑がり屋である►他就怕热。他特别怕热。

[附] **あつくるしい【暑苦しい】**
□湿気と高温で苦しくなる感覚，またそう感じさせる状態。
連体修飾語 ¶暑苦しい夜が続いている

▶这些日子夜里持续闷热。

述語 ¶部屋が暑苦しい▶屋里△很闷热。(→闷热的屋子)¶暑苦しくて眠れない▶闷热得睡不好觉。¶風通しが悪く暑苦しいから窓を開けよう▶通风不良,〔闷热得很/又闷又热/闷得难受〕,开开窗户吧。

慣用的表現 ¶このカーテンの色は,夏にはちょっと暑苦しいと思いませんか▶这块窗帘chuānglián的颜色,夏天用你不觉得有点儿闷热吗?

あつい【熱い】

[1]固体,液体の温度が高い状態。

連体修飾語 ¶熱い湯▶热水,热开水,很烫的水 注 "开水"は100℃以上で沸騰した湯を指す。そのため"很热""很烫"はわざわざ使わない。しかし"凉开水"(白湯)という使い方はする。¶できたての熱いパオズ▶刚蒸好的热包子¶熱い焼芋▶热腾腾rètēngtēng的烤白薯¶熱いお風呂に入る▶洗个热水澡。¶圧力鍋から熱い蒸気が吹き出るので注意しなさい▶你要小心高压锅往外喷蒸气!

述語 ¶あつっ▶好烫啊!¶高熱を出して,全身が熱くなっている▶发高烧了,浑身滚烫gǔntàng。¶お風呂が熱くて入れない▶洗澡水烫得下不去。

熱くする ¶酒をもう少し熱くして下さい(熱燗をつける)▶把酒烫热tàngrè一点儿。¶スープがさめたので熱くしましょう▶汤凉了,我再热一下吧。

[2]感情,精神が高ぶっている状態。

連体修飾語 ¶私は感激して熱い涙を流した▶我激动得流下了热泪。¶男たちは彼女に熱いまなざしを浴びせた▶男人都热情地注视着她。¶ある女性にひそかに熱い思いを抱いている▶内心热恋着一个女人。心里深深地爱一个姑娘。¶祖国に熱い思いを寄せる▶热爱祖国。怀着一颗炽热的爱国之心。对祖国抱着一颗火热huǒrè的心。注 "热爱"は国家,国民,故郷に対する場合,教師が教え子に対する場合によく用いる。プライベートな対象には使わない。¶胸に熱いものがこみあげた▶我心里涌起了yǒngqǐle一股暖流。

述語 ¶2人ともそんなに熱くならないで,冷静になりなさい▶你们俩不要这么〔激动/镇静zhènjìng一下/兴奋,平静一下〕。

慣用的表現 ¶2人の間はかなり熱くなっている(親しみ)▶两个人已经相当〔亲密了/亲热了。〕¶彼の発明は各方面の熱い注目を浴びた▶他的发明受到各方面的注目。各方面都很关注他的发明。

あつい【厚い】

[1]物体に充分な量の厚みがある状態。

連体修飾語 ¶厚い板▶厚板子,厚木板¶厚い本▶厚书¶厚いクッション▶厚垫子diànzi,厚墩墩的hòudūndūnde垫子 注 "厚墩墩的"には"结实""重"という語感があり,布団などは形容しない¶空一面厚い雲におおわれた▶厚厚的乌云遮蔽着zhēbìzhe整个天空。

連用修飾語 ¶肉を厚めに切る▶把肉切厚一点儿。¶布団に綿を厚く入れて下さい▶被褥bèirù要絮得xùde厚实hòushi点儿。¶パンはあまり厚く切らないで下さい▶面包别切得太厚了。¶雪が厚く積もった▶雪积得厚厚的。¶ペンキ

を厚く塗って下さい▶油漆yóuqī涂得厚一点儿! ¶和服を着る時は少し厚めに化粧をする方がよい▶穿和服时,化装最好是浓一点儿

慣用的表現 ¶厚化粧▶化浓装

② 人間の身体部位に厚みがある状態。

連体修飾語 ¶厚い唇▶〔厚厚的／厚实的〕嘴唇 ¶厚い胸▶〔壮实zhuàngshi的／厚实的〕胸脯xiōngpú ¶彼女は彼の厚い胸にすがって泣きたかった▶她想扑在pūzài他厚实的怀里大哭一场。

慣用的表現 ¶厚い面の皮▶厚脸皮

あつい【篤い・厚い】

① 好意や信念が揺るぎない状態。

連体修飾語 ¶あついもてなしを受けた▶受到了热情〔招待／款待kuǎndài〕。¶私たちはあつい友情に結ばれている▶我们结成了深厚的友谊。深厚的友谊把我们紧紧地结在一起。¶地震で被災した子らにあつい同情が寄せられた▶对遭受地震灾害的孩子们寄予jìyǔ深深的同情。¶彼女は両親からあつい信仰心を受け継いだ▶她那坚定的信仰心是父母传给chuánggěi她的。

述語 ¶この村の人たちは人情があつい▶这个村里的〔人热情好客hàokè／情义深厚〕。¶彼は信仰心があつい▶他忠于zhōngyú信仰。

連体修飾語 ¶あつくお礼を述べる▶深表谢意。表示深深的感谢。致以诚挚chéngzhì的谢意。

② (行動の仕振りが)良い心に満ちている状態。 文型 〜にあつい

述語 ¶あの女性は情にあつい▶那个女人很重zhòng感情。¶彼の父親は人情にあつい人だ▶他父亲是一个重情义的

人。¶あなたは友情にあついですね▶你真是笃于dǔyú友情!

あつかましい【厚かましい】

□ 恥知らずなありさま。

連体修飾語 ¶厚かましい奴▶〔不要脸的／没皮没脸的／厚颜无耻的〕家伙

述語 ¶あなたはなんて厚かましい▶你小子可真不要脸! ¶あなたは厚かましくも、また金を借りに来たのか▶你小子可真不害臊hàisào,又跑来借钱啦? ¶あの人の厚かましいのにはあきれかえる▶那小子没皮没脸,无药可救。他那脸皮厚得简直叫人不知说什么好。

連用修飾語 ¶なんと彼は厚かましく部屋に押し入ってきた▶他竟然毫不客气地闯进chuǎngjìn房间里来了。

慣用的表現 ¶厚かましいお願いですが、またお金を貸して下さい▶真不好意思,您能再借给我一点儿钱吗?

あぶない【危ない】 未危険だ

① 損害・危害を受けそうになる状態。

連体修飾語 ¶危ない目にあった▶遭到了危险。¶危ないところを助けられた▶在危险中得救déjiù了。

述語 ¶危ない、電車が来ます▶〔注意!／小心!／留神!／危险!〕,来电车了! ¶この道は車が多くて危ない▶这条路上汽车多,很危险。¶道路で遊んでは危ないです▶在马路上玩儿,危险呢! ¶命が危ない▶生命难保nánbǎo。生命危在旦夕wēi zài dàn xī。¶あの病人はもう危ない▶那个病人看来生命难保了。那个病人〔快不行了／快要死了／活不了huóbùliǎo多久了〕。

② 不安定・不確実で、あてにできない状

あぶない—あまい

態。
述語 ¶その話は信用するとかえって危ないよ►那话可靠不住。¶空模様が危なくなった►天气要变坏。看来要变天了。¶あなたのこの成績では合格は危ない►我看你这样的成绩,恐怕不能及格。¶これだけのお金では危ない►这点儿钱恐怕不够。
慣用的表現 ¶危ない橋を渡る►冒险¶危ない瀬戸際に立つ►岌岌jíjí可危。

附 あやうく【危うく】
□「もう少しで好ましくない出来事がおきかかった」という評価。
連用修飾語 ¶危うく圧死するところだった►差点儿被压死了。¶危うく終電に乗り遅れるところだった►差点儿没赶上末班火车。¶危うく犯人を取り逃すところだった►差点儿(没有)让罪犯zuìfàn跑掉pǎodiào。注 "差点儿"のうしろの表現が好もしい出来事を表す場合には"没(有)"が必要になるが,好もしくない出来事を示していたなら,"没(有)"はあってもなくてもよい。

あまい【甘い】
①味が甘い。
連体修飾語 ¶甘いお菓子類►甜点心¶甘い料理►甜味的菜¶母は甘いものが大好きだ►我母亲特别喜欢吃甜的(东西)。
述語 ¶この料理は砂糖の入れすぎでちょっと甘すぎる►这个菜糖放多了,有点儿太甜了。¶この味噌汁は甘いから,お味噌をもう少し入れて下さい►这酱汤有点儿淡,请再搁gē点儿酱jiàng。
甘くする ¶もう少し甘くした方がおいしい►再弄甜点儿就好吃了。
②よい香り,または耳触りの良い音が人を心地よくさせる状態。
連体修飾語 ¶バラの花の甘い香りが室内に満ちている►玫瑰méigui的芳香溢满yìmǎn屋里。屋里弥漫着mímànzhe玫瑰的〔芳香/芬香fēnxiāng〕。¶モクセイの甘い香りが風とともに漂ってくる►一股桂花guìhuā芳香随风漂piāo过来。¶2人は甘いささやきをかわしていた►他们俩互相说了几句甜蜜的耳语ěryǔ。
述語 ¶彼女の声は甘くて甘えているようだ►她声音〔很甜/甜甜的〕。¶彼女の歌声はとても甘くて可愛らしい►她的歌声特别柔和甜美,挺可爱。注 連体修飾構造の"甜甜的声音"は下心でもありそうなマイナスイメージを持つ。"甜美的声音"は文語体だが,プラスイメージを持つ。
慣用的表現 ¶私はひとしきり遠い昔の甘い思い出に浸っていた►我一时沉浸chénjìn在对遥远往事的〔甜蜜的/甜美的〕回忆中。¶彼の甘い言葉に騙されて,お金をすっかりまきあげられた►我上了他的甜言蜜语tiányán mìyǔ的当,钱都被骗光了。
③人に対する評価や裁定が厳しくない状態。注 判断対象との関係によって中国語形容詞が変わる。
連体修飾語 ¶甘い点をつける►给分儿fēnr宽。扣kòu分儿松。判分儿〔松/宽〕。
述語 ¶あの先生は点が甘い►那个老师给分儿〔给得松/高了一点儿〕。那个老师判分儿判得松。¶子供に甘いので,言うことを聞かないのだ►太娇惯

あまい―あやしい

jiāoguàn了,所以孩子不听话。¶彼は若い女性に甘い▶他对年轻的女人特别好。¶両親は末の弟にはとても甘い▶父母对小弟弟特别宠。父母最宠爱chǒng'ài我最小的弟弟。父母特别娇惯我最小的弟弟。¶あの先生は学生に甘い▶那个老师对学生〔太迁就qiānjiù了/很宽大〕。

④物事の見方が単純で安易すぎる状態。

連体修飾語 ¶甘い考え方▶〔天真的/単純的〕想法

述語 ¶あなたの目算は甘い▶你估计得太低。¶論点が甘い▶论点〔不够尖锐jiānruì/有点儿单纯〕。¶社会はそんなに甘くない▶社会是不那么简单的。

連用修飾語 ¶日本の将来を甘く考えてはいけない▶对于日本的将来不能想得太乐观。¶あなたは世の中を甘く見すぎる▶你把社会看得太简单了。¶これは難しい仕事ではないが、甘く見ると失敗する▶这工作即使不算难,你如果看得太简单,也要失败的。¶私をそう甘く見てはいけません▶别那么小看xiǎokàn我了!

⑤生活用品が巧く使えない状態。

慣用的表現 ¶このナイフは刃が甘い▶这把小刀子不快了。¶ねじの絞め方が甘い▶螺丝luósī有点儿松。¶栓が甘くてすぐ抜けてしまう▶塞子sāizi松了,很容易拔出来。¶レンズのピントが甘い▶镜头焦点有点儿没对准duìzhǔn。

あやしい【怪しい】

①態度・言動が正常でない,雰囲気が奇妙な状態。

連体修飾語 ¶怪しい魅力を持つ美女▶神秘的美人 ¶怪しい由来▶怪诞guàidàn的传说chuánshuō ¶怪しい男がウロウロしている▶有一个奇怪的男人在转来转去。¶怪しい物音がしてちょっとおびえた▶听到怪异guàiyì的声音,我有点儿害怕。¶怪しげな雰囲気に包まれている▶有一种使人觉得异样yìyàng的气氛。

述語 ¶あの２人の仲はどうも怪しい▶他们俩的关系有点儿不正常。¶この数日株価の動きが怪しい▶这几天股票gǔpiào市场的行情hángqíng有点儿不正常。

②犯罪の匂いや悪意を感じさせる行動をしている状態。[→おかしい]

連体修飾語 ¶怪しい言動▶令人怀疑的〔行为/举动jǔdòng〕¶怪しい人物がいたら,すぐ知らせて下さい▶发现可疑的人物,请马上告诉我。

述語 ¶あの男は挙動が怪しい▶那家伙的〔举动/行为/举止jǔzhǐ〕实在可疑。¶どうも彼が怪しい▶看来他很可疑。¶あなたの言うことは怪しい▶你说的话有点儿靠不住。

③好ましい結果を期待できない状態。

連体修飾語 ¶怪しい空模様になってきた▶天气也许〔要变坏了/快要变了〕。

述語 ¶形勢が怪しくなった▶情形qíngxing不妙了。¶彼が来るかどうか怪しい▶他来不来还〔没准儿/很难说〕呢。¶彼の腕でこの仕事ができるのかどうか怪しい▶凭他那两下子liǎngxiàzi,干得了干不了这个活儿,还难说呢。¶明日中に出来上がるかどうか怪しい▶明天作得好作不好〔还是个问题/还没准儿〕呢。

④技量が劣っている状態。

連体修飾語 ¶私は怪しい英語を使って話

あやしい—あらあらしい

し合った►我用不像样bùxiàngyàng的英语进行了交谈。
述語 ¶彼の英語は怪しいもんだ►他英文〔不怎么样/有点儿糟糕/不像样〕。¶彼の日本語の理解力は怪しいものだ►他对日语的理解能力还差着呢zhene。¶野菜を切る手つきが怪しい►切菜,手显得有点儿〔不灵/不便/笨〕。¶あのアメリカ人は日本に来たばかりで,箸の使い方がまだ怪しい►那个美国人来日本不久,使筷子还很〔不灵/不灵便〕。
慣用的表現 ¶病気あがりで足元が怪しい►病刚好,腿〔还发偯/有点儿僵硬jiāngyìng〕。¶酔っぱらって足元が怪しい►醉得脚步踉跄liàngqiàng。喝醉了,走得跌跌撞撞的diēdiēzhuàngzhuàngde。

あらあらしい【荒々しい】 →乱暴だ①
①声量が大きく,物言いが激しい状態。
連体修飾語 ¶私は思わず荒々しい声で叫んだ(荒々しく叫ぶ)►我不由〔粗暴地/粗鲁地〕嚷道rǎngdào。¶私に対してそんな荒々しい調子でしか(物言いが荒々しい)話せないのか►难道你对我这样粗声粗气,就不能说吗？¶彼に荒々しい声でどなられた(荒々しくどなる)►我被他〔臭骂chòumà了/凶狠狠地xiōnghěnde骂了〕一顿。注日本語の連体修飾構造(荒々しい声)を直訳した"〔粗野的/粗鲁的〕声音"は不自然な中国語になる。"声音〔粗野/粗鲁〕"は成立しない。中国語では連用修飾構造や主述構造などに置き換えて訳するとよい。
②態度,行動が荒っぽい様子。

連用修飾語 ¶憲兵は荒々しく彼を引っ立てて行った►宪兵xiànbīng凶狠狠地把他拉走了。宪兵粗野地把他拽zhuài走了。

♣類義語 →乱暴だ①

粗野：〈粗鲁野蛮〉無神経で相手に失礼な態度をとっているありさま,またその対人行為の状態。
粗魯：〈粗暴鲁莽〉悪気はないが,思慮の浅い品のない行動をとっているありさま,またその行動の状態。
粗暴：無理無体な欲望を相手にぶつけているありさま,またその感情の状態。

[典型例]
粗野：◇不准说～的话。◇～的姑娘◇～地推了我一把。
粗鲁：◇话说得～了一点儿,但很亲切。◇他这种举动,我认为太～了。
粗暴：◇态度不能～。◇～地闯进来了。

組み合わせ一覧表(主述構造)

	性情～	脾气～	说话～
粗野	×	×	○
粗鲁	○1)	×	○
粗暴	○	○	×

	样子～	态度～	语言～
粗野	○	○	○
粗鲁	○	○	○
粗暴	×2)	○	×

1) 連体修飾構造では組み合わさらない
2) "行为粗暴"のように行動振る舞いと結びつく。

あらい【荒い】
① 気性,性質が激しい状態。
述語 ¶彼は気が荒い▶他脾气〔暴燥bàozào/△大/不好〕。¶あの地方は気質が荒い人が多い▶那个地方〔性格粗犷cūguǎng的/性格暴燥的/脾气大的〕人较多。
② 行為,言動が粗暴である状態。
連体修飾語 ¶彼女は荒い息づかいで話し始めた▶她喘着chuǎnzhe粗气,说了起来。
述語 ¶彼女は言葉づかいが荒い▶他说话〔很粗野/很粗鲁〕。¶彼は金づかいが荒い▶他花钱〔很冲chòng/像流水〕。他挥金如土huījīnrútǔ。¶うちの課長は人づかいが荒い▶我们科长〔用人太狠hěn/使唤shǐhuan人很厉害〕。¶病人の息づかいはますます荒くなってきた▶病人的呼吸越来越急促jícù了。
慣用的表現 ¶彼は鼻息荒くまくしたてた▶他盛气凌人shèngqì língrén地喋喋不休diédié bùxiū。¶彼は土地売買で儲けた上,市議会議員にも当選して,鼻息が荒い▶他不仅在买卖土地上赚了大钱,而且还当上了市议会的议员,真是财大气粗cáidàqìcū腰杆儿yāogǎnér壮人。
③ 海の波が大きい状態。
述語 ¶今日は波が荒い▶今天海上〔风浪fēnglàng很大/风狂浪大〕。
慣用的表現 ¶世の中の荒波にもまれる▶经历了jīnglìle很多艰难困苦。

あらい【粗い】
① 平面内の間隔,区切りが大まかな状態。
連体修飾語 ¶粗いチェックのコート▶大格子gézi的大衣¶白地に紺色の粗い縞模様▶白地蓝色粗条纹tiáowén¶粗い竹垣の家▶一所有稀疏xīshū竹篱笆zhúlíbā房子(书き言葉)¶ざっくりした粗い編み目のセーター▶一件织得zhīde挺松的毛衣¶目の粗い竹籠▶一个大网眼wǎngyǎn的竹笼zhúlóng
述語 ¶ずいぶん縫い目が粗い▶针脚zhēnjiǎo太大了。¶この布は織り目が粗くて涼しそうだ▶这块料子liàozi网眼大,显着凉快。
連用修飾語 ¶種を粗く播く▶种子zhǒngzǐ播得bōde稀。
② 物の形(粒など)が大きめの状態。
連体修飾語 ¶粗い結晶▶大粒儿dàlìr的结晶jiéjīng
述語 ¶粒が粗い▶粒儿〔粗/大〕。颗粒kēlì大。
連用修飾語 ¶コーヒー豆を粗く引く(粗引きにする)▶粗磨cū mò咖啡。注コーヒー豆の引き方が粗いことと,豆をひいた結果が粗い粉になったことと,両方の意味を表せる。
③ 表面がざらざらしている状態。
連体修飾語 ¶地の粗い布▶一块粗布,质地zhìdì粗的布
述語 ¶手触りが粗い▶摸起来〔很粗糙cūcāo/手感粗〕。¶織り目が粗い▶织得粗糙。¶彼女は顔立ちは良いが,肌のきめが粗い▶她长得很好看,可惜皮肤pífū有点儿粗糙。

あわい【淡い】
① 色彩・味が薄くて,かすかな状態。
連体修飾語 ¶淡い色▶淡颜色¶淡い緑▶〔淡/浅〕绿(色)¶淡いピンク▶淡▲粉色,浅▲粉红色¶淡い味▶清淡的味道。
② 優しい感情がかすかで表面には出てこ

あわい―あんしんだ

ない状態。

連体修飾語 ¶彼に淡い恋心を抱いた▶対他怀着〔一种／一丝〕淡淡的恋情。¶幼いころの恵まれた生活も今は淡い思い出にすぎない▶幼时优越的生活到现在已经成为一种〔淡薄的／依稀yīxī的〕记忆。¶私はまだ淡い望みをかけている▶我还抱着一线希望。

③見た目が消えてなくなりそうに薄い状態。

連体修飾語 ¶ひとすじの淡い光▶一条微弱的亮光,一条微光¶淡い雪が積もっている▶外边积了一层〔薄雪／薄薄的雪〕。¶淡い雲が空に浮かんでいる▶天上漂着一些〔薄云／淡云〕。¶淡い月光が照っていた▶淡淡的月光〔笼罩lóngzhào着／洒满sǎmǎn〕大地。

あわてている【慌てている】 ㊥焦っている ↔おちついている

□いろいろな理由で精神的な安定がくずれ, 行為動作にその心理状態が現れているありさま。

述語 ¶先生から突然次の時間に試験をすると言われて, 学生たちは慌てている▶老师突然宣布xuānbù下一节要考试, 学生们都〔很着急／慌张起来／紧张起来〕。¶地震の時には決して慌てないように▶地震的时候〔千万别着慌／惊慌失措jīnghuāng shīcuò绝对不行〕。¶出かけるとき慌てていたので, うっかり財布を忘れてきてしまった▶由于出门时很着急,粗心地忘了带着钱包来。

連用修飾語 ¶朝寝坊をしてしまい, 電車に間に合うようにと慌てて家を飛び出した▶早上起得太晚,〔慌张地／匆匆忙忙地〕从家里跑出来,好赶上车。¶友人との秘密の計画がばれそうになって, 慌てて打ち消した▶跟朋友的保密计划差点儿被暴露bàolù le, 我慌慌张张地极力否认。

あんしんだ【安心だ】

□事態が安定して憂いがなくなったと感じる感情, またそう感じさせる状態。

述語 ¶これで私も安心だ▶这样我也就放心了。

安心する ¶こう事故が多くては, 安心して車に乗れない▶交通事故这么多,〔不能安心地坐汽车／都不敢坐车了〕。¶家族に病人が出ると, 安心して勉強できない▶家里一有人生病, 就不能安心地学习。¶こう家賃が高くなってくると安心して暮らせなくなる▶房租fángzū这样一个劲儿地yīgejìnrde涨zhǎng, 使人没法无忧无虑地wúyōu wúlǜde生活。¶あなたも早く結婚して, 御両親を安心させてあげなさい▶你也早点儿结婚, 让双亲放心吧。

♣類義語

放心：心配から解き放たれて, 心穏やかな感情になる（心理動詞）。

安心：心が平静で落ち着いているありさま。主に連用修飾語として使う。

典型例

放心：◇很不~你一个人。◇对他不~。◇有他我就~了。

安心：◇有他我就觉得~。◇渐渐安下心来。◇好好~养病。◇安安心心地抓工作。

②条件が満たされた適切な状態。[→だいじょうぶだ]

述語 ¶彼は食欲が出てきたので，もう安心だ▶有(了)食欲了,没问题了。¶公害対策をここまで慎重にすれば，もう安心だ▶这么慎重地采取公害对策,就没问题了。

あんぜんだ【安全だ】→あぶない
□危険がない状態。
連体修飾語 ¶安全ピンで止める▶用别针儿biézhēnr别上biéshàng。¶安全カミソリを使う▶使用保险刀。¶車の運転には安全ベルトを忘れずに▶开车时不要忘了系好jìhǎo安全带。¶安全運転を心がけよう▶注意安全行车xíngchē。
述語 ¶ここまで避難すればもう安全だ▶逃难táonàn跑到这儿已经安全了。
連用修飾語 ¶安全に仕事ができるように手配する▶为了能安全地工作,我们作了些安排。
語幹の用法 ¶みんな危険な仕事をしているのに，彼は自分の安全しか考えていない▶我们都冒着危险工作,可他〔关心的却只是/只顾〕自己的安全。

い

いい 禾よい ↔わるい
①質が優れていて，心地よさを人に与える状態。
連体修飾語 ¶今日はいい天気ですね▶今天真是好天气呀! 今天这天气真好! ¶いい眺めだ▶这儿风景好! 好景致jǐngzhì。¶いい書物をたくさん読みなさい▶多看好书吧! ¶いい行いにはいい報いがあるとは限らない▶好心不一定有好报。好的动机不一定有好的结果。¶いい話を聞かせてあげよう▶我要告诉你一个好消息。¶ほら，茶柱が立ったからきっといいことがあるだろう▶你看! 茶梗chágěng立起来了,准有〔好事/喜事〕。¶そんなにこにこして，何かいいことがあったのでしょう▶你那么笑盈盈的xiàoyíngyíngde,是不是有什么好事了? ¶いい人ができたんでしょう▶是不是有了〔男朋友/女朋友〕? ¶彼はいい家柄の出である▶他出身于好门第。¶いい子ね,泣くんじゃない〔乖guāi/好〕孩子,别哭了。¶いい子,いい子,こっちへおいで▶乖乖,过来过来。¶いい歯をしている▶有一口好牙。¶いい声をしていますね▶你嗓音真好! ¶いい体格ですね▶你真够块儿gòukuàir呀! 你这块儿真够大呀! 你这个儿可〔够高的/够大的/够高大的〕呀!
述語 ¶体格がいい▶身材〔魁梧kuíwú/魁伟kuíwěi〕。
②物事の基準に合う，ふさわしい内容を備えた状態。
連体修飾語 ¶いいものがあればひとつ買

いたい▶有合适的,我就想买一个。如果我喜欢,就买一个。¶早くいい人を見つけて結婚しなさい▶你早点儿找一个合适的人结婚吧。¶いい解決方法があれば教えて下さい▶你如果有圆满的解决办法,就告诉我吧。¶あなたはちょうどいい時に来た▶你来得〔正好／正是zhèngshì时候shíhou〕。

述語 ¶この服は妹にちょうどいい▶这件衣服〔正适合shìhé／正好〕妹妹穿。妹妹穿正合身héshēn。¶どうしていいかわからない▶不知怎么才好。¶それでいいと思うのですか▶你认为那就〔对了／行了〕吗?

連用修飾語 ¶いいようにして下さい▶你看怎么合适就怎么办吧。你看着办吧。这事儿就〔交给／托给tuōgěi〕你了。

3 問題ない,異議なしと認めてる判断。

述語 ¶それでいいと思いますか▶你认为那样就行啦? ¶いいですとも,いいですとも▶可以,可以。好的,好的。¶どれでもいいから1つ下さい▶哪个都〔行／可以〕,给我一个。¶その計画はいつ実行してもいい▶那项计划什么时候实行都可以。¶彼がいなくてもいい▶没有他也〔行／可以／无妨wúfáng〕。¶それならもういい,私のことは放っておいて▶那就算了,不要管guǎn我。¶彼らが無事ならいいのだが心配だ▶他们是不是平安无事,我很担心。

4 都合がよい状態。 文型 ～にいい; ～のほうがいい

述語 ¶早足で毎日15分以上歩くことは健康にいい▶每天快步kuàibù走十五分以上,〔对健康有好处／对身体有益〕。¶奥さんが待っているからあなたは早く帰った方がいい▶你老婆正等着呢,〔最好快点儿回去／还是快点儿回去好〕。¶あんなに嫌味な奴,いなくなってしまえばいい▶他那么讨厌的家伙离开这儿就好了。

5 念を押したり,相手の注意を引くために呼びかけて言う。

述語 ¶みなさんいいですか,よく聞きなさい▶你们呀,要好好儿听! ¶いいですか,忘れないでね▶你呀,不要忘了! ¶いいかい,遠くへ行くんじゃない▶听明白了吗,不要跑远了!

6 恥ずかしいことだという皮肉が込められた属性。

連体修飾語 ¶いい格好して▶瞧你那德行déxing ¶いいザマだ▶瞧你〔那狼狈相lángbèixiàng／那寒酸相hánsuānxiàng〕! ¶いい迷惑だ▶纯粹是〔添麻烦／帮倒忙〕! ¶いい恥さらしだ▶丢人透了。太丢丑了。¶あなたはいい子になるのがうまい▶你善于装好人。你专会卖乖màiguāi。¶いい気味だ▶活该huógāi! ¶いい年して彼女がそんなことをするとは▶真想不到她年纪不小了,还会做出这样的事来!

附 **よかった【良かった】**

□ 思い返して「後悔すべきだ,安堵してよい」などと評価する。

述語 ¶傘を持ってくればよかった▶带雨伞来就好了。¶あの時もっと勉強すればよかった▶那时多用点儿功就好了。¶無事でよかった▶平安无事,太好了。一切顺利,太好了。¶弟が大学に合格できてよかった▶弟弟考上了大学,太好了。

いかめしい【厳めしい】
① 堂々として人を威圧する雰囲気をかもし出す状態。
連体修飾語 ¶いかめしい門がまえの建物が見える▶看到一所有着庄严zhuāngyán的门楼的房屋。¶今日の成田空港はいかめしい(㋐ものものしい)警戒ぶりだ▶今天的成田机场,一派警戒jǐngjiè森严sēnyán的景象。
述語 ¶今日の成田空港の警備はいかにもいかめしい(㋐ものものしい)▶成田机场今天戒备jièbèi格外森严。
② 人の態度ふるまいが厳しくて人を寄せつけない様子。
連体修飾語 ¶彼はいかめしい声で命令した▶他用严厉yánlì声音下了命令。¶面接の試験官はいかめしい表情で座っていた▶面试的考官kǎoguān们都表情严肃地坐在那里。¶皇帝はいかめしい態度で閲兵した▶皇帝严肃地检阅了jiǎnyuèle仪仗队yízhàngduì。
連用修飾語 ¶彼はいかめしく見えるが,根は優しい人だ▶别看他表面上显得〔挺严肃/挺可怕/挺严厉〕,其实心眼儿不错。

いきぐるしい【息苦しい】
① 生理的に息がしにくい感覚またはそういう感覚を生じさせる状態。
述語 ¶車内は人いきれとたばこの煙で息苦しい▶车厢里chēxiānglǐ乘客太多,又弥漫着mímànzhe烟,闷得透不过气tòubuguò qì来。¶窓が閉め切ってあり息苦しい▶窗户全关着,真〔憋得biēde慌/闷得慌〕。¶坂を駆け上ってきたので息苦しい▶刚跑上坡pō来,累得喘不过气chuǎnbuguò qì来。¶高山の山頂付近は空気が薄くて息苦しい▶高山的山顶附近空气稀薄xībó,呼吸困难。
② 集団内での対人関係が気詰まりな状態。
連体修飾語 ¶息苦しい沈黙が続いた▶令人窒息zhìxī的沉默继续着。¶会場は息苦しい雰囲気である▶会场上气氛〔沉闷紧张/沉闷,令人窒息〕。
述語 ¶父親の側にいると気詰まりで息苦しい▶坐在父亲旁边·我感到拘束jūshù,令人窒息。

いさましい【勇ましい】
① 行為・態度に勇気が現れているありさま。
連体修飾語 ¶勇ましい兵士たちの出陣である▶〔勇敢的/英勇的〕战士们要出征chūzhēng了。¶勇ましいいでたちですね▶你打扮得非常活泼。
述語 ¶この子はとても勇ましい▶这孩子〔挺有勇气/挺勇敢〕。¶現代の女性はなかなか勇ましい▶现代妇女非常〔活跃/能干〕。
連用修飾語 ¶足どりも勇ましく歩く▶昂首ángshǒu阔步kuòbù。¶勇ましく戦う▶勇敢作战。奋勇英勇地〔战斗/杀敌shādí〕。
② 人の気持ちを昂揚させる迫力が備わっている状態。
連体修飾語 ¶勇ましいマーチが聞こえる▶响着雄壮xióngzhuàng的进行曲。¶勇ましい軍服姿である▶穿上军装显得很威风。身穿威风凛凛wēifēng lǐnlǐn的▲军装。注"威风凛凛"は人の威容についていうので,"他的军装~"とはいわず"他~"の述語として使う。

いじらしい

□(主に幼児が)守ってやりたくなるほど頼りなく可愛らしいありさま。

連体修飾語 ¶いじらしい子►〔可愛的／可怜的〕孩子 ¶勤めにゆく母の後を慕ういじらしい子供の姿が忘れられない►孩子望着外出工作的妈妈的背影,那令人爱怜àilián的样子使人难忘。

述語 ¶子供の寝顔がいじらしい►小孩子睡着的小脸真是天真可爱。¶こんなに小さいのに親の手伝いをよくして、本当にいじらしい►这么小就会帮爸爸妈妈干事儿,〔真乖／真招人zhāorén喜欢〕。¶子供たちの遊んでいる様子はいじらしくなるほど可愛い►看到小孩子们玩儿的样子,〔怪招人疼爱的／真招人喜欢〕。

いじわるだ【意地悪だ】

□自分の心を満足させようとして他人を苦しめるありさま。

連体修飾語 ¶いじわるな人►居心不良的人 ¶人にいじわるなことをいう►说刁难diāonàn的话。

述語 ¶あいつはいじわるだ►那家伙心眼坏。¶この子たちはいじわるだ►这些孩子〔真是调皮tiáopí(鬼)／经常恶作剧èzuòjù／常常欺负qīfu人〕。注"习难"は難癖をつけたり、あてこすりをする。"恶作剧"は悪ふざけをしていじめる。"欺负"はバカにしていじめる。"调皮"はそれほど悪意を含まないいたずらをする。¶(あなたって)いじわる！►你人坏! 你真坏!

いじわるをする ¶人にいじわるをする►刁难人。找人zhǎo rén麻烦。¶通せん坊(両腕をひろげる)をしていじわるをする。►张开两臂liǎngbì拦路lánlù,故意使人为难wéinán。¶あの子はなぜいじわるされてばかりいるのか？►那个孩子怎么老是受人欺负？

いそがしい【忙しい】

①することが多くて、人が急いで行動しているありさま。

連体修飾語 ¶彼は忙しい人だ►他是个〔大忙人／忙叨叨máng dāodāo的人〕。

述語 ¶目下彼は試験勉強に忙しい►现在他忙着准备考试。¶子供の入院で、母親は病院と家の往復に忙しい►因为孩子住了院,母亲奔忙bēnmáng在家里和医院之间。¶今日は一日忙しかった►今天忙了一天。

連用修飾語 ¶あの人はいつも忙しく動きまわっている►那个人总是忙来忙去的。

慣用的表現 ¶ネコの手も借りたいほど忙しい►忙得不可开交bùkěkāijiāo。注"不可开交"は様態補語として使う。他に"吵得～"。

②一定の期間、仕事や行事が立て続けにある状態。

連体修飾語 ¶忙しい年末►〔繁忙fánmáng的／忙乱的〕年底 ¶今日は忙しい一日だった►今天是忙碌mánglù的一天。¶忙しい職務から解放された►从繁忙的工作中解放出来。¶都会の忙しい暮らしを忘れて、ゆっくり休養したい►我真想忘掉都市那忙碌的生活,舒舒服服休养一下。

述語 ¶今回の旅行は忙しかった[←あわただしい]►这次旅行可〔真匆忙／紧张〕。¶年の瀬はなんとなく忙しい►年末总觉得〔忙忙碌碌的／忙叨叨的／

匆匆忙忙的〕。¶人々からの頼まれごとで彼は一日中忙しい▶为了大家的事情,他一天到晚忙碌。¶元の計画を繰り上げたので,忙しくなった▶因原定计划要提前,所以〔时间紧(迫)了／显得有点儿匆忙〕。注個人個人の行動の仕振りに注目する場合は"(忽)忙起来"を使う。

連用修飾語 ¶毎日忙しく過ごしている▶每天忙忙碌碌地过日子。

慣用的表現 ¶彼は忙しくご飯をかきこんでいる▶他在〔急急忙忙地往嘴里填饭／扒拉pála饭〕。

♣類義語

忙:個人的にやらねばならないことが多くて,本人が大変なありさま。

忙叨叨的:人が何か仕事を自分で見つけては,いつも何かしているありさま。

忙碌:一定の時期に,行事や仕事がたてこんでいる状態。

匆忙:心理的に時間に追われて,①「あわただしく行動を起こしている」という評価。②あわただしく行動している状態。

[典型例]

忙:◇他工作～。◇一天～到晚。

忙碌:◇～的人群(書き言葉)◇一天到晩忙忙碌碌。(口語)

匆忙:①◇他走得太～了。◇～地发表论文。②◇～地奔走着。◇迈着～的步子。◇他干什么老是匆匆忙忙的。①+②◇他～地走了。◇这次出差太～了。

いたい【痛い】

1 身体に痛みを感じる感覚。

述語 ¶虫歯が痛い▶蛀牙zhùyá很疼。¶腕の傷が痛くてたまらない▶胳膊的伤疼得要命。¶注射が痛かった▶针打得真疼。

2 精神にダメージを与える状態,またはダメージを受けた状態。

連体修飾語 ¶私は痛い打撃をこうむった▶我受了很大的打击。¶痛い犠牲をはらった▶我付出了〔重大的／惨痛的〕牺牲xīshēng。注"牺牲"にはプラスのイメージがある。通常の「代償」の場合は"很大的代价"。¶私は痛い支出を余儀なくさせられた▶我被迫付出一大笔开支kāizhī。¶株で痛い思いをして,やっと一攫千金の夢から覚めた▶在股票上跌了diēle大跟头dà gēntou,终于从一获千金的美梦中〔醒了xǐngle／醒悟了xǐngwùle〕过来。

述語 ¶借金がかさみ頭が痛い▶负债fùzhài累累lěilěi,简直令人头疼。¶あの失点が痛い▶那场失败实在〔可惜／遗憾〕。

慣用的表現 ¶痛い目にあう▶尝到苦头kǔtou。遭到惨败cǎnbài。碰钉子。¶彼を痛い目にあわせずにおくものか▶不叫他尝尝我的厉害,〔誓不罢休shìbùbàxiū／誓不为人shìbùwéirén／我不姓这个姓〕! ¶痛い所をつく▶攻击弱点。揭人短。¶痛くも痒くもない▶不痛不痒。¶痛くもない腹を探られる▶无缘无故地遭到怀疑。

いたいたしい【痛々しい】

□他の人にも我が事のように痛みを感じさせる状態。

連体修飾語　¶彼女の痛々しげな様子が忘れられない▶我忘不了她的令人可怜的样子。
述語　¶父は長患いですっかり痩せてしまい痛々しい▶父亲因为长期患病huànbìng，瘦得真可怜。¶彼女は痛々しいほどやつれて、本当に気の毒だ▶她憔悴得qiáocuìde骨瘦如柴gǔ shòu rúchái，真让人可怜。

いたましい【痛ましい】

①（目を背けたくなるほど）気の毒でたまらなくさせるような状態。
連体修飾語　¶痛ましい光景▶〔惨不忍睹cǎn bù rěn dǔ的／目不忍睹的／凄惨的〕情景¶痛ましい死傷者▶悲惨的▲死伤者注述语构造にする时は"死伤者让人觉得悲惨"を使う。原则として。"悲惨"は人间が被害をこうむっていることが前提。"凄惨"は见た目の样子を指す。¶痛ましい境遇▶〔悲惨的／凄惨的〕处境chǔjìng¶痛ましい交通事故が相継いだ▶相继发生了多起令人痛心的交通事故。¶昨夜痛ましい殺人事件が起きた▶昨天夜里发生了一起惨痛的杀人案。
述語　¶彼の最期は痛ましかった▶他〔悲惨地／凄惨地〕死去了。他死得〔很凄惨／很悲惨〕。¶彼の死に際は見るも痛ましかった▶他死时的样子令人目不忍睹。

いぶかしい【訝しい】

□疑うような表情の状態。
連体修飾語　¶みながいぶかしげな目で私を見ている▶他们都用〔诧异chàyì的▲／惊奇的▲〕目光看着我。¶一瞬彼はいぶかしげな顔をしたがすぐに平静に戻った▶刹那（间）chànà(jiān)，他露出一种诧异的▲神情，但立刻又恢复了〔原来的／平静的〕〔表情／神情〕。注"神情"は内面の精神状態が露出してくる表情のこと。"表情"は人目で心理状態も推察しやすい外面的な表情を指す。

いまわしい【忌まわしい】

①不吉な予兆とみなされる状態。
連体修飾語　¶忌まわしい予感▶不祥的预兆yùzhào，不祥bùxiáng之感，坏预兆¶昨夜忌まわしい夢を見た▶昨天夜里作了个〔不祥的梦／恶梦〕。
②嫌でたまらない気持ちにさせる状態。
連体修飾語　¶弟が忌まわしい事件を引き起こした▶弟弟惹出一场令人作呕zuò'ǒu的大事件。¶私は忌まわしい犯罪に巻き込まれた▶我被牵连到qiānliándào可恶的违法事件中了。我被卷入了令人诅咒zǔzhòu的犯罪事件。¶彼は忌まわしい思い出を断ち切るようにさっと身を翻して立ち去った▶他仿佛要彻底割断gēduàn那一段不愉快的记忆，猛地měngde一转身走了。
述語　¶父親も息子も殺人を犯すなんて，なんて忌まわしい▶父亲儿子都犯了杀人罪，多么恶心ěxīn!

いやしい【卑しい】

①社会的に見下げられている状態。
連体修飾語　¶バーのホステスは卑しい職業とみなされてきた▶在酒吧jiǔbā作女招待，一直被认为是卑贱bēijiàn的职业。¶私は卑しい家の出身です▶我是贫家小户出身。¶私は卑しい商売をしている▶我做〔被人瞧不起的生意／小生意〕。

述語 ¶身分が卑しい▶出身〔低贱／△卑贱〕。注"卑贱""下贱"は人格や人の風格まで含めた軽蔑の意味がある。連体修飾語構造では被修飾語に"～的人"を使う。¶彼は服装もみすぼらしく、素振りも卑しいので友人ができない▶他不但穿着chuānzhuó破旧,而且举止jǔzhǐ行为也显得卑贱,所以没有人跟他做朋友。

2 人格が貧しく、その行いにも品がないありさま、またその状態。

連体修飾語 ¶そんな卑しい考え方はやめなさい▶请你放弃那卑劣bēiliè的想法。¶あなたはどうしてそんな卑しいことをするのですか▶你怎么做出这样卑鄙bēibǐ的事？¶卑しい気を起こすな▶别想干那种〔下流的／卑鄙的〕事! ¶そんな卑しい言葉づかいはやめなさい▶不要说得那样下流。

述語 ¶あなたは人格が卑しいから人を疑ってばかりいる▶你很卑鄙,尽怀疑别人。

♣類義語

卑鄙：他人から見下げられて当然なほど品性が貧しいありさま、またそれがよく現れた状態。

卑劣：("卑鄙"よりも)悪辣で、知能犯の要素が加わったありさま、状態。

下流：(特にセックスに関連して)言葉や行いに品がないありさま、状態。

典型例

卑鄙：〈～无耻〉〈～自私〉◇～的人◇态度十分～。◇～地散布sànbù流言。

卑劣：〈无耻～〉◇～的阴谋◇～地伤害一个同事。

下流：◇～的男人◇～的腔调qiāngdiào◇用意非常～。◇骂得～。

3 食欲、金銭欲が強いありさま。

述語 ¶卑しいね。食事が済んだばかりなのに、またつまみ食いをして▶真没羞——刚吃了饭又来偷吃tōuchī。你这个人可真没皮没脸,刚吃过饭就偷吃。¶彼女は口が卑しいから何でも食べたがる▶她嘴馋zuǐchán,什么都想吃。¶彼女は地位もあるくせに、お金に卑しい▶她虽然有地位,但〔在金钱上却很计较jìjiào／在钱财上却很贪婪tānlán〕。

いやらしい

□人を嫌な気持ちにさせる状態。

連体修飾語 ¶いやらしい人物▶讨厌的人 ¶上司におべっかを使ういやらしい奴▶拍pāi上司马屁mǎpì的〔贱骨头jiàngǔtou／讨厌鬼〕! ¶いやらしい目つきで見ないで▶你不要用那么下流的眼神yǎnshén看我。注みだらさが関わる場合、"下流"を使う。¶あなたはうそつきでいやらしい人だ▶你真是个爱撒谎的讨厌鬼!

述語 ¶まあいやらしい▶真下流! 真讨厌! 不害臊! 真不要脸! ¶彼は性格がいやらしい▶他性格〔令人讨厌／使人不快〕。¶あなたは学校にそんな薄い服を着てくるなんていやらしい▶你穿着那么薄的衣服到学校来,真讨厌。¶あなたのその服は品がなくていやらしい▶你这身衣服不雅致yǎzhì,太土了。

いんきだ【陰気だ】

1 光線の具合が薄暗い状態。

連体修飾語 ¶日当たりの悪い陰気な部屋

►一间不朝阳cháoyáng的阴暗的房间 ¶陰気な空模様になってきた►天阴了。天色变阴沉了。

[2] 人の性格が暗くて，それが様子に表れているありさま。

連体修飾語 ¶あんまり陰気な顔をするな►别那么〔愁眉chóuméi苦脸／郁郁不乐yùyù bùlè〕。

述語 ¶彼は性格が陰気だ►他性格〔不开朗／阴郁〕。

[3] 人の気持ちを沈ませ，憂うつにさせる状態，またはそうなった感情。[→湿っぽい]

連体修飾語 ¶陰気な話は聞きたくありません►我不想听这些〔丧气sàngqì话／泄气xièqì话／灰心丧气的话〕。 ¶気まずく陰気な雰囲気に耐えられず私は部屋を出た►我忍受不了屋里的〔低沉尴尬gāngà的／沉闷尴尬的〕气氛，就出来了。

述語 ¶連日の雨で，気分が陰気になる►每天都阴雨绵绵，〔令人心情郁闷／令人意志消沉／令人感到很压抑〕。[注]"绵绵"は"连绵"に比べて期間が短い。

いんけんだ【陰険だ】

□ 表面をつくろい陰で害をなそうとするありさま，またそれを窺わせる状態。

連体修飾語 ¶彼女は表面的には温和だが，時折陰険な手を使うから，注意しなさい►他表面和善,但有时候玩弄阴险的手段,您应该小心。

述語 ¶彼は性格が陰険だ►他很阴险。他笑里藏刀xiàolǐ cángdāo。 ¶彼は目つきが陰険だ►他目光有点儿阴险。

う

うすい【薄い】

[1] 物の厚みがない状態。[↔あつい]

連体修飾語 ¶薄い紙►薄纸 ¶薄い板►薄板 ¶池に薄い氷が張っている►池塘里chítánglǐ结了一层薄冰。 ¶薄い布団にくるまって一夜を過ごした►裹着guǒzhe薄薄的被子凑合了一夜。 ¶今日は少し寒いので薄手のコートをはおって外出した►今天有点儿冷,我披着pīzhe一件〔风衣／薄大衣〕出去了。

連用修飾語 ¶紅茶に薄切りレモンをひと切れ入れる►把切得很薄的一片柠檬níngméng放到红茶里。 ¶パンをサンドイッチ用に薄く切る►为了做三明治sānmíngzhì把面包切薄些。

[2] 身体の部分に厚みがない状態。[↔あつい]

連体修飾語 ¶薄い唇►薄嘴唇,薄薄的嘴唇 ¶薄い胸►〔薄薄的／平平的〕胸脯xiōngpú

述語 ¶胸が薄くても，セクシーな女優はたくさんいる►有很多平胸但是也很性感xìnggǎn的女演员

[3] 色彩や味が淡白である状態。[↔こい]

連体修飾語 ¶薄い色►淡颜色,浅(颜)色 ¶薄い光►微光 ¶薄い色に染めあげる►染成浅色的。 ¶薄化粧をする►化淡妆dànzhuāng。

述語 ¶味が薄くさっぱりしている►味道清淡。 ¶このインクは色が薄い►这墨水颜色淡。

薄くする ¶年をとったら化粧は薄くした方がよい►年纪大了,还是把妆化得

淡些好。¶スープの味が濃すぎるので牛乳で薄くします▶汤味儿太浓了,放点儿牛奶调淡tiáodàn。

④液体・気体・固体の濃度・密度が濃くない状態。[←→こい]

連体修飾語 ¶薄いかゆ▶稀粥。¶薄い霧が立ちこめている▶起了一片淡雾。

述語 ¶かゆが薄すぎる▶米粥太稀了。¶高山では空気が薄いからゆっくり歩く方がよい▶高山上空气稀薄xībó,慢点儿上才好。¶霧が薄くなった▶雾渐渐〔淡薄dànbó了／稀薄了／散了〕。¶眉が薄い▶眉毛稀疏xīshū。¶髪がだんだん薄くなった▶头发渐渐稀疏了。

⑤精神活動が不活発である様子。

述語 ¶興味が薄い▶兴趣不大。¶信仰心が薄い▶缺乏quēfá信仰。¶人情が薄い▶不通人情。¶最近の若い人は政治に関心が薄い▶近来年轻人〔不太关心政治／对政治漠不关心／对政治不大关心〕。

慣用的表現 ¶この商売は利益が薄い▶这生意利薄。这买卖赚头儿zhuàntour不大。¶選手の層が薄い▶选手后备hòubèi力量薄弱。选手后继乏人hòujì fárén。¶この方法では効果が薄い▶这样的办法效果〔很小／甚微〕。¶あの人はどうも影が薄い▶那个人不太起眼儿qǐyǎnr。那个人显得身体单薄dānbó。

うそだ【嘘だ】 ←→ほんとうだ

①事実と異なる情報が流された状態。

述語 ¶彼が法廷で証言した内容はすべてうそだった▶他在法庭上的证词全是〔假的jiǎde／谎言huǎngyán〕。

語幹の用法 ¶嘘はいけません▶别撒谎!
¶彼の履歴書は嘘ばかりだった▶他的履历书都是假的。

②「あってはならないことだ」という反語的評価。 文型 疑問形なし

述語 ¶ここまできて止めるのはうそだ▶事到如今不该〔半途而废bàntúérfèi／停下来／停手〕。¶今この問題を解決しないのはうそだ▶现在不解决这个问题,可就〔坐失良机zuòshīliángjī／失策shīcè〕了。¶そうこなくてはうそだ▶不那样才怪cáiguài呢! 注"才怪"は,前出の文脈情報が肯定形ならばそれを強く否定し,否定形ならばそれを強く肯定する意見を表す。

うたがいぶかい【疑い深い】

①物事を疑いの目で見る感情。

連体修飾語 ¶疑い深い目で私を見ないでください▶别用怀疑的▲目光看着我。 注見かけだけの目の表情には"眼光"は使えない。

述語 ¶あなたは実に疑い深い▶你疑心△太大了。你太多心了。你太多疑了。¶あまり疑い深いのも困ります▶疑心太大,可不好办。

連用修飾語 ¶疑い深く気を回さないで▶别多心。

うつくしい【美しい】 →きれいだ

①見た目が優れていて,人に精神的な快感を引き起こす状態。

連体修飾語 ¶美しい少女▶〔挺好看的／漂亮的／美丽的〕少女¶女優さんの美しい顔▶女演员如花似玉rúhuā sìyù的容貌 注美人を花の顔(かんばせ)と誉める表現。"如花似锦"は風景や人の前途を形容する。¶ほっそりと美しい指▶〔纤秀xiānxiù的／纤细的〕手指¶美

うつくしい

しい風景▶〔美丽的／动人的／诱人的〕风景¶美しい絵▶美丽的画¶美しい花束▶美丽的花束¶私は美しい祖国の山河を見るたびに感動する▶每当我看到祖国的锦绣jǐnxiù山河总是激动万分。¶娘の美しい花嫁姿に，父親は涙がこみあげてきた▶看到自己女儿那美丽可爱的新娘子打扮，当父亲的禁不住jīnbuzhù涌出了热泪。

述語 ¶（女性の）姿が美しい▶姿态zītài优美。注男性歌手などのスタイルのかっこ良さは普通"帅shuài"で表す。¶秋の空は美しい▶秋天的天空很美[丽]。秋天晴空万里。¶風景が美しい▶风景很[优]美。¶彼女の目はきらきら輝いて美しい▶她的眼睛炯炯jiǒngjiǒng有神。¶その子の目は澄み切って美しかった▶那孩子的眼睛清彻明亮，动人极了。

連用修飾語 ¶彼の娘さんは美しい▶他的女儿长得〔漂亮／标致biāozhi〕。¶湖面が月にきらきらと美しく光っている▶月光下，湖面闪烁着shǎnshuòzhe诱人的光。

♣類義語

美丽：①見た目がよく，人の心をひきつける状態（詩的表現）。②物事の内容，人の精神が立派でレベルが高い状態。

漂亮：①見た目がよく，人をはっとさせるほどすばらしい。②やり方，手際など経過がすばらしい[→あざやかだ]。③言葉だけが飾られていて，実がない[→きれいだ]（貶義）。

好看：①見た目がよく，人に好感を与える状態。②内容に見るべきものがあり，面白みがある状態。

典型例

美丽：①◇-的大眼睛◇-风光◇-的春天②〈-动人〉◇-的灵魂

漂亮：①◇-的客厅◇-的小狗②（[みごとだ][あざやかだ]の項を参照）。③◇-的话◇不要听他说得那么~。

好看：①◇容貌~。◇笑得很~。◇摆列得〈新鲜〉②◇这出戏特别~。◇这不是什么~的事?

組み合わせ一覧表(1) 名詞

左＝連体修飾構造，右＝主述構造

	姑娘		小伙子		身材	
美丽	○	○	×	×	×	×
漂亮	○	○	×	△	○	◎
好看	○	○	○	○2)	○	○
很美	○1)	○	○1)	×	△	△
	长相		字		风景	
美丽	×	△	×	×	◎	◎
漂亮	○	○	◎	○	○	○
好看	○	○	△	○	○	○
很美	×	△	×	×	×	◎

1) "美女""美男子"という表現が一般的。もともと"美"は書き言葉。
2) 男性が美しいことは"帅"または"好看"を述語に使って表す。

組み合わせ一覧表(2) 動詞

（様態補語構造）

	长得~	打扮得~	画得~	写得~
美丽	×	×	×	×
漂亮	○	◎	○	○1)
好看	○	○	○	○1)
很美	○	○	○	×

1) 字体を指す場合と内容を指す（読みやすい，面白い）場合とがあり得る。

2 音や声が耳に心地よい状態。

連体修飾語 ¶人を感激させる美しい言葉►动听的语言¶楽しくなるような美しい音楽を聞きたい►我想听美妙悦耳měimiào yuè'ěr的▲音乐。注主述構造では普通，"音乐美丽动听"を使う。¶風鈴が美しい音色を立てている►风铃发出了美妙动听的声音。

述語 ¶彼女は声がとても美しい►她嗓音sǎngyīn很好听。她的声音〔很优美／很动听〕。

③言葉や文章が優雅で品のある状態。

連体修飾語 ¶美しい文章►美丽的词藻cízǎo，漂亮的文章，好文章¶日本古来の美しい言葉を残したいものだ►希望日本古代的典雅diǎnyǎ的语言能够保留下去。¶結婚式のスピーチを何とかして美しい言葉で締めくくりたい►在结婚典礼上的发言，想尽量用雅词丽句yǎcí lìjù来结束。

述語 ¶この部分の言葉はとても美しい►这段的语言非常美。¶何度も推敲した作品だけあって文章がとても美しい►不愧(是)推敲tuīqiāo了好几次的作品，文章写得真漂亮。¶彼は言葉は美しいが心はそうではない►他的词藻很美丽，但内心却不是那样的。

④心が優しく親切な状態。

連体修飾語 ¶美しい友情►美好的〔▲友情／▲情谊〕注主述構造では"〔友情／情谊〕深厚"を使う。¶彼女は美しい心を持っている►她有一颗〔善良的心／美好的▲心灵〕。¶アルバムを見るたびに美しい思い出がよみがえってくる►每当看到这个影集时，就会换起我美好的回忆。

述語 ¶友だち同士が助け合う姿は本当に美しい►朋友们互相帮助，这是〔很好

的事／一件美好的事情〕。¶人間にとって外見が美しいよりも，心が美しい方がより大切なことだ►作为一个人，〔心灵美／心眼儿善良／心肠好〕比外表wàibiǎo好看更重要。

うっとうしい

①天候がぐずついて気分を滅入らせる状態。

連体修飾語 ¶うっとうしい長雨だ►阴雨连绵。(主述構造)¶うっとうしい雨雲が日本の上空を覆っている►日本的天空布满了bùmǎnle阴郁yīnyù的乌云。¶6月に入るとうっとうしい天気が続き，気分も重くなる(陰気くさくなる)►进了六月以来，每天都是天气阴沉,心情也变得阴郁起来。(主述構造)

②晴ればれとできず，何事も相手にしたくない気持にさせる状態。

連体修飾語 ¶うっとうしい気分だ►心情〔不畅快／烦闷fánmèn〕。(主述構造)¶その知らせが私たちのうっとうしい気分を一度に吹き飛ばした►那个消息把我们烦闷的〔心绪xīnxù／情绪〕一下子吹到九霄云外jiǔxiāoyúnwài去了。注「気分」の訳語は，気分の一時的な状態や変化を表す文脈と，一定した気分を表す文脈とで異なる。

述語 ¶前髪が下がってきてうっとうしい►头发耷拉儿liánr搭拉dāla下来·〔怪不舒服的／使人气闷〕。¶つきあいたくない人からしつこく声をかけられて，うっとうしくてたまらない►越是不愿意跟他交往,他越是总跟我打招呼,真烦人。¶みなが黙り込んだ陰気な(暗い)雰囲気がうっとうしい►谁都不作声，这种阴沉的气氛令人烦闷。

うっとうしい―うるさい

♣類義語　　　　　　　　→いんきだ

阴沉：①空模様がぐずつき，雨が降りかかっている，または降り続いている状態。②人の表情そぶりが重苦しい印象を与える状態。

阴郁：①空が暗い。②人の気持ちが重苦しくなっているありさま，またはそう人に感じさせる状態。

烦闷：わずらわしいことを断ち切れなくていらついている気持ち。

[典型例]

阴沉：①◇~的雪天／天色阴沉沉的。②◇~的脸色／眼光~。◇会场的气氛很~。◇~地点点头。[動詞としての用法]◇~着脸不说话。

阴郁：①◇天空变得更加~了。②◇~的微笑（文学的表現）◇他性情~。◇~地回答。

烦闷：◇我很~。◇心情~。

うらめしい【恨めしい】

1 痛手を与えた相手を憎み，やり返したい感情。[→にくい]

連体修飾語 ¶恨めしそうな顔をして見ないで下さい▶别那么〔满脸mǎn liǎn不高兴地／满脸怨气地〕看我。¶落ち着いてくると彼女の恨めしげな表情は次第に消えていった▶当她的情绪qíngxù逐渐安定下来的时候，那充满怨气的表情便渐渐消失了。

連用修飾語 ¶彼女は恨めしげに私にぐちを並べ立てた▶她满脸怨气地向我发着fāzhe牢骚láosāo。

2 何かの失態について，何かのせいだと責めたい気持ち。[㋺悔やんでいる]

述語 ¶自分の愚かさが恨めしい▶只恨自己愚蠢yúchǔn。自己的愚蠢真可恨！想起自己干的蠢事chǔnshì，实在气得要命。¶我が身の不甲斐なさが恨めしい▶只恨自己不争气bùzhēngqì。¶時間が足りなくてとても恨めしい▶时间不够，真可恨。

うらやましい【羨ましい】

□人の長所や幸福を見て，自分もそうなりたいと願う気持ち。

連体修飾語 ¶うらやましそうな目つきで私を眺めている▶〔用羡慕的▲目光／用羡慕的▲眼神〕看我。¶友人が先に出世しても，うらやましそうなそぶりは見せない方がよい▶即使朋友先升了shēngle官guān，最好也不要羡慕不已bùyǐ。

述語 ¶彼女の日本語はすばらしいので，私は本当にうらやましい▶听她的日语说得那么好，我羡慕得不得了。¶あの夫妻は結婚後20年になるが，とても仲がよくて，本当にうらやましいですね▶他们夫妻结婚二十年了，关系还是那么好，真令人羡慕。¶先生がとても彼女を可愛がるので，みなにうらやましがられるのです▶老师可真喜欢她，〔因此让大伙儿嫉妒jídù／所以叫大伙儿眼馋yǎnchán〕。¶彼はあなたの幸運がうらやましくてたまらないのだ▶他对你的〔走运／好运〕简直羡慕极了。你的〔走运／好运〕可真叫他眼馋了！

うるさい

1 音が耳ざわりな状態。

連体修飾語 ¶うるさい子供たち▶〔吵人的／吵闹的〕孩子们

述語 ¶うるさい，静かに▶太吵了,安静

点儿! ¶人が多くてうるさい▶人多嘈杂cáozá。¶車の音がうるさい▶汽车的声音[很嘈杂／很烦人]。注"吵"は人や生物の声に限り，"嘈杂"は人の声も含む騒音を表す。"烦人"は音そのものの性質ではなく人の悩みを表す。¶赤ん坊の泣き声がうるさくて眠れなかった▶娃娃wáwa的哭声吵得没睡着觉shuìzháo jiào。¶ここではうるさくて勉強などできない▶这儿〔嘈杂得／吵得〕简直没法儿学习。

2 他人の行動に干渉したり，制限を加えたりする状態。

連体修飾語 ¶口うるさい(文句が多い)父親▶爱挑剔tiāoti的父親 ¶うるさい規則がたくさんある▶有很多严格的规则。

述語 ¶社宅生活は人の口がうるさい▶住公司宿舍闲话多。¶姑は口うるさい(あら探しをする)▶婆婆常常吹毛求疵chuīmáoqiúcī。注"吹毛求疵"の"吹毛"は，毛を吹きわけて地を出すこと。¶我が家では母は何もいわないが，父がうるさい▶我家里妈妈什么都不管,可爸爸〔挺罗唆／管得很严〕。

連用修飾語 ¶うるさくいうと逆効果だ▶唠叨láodao多了,效果会适得其反shìdé-qífǎn。

3 自分の嗜好に細かくこだわる気持ち。

述語 ¶食べ物にうるさい▶对吃的很讲究。在吃上很挑别。注"在穿上""在住上"のように衣食住について使える表現。¶姉は着るものにうるさい▶我姐姐讲究穿着chuānzhuó。¶彼は時間にうるさいから，彼を訪ねる時は絶対に時間に遅れないようにしなさい▶他那个人特别遵守时间,所以你去他那儿的时候,可千万别晚了。

4 いやらしくて追い払いたくなる気持ち，またそう思わせる状態。

連体修飾語 ¶うるさいハエ▶讨厌的苍蝇cāngying

述語 ¶1日中記者につきまとわれてうるさい▶整天被记者缠着chánzhe,〔真讨厌／烦得慌〕。¶子供がつきまとってうるさい▶孩子老缠人,〔真讨厌／烦得慌〕。

うれしい【嬉しい】困喜んでいる →たのしい

□物事が満足できる状態であり，そのことで明るく心地よくなる感情。

連体修飾語 ¶嬉しい知らせがあった▶有了一个喜讯xǐxùn。¶なんでそんなにニコニコしているの。何か嬉しいことがあったのですか▶瞧你那高兴劲儿,有什么喜事儿呀?

述語 ¶母の病気が全快してとても嬉しい▶母亲的病好了,〔我很高兴／真令人高兴〕。¶プレゼントをもらったのが，よほど嬉しかったらしい▶好像对收到礼物感到异常高兴。¶お会いできて嬉しくてたまりません▶能见到您,我〔高兴得／欢喜得／乐得〕不得了。¶彼は嬉しくてニコニコしている▶他〔高兴得／欢喜得／乐得〕喜笑颜开xǐxiàoyánkāi。¶子供らは嬉しくてキャッキャッと跳ねまわった▶孩子们〔高兴得／欢喜得／乐得〕直跳。

連用修飾語 ¶お手紙嬉しく拝見いたしました▶我很高兴地拜读了您的来信。¶心のこもったプレゼント，嬉しく頂戴いたしました▶您诚心送我的礼物,我愉快地接收了。¶子供たちは嬉しそうに(楽しそうに)出かけて行った▶孩子

们愉快地出去了。¶子供たちは嬉しそうにクリスマスツリーを飾っている▶孩子们〔高高兴兴地／欢欢喜喜地〕装饰着圣诞树。

♣類義語

高兴：事態が期待・望みにそっていて，喜んでわくわくする感情。

欢喜：何かの出来事で晴れがましく思う感情，またそうさせる状態。

乐：思わずニコニコしたり，動作態度に出るほど喜んでいる状態。

[典型例]

高兴：◇让人~的事◇~的时候◇心里很~。◇~地说。◇~地玩儿。

欢喜：◇~的事◇~的日子◇满心~。◇欢欢喜喜地过春节。（文語的）

乐：◇~得合不上嘴。◇这样的~事很少有。

え

えらい【偉い】

1 能力，人格などが人から賞賛されるほど優れている状態。

連体修飾語 ¶魯迅は偉い文学者である▶鲁迅Lǔ Xùn是一位伟大的文学家。¶彼は本当に偉い人だ▶他实在是个〔伟大的／了不起liǎobuqǐ的〕人。¶子供のくせに偉い奴だ▶这孩子可真行zhēn xíng。（主述構造）¶それが彼の偉いところだ▶这就是他了不起的地方。

述語 ¶あの人は偉いねえ▶那个人真了不起。¶偉い，よくやった▶好！干得好。¶偉い，よくがんばった▶〔好！／了不起！〕〔能坚持下来真不简单／坚持下来了真不错〕。

2 社会的地位，身分が高い状態。

連体修飾語 ¶ここは偉い方の席です▶这儿是首长shǒuzhǎng坐的地方。

述語 ¶会社で一番偉いのは社長です▶在公司里地位最高的是经理。¶今にこの子はきっと偉くなる▶将来这个孩子一定有出息。

3 威張った様子。

連体修飾語 ¶あの人は偉そうなことをいう▶那个人〔说大话／夸大其词kuādàqící〕。（主述構造）¶偉そうな態度をとるな▶别摆bǎi那么大的架子jiàzi了！别那么装出了不起的样子！

4 精神的に苦しい気持ち。

述語 ¶今さぼっていると試験の時にえらいですよ▶现在偷懒tōulǎn不复习，考试的时候该抓瞎zhuāxiā了。

慣用的表現 ¶そんなことをしていると，今にえらい目にあいますよ▶你那么

干,可要吃苦头啊!

[5] 被害を出しそうなほど激しい程度。[→ひどい]

連体修飾語 ¶今日はえらい暑さだ▶今天热得{挺厉害/要命}。¶えらいことになった▶这下子可糟(糕)了。这可严重了。¶あなたはえらいことをしでかした▶你可闯chuǎng大祸dàhuò了。¶彼にえらい剣幕でどなられた▶我被他怒气冲冲nùqì chōngchōng地骂了一顿。我被他破口大骂pòkǒudàmà了一顿。¶えらい勢いでぶつかってきた▶猛虎下山měnghǔxiàshān般地冲来了。¶街頭はえらい人出である▶街上人山人海。

連用修飾語 ¶傷口がえらく痛む▶伤口疼得够呛gòuqiàng。

お

おいしい【美味しい】 働うまい ↔まずい

□味がよい。

連体修飾語 ¶おいしい料理▶〔好吃的/可口的/很香的〕菜 ¶最近は各地方のおいしい水をデパートで売っています▶最近,在百货商店里出售各地的〔优质水/甜水tiánshuǐ〕。

述語 ¶まあ何ておいしい!▶啊呀! 菜多么香啊! ¶このスープはおいしい▶这汤〔很可口/很好喝/很香〕。¶私は甘い物が特に好きなのではありませんが、疲れた時にはやはりおいしいと思います▶我平时并不喜欢吃甜的,可是疲倦píjuàn的时候吃一点儿还是觉得〔挺好吃的/挺可口的/很香〕。¶おいしいですか,よろしければもっと召し上がって下さい▶〔合hé您的口味kǒuwèi吗?/好吃吗?〕,您喜欢的话,再多吃一点儿吧。¶この2,3日食欲がなくて食事がおいしくない▶这两天食欲不振,吃饭不香。

慣用的表現 ¶ごちそうさまでした,とてもおいしくいただきました▶〔吃好了/吃得很痛快!〕,谢谢您! ¶おいしい話には裏があるものだ▶世上没有那么便宜的事。

おおい【多い】

□事物の数量が多い。

述語 ¶アカマツの多い林▶有很多红松的树林 ¶経験の多い人▶〔经验丰富的/有经验的〕人 ¶年の多い順に並ぶ▶按年龄大小排队。¶じゃりの多い坂道

を登る▶登上铺满pūmǎn石子的坡路pōlù。¶売り上げの多い年は二億円以上に達する▶销售总额多的时候,一年可以达到两亿日元以上。¶ここは交通事故の多い曲がり角だ▶这个拐角guǎijiǎo是车祸chēhuò多发地段dìduàn。¶ご飯の盛り方が多すぎます▶米饭盛得chéngde〔太多／太满〕。

慣用的表現 ¶口数が多い人▶爱说的人,好hào罗唆luōsuo的人,嘴碎的人 注 "爱说"は話し好きのこと。"罗唆"は言葉づかいが長々しくくどいことをいう。"嘴碎"は,繰り返しの多いくどい話し方をすることを,個人の特徴として挙げていう。

おおきい【大きい】

1 平面の面積,または物体の体積の量が大きい。

連体修飾語 ¶大きな家▶大房子¶大きな建物▶高大的建筑¶大きな体格の男▶高大的汉子,身材魁梧kuíwú的人¶大きなガスタンク▶大煤气罐,巨大的▲煤气贮藏罐zhùcáng guàn 注 "巨大"は連体修飾語のみに使う。主述構造では,普通"～很大"が使われる。¶大きな木の下でひと休みする▶在大树下歇xiē会儿。¶大きな荷物は託送にする▶把大件行李托运tuōyùn。¶大きな足でしっかり大地を踏みしめる▶一双大脚牢牢láoláo地踩在cǎizài大地上。¶大きな餌物を釣り上げた▶钓上来diàoshànglái了一个大家伙jiāhuo。

2 物事の規模が大きく,影響も大きい。

連体修飾語 ¶台風で大きな損害を受けた▶由于台风遭受了严重的损失。¶大きな責任を担う▶担负重大的责任。¶大きな計画を立てる▶制定宏伟hóngwěi的计划。¶みなが力を合わすなら大きな力を発揮できる▶大家齐心合力就能发挥出巨大的▲力量。¶大きな災難に巻きこまれた▶被卷进了巨大的▲灾难之中。¶大きな取引をした▶做zuò了一大笔交易jiāoyì。做大买卖。¶私は大きなわなにはまってしまった▶我上了shàngle个大圈套quāntào。¶負債が大きい▶负债fùzhài累累lěilěi。债台高筑zhàitáigāozhù。有巨额负债。¶影響が大きい▶影响很大。

3 年齢や小さい数を比べて,数量がより多い。

連体修飾語 ¶大きい兄さん▶大哥¶昔は大きい子が小さい子の面倒をよく見たものだ▶过去,大孩子照顾小孩子照顾得很周到。

述語 ¶王ちゃんは李ちゃんより二つ大きい(年上だ)▶小王比小李大两岁。¶7は5よりいくつ大きいですか?▶七比五多多少?

4 人の度量,態度が大きい(ほとんどが貶義)。

述語 ¶彼は心が大きい(褒義)▶他度量dùliàng很大。¶彼は新入社員のくせに態度が大きい▶他刚来参加工作,就那么傲慢àomàn。

慣用的表現 ¶大きなことをいいたがる▶爱说大话。爱吹牛chuīniú。¶大きな顔をするな!▶不要骄傲自大jiāo'àozìdà。(主述構造)¶大きなお世話だ▶用不着你多管闲事!¶ほほう,大きく出たね▶嚄Huō,好大的口气kǒuqià啊!

5 生物が成長して大きくなる(動詞的用法)。

述語 ¶庭に植えた木が大きくなり,日

当たりが悪くなった▶院子里的树木长大了,挡住dǎngzhù了阳光。¶大きくなったら操縦士になりたい▶长大了,我想当飞机当飞机驾驶员jiàshǐyuán。¶3年会わないうちに大きくなったね▶三年不见,长这么大了。

大きくする ¶あの人は苦労してやっと3人の子供を大きくした▶她好不容易才把三个孩子拉扯大了lāchedàle。注"长大"はおのずと育つこと。"拉扯大"は苦労して子供を育てあげること。

おおげさだ【大げさだ】
①実際以上に価値があるように見せかけた状態。[㋐ぎょうぎょうしい]

連体修飾語 ¶大げさなことはいうな▶讲话不要夸张kuāzhāng! 不要夸大其词kuādà qící! (主述構造)¶大げさな身振りを見て観客が笑った▶夸张的动作逗得观众发笑。

述語 ¶彼の話はいつも大げさだ▶他说话总是夸大其词。

連用修飾語 ¶大げさに広告を出す▶过分夸张地做广告。做的广告〔言过其实／名不符实〕。¶こんな小さなことで大げさに騒ぐな▶这么点儿事不要大惊小怪的dàjīngxiǎoguàide。¶少し大げさに話すなら…,▶稍微夸大点儿说…

大げさにする ¶大げさにしないで,簡単にすませよう▶不要小题大做xiǎotídàzuò,简单点儿办完了吧。

②必要以上に見栄を張って振るまった状態。[㋐派手だ]

連体修飾語 ¶私たちには大げさな結婚披露宴は必要ない,簡略にやろう▶对我们来说,结婚喜宴没必要大肆dàsì铺张pūzhāng,一切从简cóngjiǎn吧。(主述構

造)

述語 ¶服装が大げさだ▶服装过分讲究。¶この地方の葬式は大げさだ▶这地方的丧事〔大讲／讲究〕排场páichang。

連用修飾語 ¶大げさに金を使う必要はない▶没有必要铺张pūzhāng浪费。

おおざっぱだ【大ざっぱだ】
①物事の処理がいいかげんに雑にしてある状態。

述語 ¶このスーツはつくりが大ざっぱだ▶这套西服做工〔粗糙cūcāo／不细致bù xìzhì〕。¶どんな仕事にしろ,大ざっぱではいけない▶无论做什么工作,〔不能草率／不能粗枝大叶cūzhīdàyè〕。¶考え方がそんな大ざっぱではうまくいかないにきまっている▶你考虑得那么不周到,肯定做不好。

連用修飾語 ¶大ざっぱに読みとばした▶走马看花走马看花zǒumǎ kànhuāde读了一遍。¶地図を大ざっぱに書きすぎた▶地图画得太粗糙。¶とりあえず大ざっぱに処理しておいた▶暂时zànshí先〔草草地／草率地〕处理了一下。

②要点を拾い,大体のところを判断する様子。

連体修飾語 ¶これが大ざっぱな見積もりです▶这是粗略的〔估算gūsuàn／估计〕。

連用修飾語 ¶大ざっぱに説明すると,こうなります▶(前置き)大概地说,是这样的。(締めくくり)大致地说,就是这样。¶大ざっぱにみなの意見をまとめておく▶粗略总结大家的意见。¶大ざっぱに見ても,復旧に5年はかかる▶〔粗略估计／大致计算一下〕,恢复要五年的工夫。

♣類義語

粗糙：やり方や作り方が雑で，出来映えが見劣りする状態。

粗略：大体のところだけを把握して判断を下している状態。

[典型例]

粗糙：◇~的工芸品◇~手工~。◇他活干得~。◇粗粗糙糙地对付一下。◇这篇小说内容不错,但写得比较~。

粗略：◇~的计算◇估计很~。◇~地记下这些。◇~地分为两类。

おかしい【可笑しい】

① 人を笑わせるほど滑稽な状態。

連体修飾語 ¶彼のおかしな語り口にみながどっと笑った►他滑稽huáji的〔腔调qiāngdiào／语调〕惹得大家哈哈大笑。¶彼はしばしばおかしな話をして人々を笑わせる►他常常说〔笑话／可笑的故事〕逗乐儿dòulèr。¶おかしなことをいって笑わせるのがうまい娘さんだ►她是个爱说逗笑儿dòuxiàor的姑娘。

述語 ¶ピエロのおどけたしぐさがおかしい►皮埃罗pí'āiluō做怪像儿guàixiàngr的样子〔很可笑／很滑稽〕。¶おや，何がおかしいの。失礼ね►哎Āi,有什么可笑的!太没礼貌了!¶おかしくて吹き出してしまった►因为滑稽忍不住噗哧地pūchīde笑出了声。¶おかしくてたまらない►简直笑死人。

連用修飾語 ¶失敗談を面白おかしく聞かせてくれた►他用一种又有趣又滑稽的方式把他失败的事儿讲给了我们听。(介词构造)

② 様子が常軌を逸している，調子が狂っている状態。

連体修飾語 ¶おかしな風俗習慣►古怪的〔风俗／习俗〕[注]"古怪"は標準や常識，通常の有り様からはずれているおかしさを表す。¶おかしな髪型だ►发型〔很古怪／怪里怪气的〕。(主述構造) ¶おかしな服装が流行している►现在时兴shíxīng奇装异服。¶彼女にはおかしなくせがある►她有些怪毛病。她这个人有点儿怪。¶世の中にはおかしな(突飛な)話があるものだ►世上可也有离奇líqí古怪的事。

述語 ¶おかしなことに誰もそれについていおうとしない►奇怪的是,对那件事谁都不肯开口。¶彼は最近様子(挙動)がおかしい►他最近举止〔不同往常／不正常／有点儿反常〕。¶私は今日少しからだの調子がおかしい►我今天身体有点儿〔不舒服／不得劲儿déjìnr〕。¶あなたの話を聞いているうちに私は頭がおかしくなってきた►听了你说的话,我有点儿糊涂了。

慣用的表現 ¶彼は少し頭がおかしい►他有点儿二百五。¶私の口からいうのもおかしいですが…►我说这话也许不大合适,但…。

③ 疑わしい，不審な状態。[→あやしい]

述語 ¶彼は時々そぶりがおかしい►他举止有时候使人〔觉得可疑／怀疑〕。¶彼があんな大金を持っているのはおかしい►他有那么一大笔钱,太可疑。

慣用的表現 ¶おかしなまねをするな►别捣鬼dǎoguǐ!

おくびょうだ【臆病だ】

□ 些細なこともこわがってびくびくするありさま。

連体修飾語 ¶臆病な人►〔胆小的／胆怯

dǎnqiè的〕人
述語 ¶彼はとても臆病だ▶他〔很胆怯/胆小怕事〕。他胆小如鼠rúshǔ。¶1度事業の経営に失敗してから，彼は事業に臆病になった▶他在事业上失败了一次以后，变得〔胆小了/胆怯了〕。注"变得"がなくて"胆怯了"だけならば，一時的に気弱になったことを表す。¶臆病ね，しっかりしなさい▶胆子太小，〔坚强jiānqiáng一些！/大胆一些！/勇敢一些！〕
慣用的表現 ¶臆病な犬ほどよく吠える▶越是胆小越逞chěng威风wēifēng。

おごそかだ【厳かだ】
① 公の儀式，式典の有様が威風堂々としている状態。
連体修飾語 ¶厳かな式典▶〔庄严zhuāngyán的▲/隆重lóngzhòng的〕典礼 注主述構造では"典礼庄严隆重"になる。四字句の形容詞の表現は，連体修飾語の場合なら前二字でもよいが，述語の場合は後二字または四字句すべてを使う。なお，"庄严"は"会场""场面"などならば主語にとれる。¶厳かな国歌が会場のすみずみまで響きわたった▶庄严的▲国歌声响彻xiǎngchè会场的每一个角落jiǎoluò。
述語 ¶その式典は厳かで盛大なものだった▶那典礼又隆重又盛大。
連用修飾語 ¶追悼会は厳かに行われた▶追悼会是在庄严肃穆sùmù的气氛中举行的。¶彼は厳かに開会を宣言した▶他庄严地宣布了大会开幕。¶今日開会式が厳かにとり行われた▶今天〔庄严地/隆重地〕举行了开幕式。
② 人が襟を正さずにはいられないような状態。

連体修飾語 ¶人は誰でも必ず死ぬということは動かすことのできない厳かな事実である▶人，不论是谁，都是要死的，这是一个不容否定的严峻yánjùn▲事实。 注主述構造では"事态严峻"になる。
述語 ¶裁判官の態度があまりに厳かなので，何だか近寄りにくい▶审判人员态度过于严肃yánsù，使人难以接近。
連用修飾語 ¶敗戦の事実を厳かに受け止める▶认真严肃地接受战败这一事实。

おしい【惜しい】
① 大変な希少価値をもつ様子。
連体修飾語 ¶惜しい人物を亡くしました▶很难得的人去世了。¶私は惜しいチャンスを逃した▶我错过了难得的好机会。¶彼は惜しいところで話を切ってしまった▶正说到要紧的地方他不说了。
慣用的表現 ¶彼は惜しい星をこぼして，横綱になれなかった▶他在关键时刻guānjiàn shíkè丢掉一分yī fēn，没能当上冠军─横纲。
② 失ったら後悔するであろうほど貴重に思う気持ち。
述語 ¶命が惜しい▶惜命。舍不得shěbude命。¶お金が惜しい▶舍不得钱。¶人に譲るには惜しい▶让给别人太可惜。¶一刻たりとも時間が惜しい▶珍惜每一寸光阴。一寸光阴一千金。¶その服は捨てるには惜しい▶那件衣服还舍不得扔。那件衣服扔掉还有点儿舍不得。
慣用的表現 ¶名残が惜しい▶依依不舍yīyī bùshě。恋恋不舍。¶父はプラットホームに立ったまま名残惜しげにいつ

までも手を振っていた►父亲就那样站在月台上,一直依依不舍地挥着手。

3 失ったり、獲得しそこなったりして残念に思わせる状態。[→残念だ2]

述語 ¶惜しいことに、事は成功しなかった►可惜得很,没成功。遗憾的是没成功。¶時間を浪費するなんて惜しいことだ►浪费时间是可惜的。

おそい【遅い】

1 時刻が定刻をすぎている状態。(超過時間がかなりある)[←早い]

連体修飾語 ¶遅い時間まで店を開いている►营业到很晚。

述語 ¶冬は日の出が遅い►冬天太阳出来得晚。¶今日は帰りが遅いから、先に食事をしなさい、待っていなくていい►今天要晚回来,你们先吃晚饭,不必等我。¶もう時間が遅いから泊っていきなさい►时间不早了,就在这儿过夜吧。

連用修飾語 ¶こんなに遅く来るなんて、約束より30分遅いよ►你这么晚来,比约定的时间〔迟到三十分钟/晚了三十分〕。¶明日は10分遅く来て下さい►请你明天晚十分钟来,好吗?¶少し遅く帰ってきたので、テレビドラマを見損なってしまった►回来得晚了一点儿,来不及看到电视剧了。¶いつもより遅く出かけていたら、交通事故にあわずにすんだだろうに►要是〔走得比平时晚一点儿/比平时晚一点儿走〕,就不会遇到交通事故了。¶もう10分遅く出かけても、充分間に合う►就是再晚走10分钟,也完全来得及。

2 時期を逸して、手遅れと認める判断。

述語 ¶後悔してももう遅い►后悔也〔来不及了/晚了〕。¶申し込みにはもう遅い►报名已经晚了。已经过了报名期限了。¶チャンスを逃した、もう遅い►误了时机,来不及了。¶今から始めても遅くない►现在开始也〔不晚/来得及〕。

3 物体の動く速度や変化が遅い。[→ゆっくりだ][←速い]

述語 ¶彼は足が遅い►他走得很慢。¶この木は生長が遅い►这种树长得很慢。¶仕事が遅い►工作进度△慢。¶進歩が遅い►进步〔不快/很慢〕。

おそろしい【恐ろしい】

1 人をこわがらせたり、ひどく心配させたりする状態。[→怖い]

連体修飾語 ¶突然彼は恐ろしい目つきで私をにらんだ►他突然〔恶狠狠地/面目可怖地〕瞪我一眼。¶あの人は裏で人の足を引っ張ろうとする恐ろしい人だ►那个人常常在背后拆台chāitái,很可怕。(主述構造)¶ガンは早期発見すれば決して恐ろしい病気ではない►癌症áizhèng如果能早期发现的话,就并不是可怕的病。¶彼らは恐ろしいことを企んでいる►他们谋划着móuhuàzhe可怕的事。¶昨夜おそく恐ろしい殺人事件が起きた►昨天夜里发生了可怕的杀人案。

述語 ¶彼の顔つきがサッと恐ろしくなった►他的〔脸色/表情/神情〕变得很可怕。注 "脸色"だけが感情のこもった顔つき以外に、病気による表情の変化も表せる。¶人を殺して平気な顔をしているなんて、なんて恐ろしい►杀了人还跟没事儿一样,〔真让人害怕

／真是个可恶的人〕。

② こわがったり，ひどく心配する気持ち。[→こわい]

述語 ¶途中で恐ろしくなって逃げ出した►我在半路上害怕了,逃跑了。¶マンションを買いたいが，月々のローンの額を考えると，恐ろしくて手が出ない►想买公寓,但一考虑到每月的分期fēnqī付款额fùkuǎn'é,就吓得不敢买了。¶父さんにいつどなられるかと恐ろしくてたまらない►不知什么时候就会被爸爸〔训斥xùnchì／骂〕一顿,真的〔害怕极了／害怕得很〕。

③ 現実になるはずがないと恐ろしくなるほどはなはだしい程度。[→すごい]

連体修飾語 ¶恐ろしい人気►〔惊人的▲／吓人的▲〕名气¶恐ろしいスピード►〔惊人的▲／吓人的▲〕速度 注 主述構造では"名气大得吓人""速度快得吓人"のように原因を具体的に述べる。

連用修飾語 ¶恐ろしく物価が高い►物价贵得〔吓人／惊人〕。¶道路は車が恐ろしく混んでいる►马路上汽车挤得〔要命／真厉害〕。¶外は恐ろしく寒い►外边儿冷得〔要命／厉害〕。

おだやかだ【穏やかだ】

① 物腰が柔らかく落ちついている状態。

連体修飾語 ¶あの社長は穏やかな人だ►那个总经理〔平易近人／和蔼可亲〕。（主述構造）¶穏やかな態度をくずさない►总是保持着〔温和的／和蔼的〕态度。

述語 ¶彼は人柄が穏やかだ►他为人△温和。 注 "为人"は主に人への応対に現れる性格的特徴をあらわす。"和蔼"は安定した習慣化した態度を表すので組みあわせにくい。¶彼女は物言いがおだやかだ►她说话〔温和／和蔼〕。她语气温和。¶彼は表面は穏やかそうだが，なかなか気が強い►他表面上看来很温和,实际上比较倔强juéjiàng。

連用修飾語 ¶穏やかに注意する►〔和和气气地／和蔼地／语气温和地〕提醒。

② 精神状態に乱れがなく安定しているありさま。

連体修飾語 ¶性格の穏やかな彼でさえ，穏やかではいられなかった►连性格温和的他也不能心平气和xīnpíng qìhé的了。¶彼は心中穏やかではなかった►他心里不平静。

連用修飾語 ¶お互い，穏やかに話しあおう►我们心平气和地谈谈吧。¶故郷へ帰って穏やかに老後を過ごしたい►我想回故乡,〔度过一个平静的晚年／心平气和地度过晚年〕。

♣類義語

温和：性格が落ちついていて，言葉や態度が荒だつことがないありさま。

和蔼：(年長者や上司についてよく使う)他人との人間関係を余裕をもってリードして親しみやすいありさま。

和気：①他人と睦まじくできるようにふるまっているありさま。②友好的関係が続いているありさま。

典型例

温和：◇性情～。◇乘性～。◇生性～。◇态度～。

和蔼：◇(～可亲)◇～的学者 ◇态度～。◇笑容～。◇说起话来却很～。

和气：①◇对人～。◇说话～。◇和和

气气地指出缺点。②◇和和气气地相处了xiāngchǔle十几年。◇两口子和和气气的。

3 海や空, 天候状態が落ちついている状態。

連体修飾語 ¶今日は穏やかな小春日和だ▶今天是个小阳春xiǎoyángchūn。今天天气暖和得像初春。¶穏やかな晴天続きだ▶这几天天气晴和。¶穏やかな海面に白い帆が浮かぶ▶在〔平静的 / 在风平浪静fēngpínglàngjìng的〕海面上漂着几艘sōu白色的帆船fānchuán。

述語 ¶瀬戸内海は気候が穏やかだ▶濑户内海一带气候温和。

連用修飾語 ¶空が穏やかに晴れわたっている▶晴空万里。

4 問題をこじれさせないようにできる状態。

連体修飾語 ¶穏やかな処置をとる▶采取〔稳妥wěntuǒ / 妥善的〕处理方法。¶彼女は穏やかならぬことをいった▶她讲了些〔不稳妥的话 / 欠qiàn妥当tuǒdang的话〕。

述語 ¶あなたの言葉は穏やかでない▶你讲话有点儿不稳妥。

連用修飾語 ¶私はどうにかしてこの件を穏やかに解決したいと思う▶我要尽力设法〔圆满地 / 稳妥地 / 妥善地〕解决这件事。〔注〕"圆满"は「トラブルなく人間関係もうまくいく」評価。"稳妥"は「問題を起こさぬよう事が進んだ」状態。"妥善"は「妥当な線で決着がついた」状態。

おちついている【落ち着いている】
1 精神的に安定して, 動揺しないありさま。[←→慌てている]

連体修飾語 ¶落ち着いた態度▶〔沉着chénzhuó的 / 稳重的〕态度 ¶いつも落ち着いた表情をしている▶表情老是〔心平静气的 / 很安祥ān xiáng〕。

述語 ¶明日の入社試験を控えて気が落ち着かない▶面临着明天的录用考试, 〔心神定不下来 / 情绪不稳定 / 忐忑不安tǎntè bù ān〕。¶彼は職場でどんな問題が生じようといつも落ち着いている▶他在单位里出什么问题总是〔沉着的 / 镇静zhèn jìng de〕。¶慌てないで, 落ち着いて落ち着いて▶不要着慌, 先〔镇静下来 / 定下心神〕吧!

連用修飾語 ¶慌てずに落ち着いて話してください▶不要着急, 慢慢儿说吧。¶工事の音がうるさくて, 落ち着いて勉強できない▶工程的噪音zàoyīn太大, 让人不能〔安心地 / 沉下心地 / 心平静气地〕用功。

2 ものごとの状況が安定していて、変動が少ないと認める判断。[→おだやかだ] [㊉安定している]

述語 ¶このところ, 株の値動きが落ち着いている▶这个时期股市gǔshì〔比较稳定 / 波动很小〕。¶東西冷戦構造が消滅して, 世界の政治状況は一時的に落ち着いた▶在世界上东西冷战的危机消失以后, 国际政治关系得到了暂时的稳定。¶ベトナム戦争が終わって世の中が落ち着いてきた▶美越战争结束以后, 〔世上逐渐太平了 / 社会稳定下来 / 世间才平息下来〕。

おとっている【劣っている】←→すぐれている

□他と比べて, 質や能力がよくない状

態。
連体修飾語 ¶品質の劣った物(二流品)を買わされた▶上当shàngdàng买了次品cìpǐn。¶牛馬にも劣る生活を送った▶过的是牛马不如的生活。¶犬畜生にも劣る奴だ▶那个人连畜生chùshēng也不如。
述語 ¶成績が少し劣っている▶成绩有点儿差。¶視力が劣っている▶视力差。¶この店の商品は品質が劣っている▶这商店的商品有点儿差。¶体力では私は兄にうんと劣っている▶论体力我比不上bǐbushàng哥哥。¶彼は語学では誰にも劣らない▶论语言研究能力,他〔不次于／不亚于〕任何人。¶日本車は米国車に少しも劣らない▶日本汽车〔不亚于／不次于〕美国汽车。日本汽车比起美国汽车毫不逊色xùnsè。
慣用的表現 ¶日本のファッション界の隆盛はヨーロッパに優るとも劣らない▶日本流行时装世界的兴旺xīngwàng,跟欧洲相比,有过之yǒu guòzhī无不及wú bùjí。

おとなしい【大人しい】
①性格,ふるまいが従順で,穏やかなありさま。
連体修飾語 ¶おとなしい子供▶老实的孩子¶おとなしい娘さん▶〔温柔wēnróu的／老实的〕姑娘¶おとなしい性格▶老实温顺的性格
述語 ¶この子は行儀がよいしおとなしい▶这孩子又有礼貌又老实。
連用修飾語 ¶おとなしく留守番していなさい▶和你老老实实地看门儿吧。¶おとなしく座っていなさい▶给我乖乖地坐着! 老老实实地坐着! 安安稳稳地坐

着!
②(色や服装など)見た目に刺激的でない状態。
連体修飾語 ¶(品があって)おとなしい色▶雅致yǎzhì的颜色。¶(普通っぽくて)おとなしい服▶〔朴素的／素气sùqi的〕衣服。
述語 ¶この生地は柄がおとなしい▶这种布料〔图案／花样△〕素气。图案素净雅致。¶デザインのおとなしい服が好きだ▶我喜欢式样朴素雅致的衣服。¶色あいのおとなしい服が好きだ▶我喜欢颜色不鲜艳刺目的衣服。

おなじだ【同じだ】 ↔ちがっている
①時,地点,事物が同一である状態。
連体修飾語 ¶同じ日に生まれた▶生在同一天。¶同じところに住んでいる▶住在〔一起／老地方〕。¶同じ家に住んで家族と同じように暮らしている▶住在同一家,跟家人一样地生活。
②比較する基準と同一である状態。
連体修飾語 ¶同じお土産▶相同的礼物¶同じ顔をした双子▶有相同长相zhǎngxiàng的孪生子luánshēngzǐ
述語 ¶名前は同じだが,違う人間だった▶名字〔相同／一样〕,也不是同一人。¶彼の趣味は私と同じだ▶他的爱好和我的〔一样／相同〕。

おもい【重い】 ↔かるい
①重量が大きい。
連体修飾語 ¶重いカバンをさげて学校に行く▶提着〔很沉的／很重的／沉重的△〕皮包去学校。¶まあ,重い赤ちゃんですね▶嗳! 这小宝宝〔△挺沉!／△挺重!〕(主述構造)

述語 ¶目方が重い►分量fènliàng〔很沉／很重〕。¶体重がずっと重くなった►体重重多了。¶食糧をつめたのでリュックがずっしり重くなった►背包里装上了粮食，马上就变得沉甸甸的chéndiāndiānde了。

慣用的表現 ¶重い腰をあげて仕事にとりかかる►好容易才做起事来。¶腰が重いね►你真懒得lǎnde动! 屁股pìgu沉!

♣類義語

重：重量のスケールで量が大きい。（数量がはっきりでる量）

沉（口語）：人間の重量感覚で量れる重さが重い。比較表現がない。

沉重：①人為的に重量が加えられるものについて，ずっしり手ごたえがある状態。（書き言葉の用法。用例が少ない）②抽象的な雰囲気，感覚を示す。

[文 型] "重"は具体的な数字で重さを表す程度補語と組みあわさるが，"沉""沉重"は組みあわさらない。

[典型例]

重：◇这个比那个～五公斤。

沉重：①◇～的▲行李 ②◇心情～。◇负担～。

---

[2]生理的，精神的に思わしくない状態。

連体修飾語 ¶彼は重い病気だ►他患着〔大病／重病／严重的病〕。[注]"重病"は死にそうな病気を指すことが多い。ただし"病重了"は以前より病状が重くなった意味を表し，必ずしも生死に関わらない。¶みなに批判されてから彼は精神的に重い負担を負った►他受到大家的批评以后，背上了沉重的思想包袱bāofu。

述語 ¶病気が重い►病很重。病情严重。¶睡眠不足で頭が重い►因为睡眠不够，我〔脑袋总发沉／总觉得头沉〕。¶あの一件を考えると気が重い►一想到那件事，〔心头xīntóu（口語）／心情〕就〔沉重起来／不愉快〕¶心がとても重い►心头沉甸甸的。心情沉重。[注]"心情"を使うと気持ちががっくり落ちこんでいることを示す。

慣用的表現 ¶まぶたが重くなった►困了。发困了。

[3]適度なスピードに達しない状態。

連体修飾語 ¶重い足取りで帰宅する►踏着沉重的脚步回家。

述語 ¶回転が重い►旋转xuánzhuǎn缓慢。¶からだの動きが重い►体态tǐtài不轻盈qīngyíng。动作不轻快。¶家が近づくにつれ足取りが重くなった►随着越来越接近家门，脚步开始沉重起来。

慣用的表現 ¶重い口を開いて，やっと真相を話し始めた►他好容易才开口说出真相。¶口が重い►不爱讲话。笨嘴笨舌的。沉默寡言chénmòguǎyán的。

[4]（社会的に影響力のある事柄に関して）負担が大きい状態。

連体修飾語 ¶今，あなたは重い責任を担っている►您现在〔担负dānfù重大责任／肩负jiānfù重任。¶彼は重い役目を見事に果たした►他出色地完成了重要任务。¶彼は学長という重い役職にある►他就任jiùrèn大学校长的重要职位。¶重い税金を取り立てる►课以重税。¶重い罪を犯した►犯了〔大罪／重罪〕。

述語 ¶処罰が重すぎる►处分chùfèn太严。

おもおもしい【重々しい】

□ふるまいかたに威厳の伴う属性。

連体修飾語 ¶重々しい口調▶〔严肃的／沉重的〕语调。严肃的语气。¶彼は重々しい表情で敬礼した▶他显出那么严肃庄重的神情,敬了礼。

おもくるしい【重苦しい】

①天候がよくなく陰気くさい状態。[→うっとうしい]

連体修飾語 ¶重苦しい天気である▶天气〔很沉闷 chénmèn／使人郁闷 yùmèn〕。¶どんよりとした重苦しい空だ▶是一片阴沉郁闷的天空。注"郁闷"は人の感覚感情,"沉闷"は憂鬱な感覚とその原因となる状態の両方を表す。

②雰囲気が気づまりな状態。

連体修飾語 ¶室内は重苦しい雰囲気に包まれている▶屋里笼罩着 lǒngzhàozhe 沉闷的空气。¶重苦しい雰囲気を破って彼が発言した▶他发言打破了沉闷的气氛。

③心身の調子がすぐれず,不快な感覚や感情。

述語 ¶何となく気分が重苦しい▶我总觉得不舒畅。我心情△不舒服。我心绪△不好。¶胃が重苦しいので検査を受けるつもりです▶胃部堵得慌 dǔde huāng,我打算去医院检查一下。¶胸が重苦しい▶胸口堵得慌。¶気候が暖かくなり,オーバーを着ると何だか重苦しい▶天气暖和了,穿大衣有点儿笨。

おもしろい【面白い】

①いろいろな刺激を与えて,人の興味をひいている状態。

連体修飾語 ¶面白い噂▶有趣的〔消息／传言〕。¶面白い形の松▶形状奇特的松树。¶面白いゲームをする▶玩好玩儿的游戏。¶面白い本を買った▶买了一本〔有趣的／有意思的〕书。¶何か面白いテレビ番組がありますか？▶有什么〔好看的／有趣的〕电视节目吗？¶これは面白い仕事です▶这是一种有意义的工作。¶彼は面白い人物だ▶他是个〔有趣的/风趣的〕人。¶おもしろいアイデアですね、聞かせて下さい▶〔好想法!/好主意!〕讲给我们听听。¶彼は一生面白い思いをすることもなく死んでしまった▶他一辈子没有碰到什么〔好事／有趣的事〕,就死去了。¶私は面白い一生をすごしたい▶我想过不平凡 bùpíngfán 的一辈子。我想一辈子都在不平凡中度过。

述語 ¶サルのしぐさは面白い▶猴儿 hóur 的动作很滑稽 huájì。¶面白い！ひとつ試してみましょう▶那很有意思! 试试看吧。¶あなたの話は本当に面白い▶你这个人说话真有意思。¶きのう見た映画はあまり面白くなかった▶昨天看的电影,〔没什么意思／没劲儿 méijìnr／并不怎么好〕。

②気分的に解放されて心地よいありさま。

連体修飾語 ¶私は彼に対しておもしろくない感情を抱いている▶我对他怀着一种〔不愉快的／复杂的〕感情。

述語 ¶彼１人だけが昇任しておもしろくない▶只有他一个人升职,〔真没劲儿／真丧气〕。

連用修飾語 ¶１日中子供たちはおもしろそうに遊んでいた▶小孩子们很痛快地玩儿了一天。¶子供らがおもしろそうに遊んでいる▶小孩子们玩儿得很开

心。

おろかだ【愚かだ】；おろかしい【愚かしい】

1 人のものの考え方が的外れなありさま。[㋩ばかだ][↔かしこい]

連体修飾語 ¶愚かな人►愚蠢yúchǔn的人 ¶愚かなヤツ►笨蛋bèndàn,傻瓜shǎguā,胡涂虫hútu chóng,呆子 ¶愚かな子ほど可愛い►孩子越〔笨／蠢〕越可爱。

述語 ¶私が愚かだった►我真〔傻／胡涂〕! ¶そんなことに関わるとは、君も愚かだったよ►竟管这个问题，你也够胡涂的。¶我が子のこととなると人は愚かになるものだ►一到亲生儿女的事,谁也胡涂起来了。¶あんなことを口にするなんて、なんとも愚かしい►敢说出那种事情,可真是个〔愚蠢／愚笨〕¶あいつの愚かなのには困ったものだ►那家伙愚蠢得叫人没办法。

連用修飾語 ¶彼は愚かにも両親の言うことを聞き入れなかった►他〔胡涂地／愚蠢地〕没听进父母的话。

2 出来事、行為が傍から観てばかばかしく思われる状態。[←ばかばかしい]

連体修飾語 ¶愚かなことはするな►可别干〔傻事／无聊wúliáo的事／不合算的事〕! ¶愚かなまねはするな►别做〈愚蠢事／蠢事〕! ¶愚かなことは言うな►不要说〔傻话／废话／无聊的话〕! 别胡说! ¶愚かな夢に惑わされてしまった►竟被〔无聊的梦想／幻想〕迷惑míhuo了。

か

かしこい【賢い】

1 知恵があるありさま。[↔おろかだ；おろかしい]

連体修飾語 ¶賢い子►〔聪明的／伶俐的／机灵的／有智慧zhìhuì的〕孩子 ¶賢い人►聪明人,伶俐的人,精明强干的人 ¶賢い動物►〔聪明的／机灵的〕动物►彼女は賢い娘さんだ►他是一个〔很聪明的／心灵手巧的〕姑娘。注"心灵"は頭の回転がはやく気がきくことであり、"手巧"は手先が器用なこと。女性を誉めるのによく使う。

述語 ¶彼女は私よりよく気がついてずっと賢い►她比我心眼儿活,聪明得多。¶サルは人間の次に賢いといわれている►据说猴子的聪明仅次于人。¶あなたのおかげで一つ賢くなった►多亏您,我又长了一分见识。

連用修飾語 ¶難しい局面に彼は賢く対処した►这种困难的局面他很机灵地应付过去了yìngfuguòqule。

♣類義語

聡明：（人間や動物が）頭がよく，智恵があり，思考力に優れたありさま。

伶俐：（子供や若者，小型動物によく使う）行動がテキパキしていて頭の回転がはやいありさま。

机灵：物事に素早く反応し，臨機応変の能力に優れているありさま。

[典型例]

聡明：◇〈～伶俐〉（利発そのものだ）◇〈～能干〉（やり手である）◇小聡明。（小知恵をまわす）

伶俐：◇口歯～。（弁舌がたつ）

机灵：◇机灵鬼。(子供)◇很～地应付过去了。

---

②対処する方法が優れている状態。
述語 ¶そのやり方の方が賢いだろう▶那办法还是〔高明一点儿／明智一点儿〕。¶黙っているほうが賢い▶还是沉默最明智。
慣用的表現 ¶彼はいつも賢く(自分を売り込んで)人に取り入る▶他常常卖乖màiguāi讨好tǎohǎo。他善于钻营zuānyíng。¶彼は賢く(チャンスを捉えて)立ちまわり、金を儲けた▶他投机tóujī取巧qǔqiǎo，赚了一笔钱。

かたい【硬い・固い・堅い】
①物の硬度が高い状態。[↔柔らかい]
連体修飾語 ¶硬い石▶硬石头 ¶硬いパン▶〔很硬的／硬梆梆的yìngbāngbāngde〕面包 注 "硬梆梆的"は、触ったり押してみたりして感じ取る堅さを形容する。¶硬い棒でぶつ▶拿硬棍子打。
述語 ¶鉄のように硬い▶坚硬如铁 ¶この辺りは地盤が硬い▶这一带地面坚固。¶ベッドが硬くて寝心地がよくない▶硬梆梆的床，睡得不舒服。¶この牛肉は硬くて噛みごたえがある▶这片牛肉〔太老／太硬〕，咬不动yǎobudòng。¶この肉は硬くて食べられない▶这肉硬得没法吃。
②物と物がきつく密着して離れない状態。[→きつい][↔ゆるい]
述語 ¶結び目が固い▶结jié系得jide很紧。¶バットの握りかたが固すぎてはいけない▶球棒不能攥得zuànde太紧。¶ビンのふたが固くていくらひねっても開かない▶这瓶子盖子盖得很紧，拧了níngle几次也拧不开。
連用修飾語 ¶母親は泣く子を固く抱きしめた▶母亲紧紧地抱住哭着的孩子。¶タオルを固く絞る▶使劲儿拧手巾。
③(性質，態度，行動など)融通がきかないほど真面目なありさま，またはそれが表われている状態。
連体修飾語 ¶固い人物▶老实人，正经人 ¶身持ちの固い女性▶品行端正的女人 ¶石橋を叩いて渡る，彼はそれくらいの堅物だ▶过石桥前定要敲敲石头看是否牢固，他就是个这样过分谨慎的人。¶彼は頭の固い人だから，なかなか人の意見を聞き入れようとしない▶〔他是个死脑筋nǎojīn／他脑筋很古板〕，不想听别人的意见。¶私は固い仕事につきたい▶我要找一件正经事zhèngjīngshì做。¶宴会の席で堅い話はやめよう▶宴会上不要说一本正经的话才好。
述語 ¶初対面で少し堅くなった▶因为第一次见面，我有点儿〔紧张／拘束jūshù〕。¶どうぞ堅くならずに楽にして下さい▶别那么〔紧张／拘束〕，请随便吧。¶彼女は口が堅いから，大丈夫だ▶她〔嘴严／口紧〕，不会发生问题。

🔹類義語
緊張：興奮して他のことに気がまわらないほどあることに集中している感情，またはそうさせる状態。
拘束：相手のことを気にして自分の行為や感情を抑えようとする不自由な感情，またはそれが表れた状態。

[典型例]
紧张：◇～地工作。～的气氛
拘束：◇表演～。◇双方很～。

附 かたくるしい【堅苦しい】→しかくばっている

□形式を重んじすぎるために人に重荷を感じさせる様子。

連体修飾語 ¶家柄を重んじる堅苦しい家庭▶尊重门第的严格的家庭¶堅苦しい挨拶はやめよう▶不要说拘泥jūní形式的应酬话。

連用修飾語 ¶堅苦しく考えないでほしい▶请不要想得〔太死板/过份拘束〕。

4 決意や信念が揺るぎない状態。

連体修飾語 ¶固い団結▶紧密的团结¶彼ら二人は固い約束をかわしている(恋人同士の場合)▶他们俩订下了海誓山盟hǎishì shān méng,要白头偕老báitóuxiélǎo。¶私たちはこの事件解決に固い決意で臨んでいます▶我们下了坚定的决心,要处理解决这件事。

述語 ¶彼の〔意志は/決心は〕かたい▶他的〔意志/决心〕很坚定。

連用修飾語 ¶私たち二人は来年の再会をかたく約束して別れた▶我们俩在分手时,发誓fāshì明年再会。¶私たち二人はいつまでも友だちでいようとかたく誓いあった▶我们俩发誓,要永远作好朋友。¶私は必ずこの実験を成功させようと,かたく決意している▶我下了决心,一定要把这个实验搞成功。¶あの人が嘘をつくはずがないと,私はかたく信じている▶我相信那个人绝对不会说谎。¶その件についてはかたくお断りしたはずです▶那件事,我已经坚决jiānjué拒绝了。¶彼には固く口止めしたから,その件が洩れる恐れはない▶我让他严守秘密,所以那件事不会被人知道的。

5 植物や人の技巧が成熟していない状態。

述語 ¶この柿はまだ渋くて硬い▶这柿子还没熟,又涩又硬。¶文章が硬い▶文章很生硬。

6 実現するまたは目的を果たす可能性が高いと認める判断。

述語 ¶私たちのチームの優勝は固い▶我们队有把握获得冠军,我们队拿冠军是有把握的。¶今年度の2割増収は固い▶今年收入增加二成〔是有把握的/是跑不了的/没跑儿了〕。注"跑不了""没跑儿":いずれも口頭語の表現。

慣用的表現 ¶この町の守りは固いから安全だ▶这城镇防守非常牢固,〔攻不破/△牢不可破〕很安全¶対抗チームのディフェンスは固いから崩すのは容易でない▶因为对方队的防守fángshǒu相当严,所以攻破他们是很不容易的。

かちきだ【勝気だ】

□人に負けまいとがんばるありさま。

連体修飾語 ¶彼女は勝気な女性だ▶她是个〔要强的/争强zhēngqiáng好胜hàoshèng的/爱拔尖儿bájiānrの〕女人。注"爱拔尖儿"は「勝気で目立ちたがる」。

述語 ¶彼は勝気でいつも他人と口論が絶えない▶他这个人太好胜,老是和别人吵嘴。¶あの子は勝気でめったに泣かない▶那个孩子是个〔强jiàng脾气/牛脾气〕,从来不轻易哭。

かってだ【勝手だ】

1 自分の思うとおりにして,他人のことを考えないで行動する。

勝手にする ¶どうぞご勝手に▶随你的便吧。¶勝手にさせておきなさい▶随他

的便吧。¶あの子には勝手に遊ばせておきなさい▶那个孩子喜欢怎么玩儿，就让他怎么玩儿吧。¶私の勝手でしょ▶你别管(我)了!
② 周囲を自分の思うとおりにふりまわす状態。[→わがままだ]
連体修飾語 ¶あなたは勝手なことをいって私を困らせる▶您说话〔随意／放肆fàngsì〕,常常使人为难。¶ねえ、勝手な要求を出されては困ります▶你呀,提那么无理wúlǐ的要求,我接受不了。¶君はなんて勝手なやつなんだ▶你怎么这么任性!（主述構造）

かっぱつだ【活発だ】
① 人の活動力がとても盛んなありさま。
連体修飾語 ¶活発な男の子たちは電車に乗っても少しもじっとしていられない▶活泼的男孩子们坐电车时一刻也闲不住。
② 社会的活動が盛んな状態。
連体修飾語 ¶終盤に入り証券取引所では活発な動きが見えた▶到了最后阶段在证券交易所〔展开了／进行〕频繁pínfán的交易。¶両者間で活発な価格交渉が行われている▶双方之间的讨价还价tǎojià huánjià愈发激烈。双方之间展开了频繁的讨价还价。¶活発な勝負の駆け引きがなされた▶双方展开了激烈的争夺战。¶彼の提案は活発な議論を呼んだ▶他的建议引起了〔热烈的／激烈的〕争论。
述語 ¶株式投資が活発である▶股票gǔpiào投资△很活跃huóyuè。注「活発な株式投資」という被修飾語には"投资活动"を使う。¶企業間の競争が活発になった▶企业之间的竞争活跃起来了。

♣類義語
活発：人,特に子供や若者が元気で生き生きと活動しているありさま。
活跃：人が自発的にいろいろ考え,それを盛んに実行に移している状態(雰囲気や環境にも反映)。

[典型例]
活発：◇〈天真～〉(邪気がない元気さを誉める表現)。◇〈生動～〉(絵画や言語表現が,本物を彷彿とさせるほど生き生きしている。)
活跃：◇气氛～。◇市场～。◇思想～。

かなしい【悲しい】
① 心が痛んで泣きたくなるような気持ち。[→つらい]
連体修飾語 ¶彼女は悲しげな目で私を見た▶她用〔悲伤的▲／悲哀的▲〕眼神看了我。注"眼神"は目つきに感情がたっぷりこもっている場合に使う。"目光""眼光"については[→あたたかい③]。¶私は2度とこんな悲しい目にあいたくない▶我再也不愿意碰到这么伤心的事啦!
述語 ¶少女の表情はとても悲しそうだった▶那个姑娘的表情〔很悲痛／很悲伤／看起来很难过〕。在那个姑娘的脸上看到了悲伤的表情。¶父上が亡くなられて,さぞお悲しい(こと)でしょう▶您父亲去世了,想必一定很〔难过／伤心／悲痛〕。¶私は話しているうちに悲しくなって、涙がこぼれた▶我说着说着不由得伤心,流泪了。¶彼女は悲しくて、声をつまらせた▶她难过得说不出话来了。
連用修飾語 ¶その子は話しているうちに

悲しそうに泣き出してしまった▶这个孩子说着说着,终于伤心地哭起来了。
② 人を悲しい気持ちにさせる状態。[→痛ましい]

連体修飾語 ¶悲しい物語▶悲惨的故事,〔悲哀的/令人伤心的〕故事 ¶悲しい事件が起きた▶发生了一件悲惨的事件。¶結末は悲しいものだった▶结局非常悲惨。¶悲しい最期を遂げた▶死得〔很悲惨/悲哀〕。¶彼には悲しい運命が待っていた▶等待他的是悲惨的命运。

♣類義語

伤心：悲しい出来事や思いどおりにいかない出来事で心を痛める(心理動詞)。

悲伤：心を痛めてつらく思っている感情。

悲痛：心が痛んでつらい気持ちが,他人からもわかるほど激しい感情。

悲惨：人を悲しい気持ちにさせるほど,ひどい被害が出ている状態。

〔典型例〕

伤心：◇〈～难过〉◇为他的死～。◇流着泪说得很～。◇很～地哭起来。

悲伤：◇她哭得很～。◇内心是～的。◇很～地回忆起来。

悲痛：◇心情～。◇他表现得十分～。◇对于他的死,她很～。

悲惨：◇处境chǔjìng很～。

がめつい

□ けちで,利潤追求に熱心すぎるありさま。

連体修飾語 ¶彼女はがめつい女だ▶她是个唯利是图wéilìshìtú的女人。¶がめつい考えは捨てなさい▶別老〔想占/贪tān〕便宜piányi。

述語 ¶あいつはがめつい▶这家伙贪得无厌。

かゆい【痒い】

□ 皮膚をポリポリかきたくなるような感覚。

連体修飾語 ¶かゆい所をかく▶搔痒sāoyǎng的地方。¶どこかかゆい所はありませんか▶有没有发痒的地方?

述語 ¶蚊にくわれてかゆくてたまらない▶叫蚊子叮了dīngle,〔痒死人了/痒得要命〕。

慣用的表現 ¶かゆい所に手がとどく▶照顾得很周到。体贴入微rù wēi。¶どんなにどなられても,痛くもかゆくもない▶无论怎样挨骂,我〔也觉得不痛不痒bùtòngbùyǎng/一点儿也不在乎〕。

からい【辛い】

① 味がピリピリと辛い。

連体修飾語 ¶辛い味つけの料理▶辣味儿的菜 ¶辛口のお酒▶没甜味儿的酒 ¶昼食にピリピリ辛いカレーライスを食べたのでのどが渇く▶午饭吃了火辣辣huǒlālā的咖喱饭,口渴得要命。¶中国料理の辛み(辛い味)には,唐がらしのようなピリピリする辛さと,花椒のような舌のしびれる辛さに分かれる▶中国菜辣味儿分两种,一种是像辣椒那样火辣辣的,另一种是麻舌头的花椒粉huājiāo fěn那种麻辣málà。

② 味が塩からい。

連体修飾語 ¶塩からい味▶咸味儿 ¶からい鮭(塩鮭)▶咸鲑鱼guīyú

述語 ¶この味付けはちょっと塩からい

▶这个菜做得有点咸。¶からくて食べられない▶咸得没法吃。
3 評価が厳しい状態。
連体修飾語 ¶からい点数をつける▶严格地给分。(連用修飾構造)点分很严。(主述構造)
述語 ¶あの先生は点数がからい▶那位老师判分pàn fēn严。注つけられた成績について表現する場合は"判分"を使う。
慣用的表現 ¶辛口の批評▶尖锐的评论¶彼は世の中の甘いも辛いも知っている▶他懂得世上的〔甘苦／艰难〕。他是个尝尽了人间甜酸苦辣的人。¶からだは小粒でもぴりりと辛い▶个儿虽然小,但是精明强干jīngmíng qiánggàn,不可小看。

かるい【軽い】↔おもい
1 重量が小さい。
述語 ¶目方が軽い▶分量轻。¶荷物は軽いですから,自分で持てます▶行李很轻,我自己能拿。¶体重が軽いからもう少し太らなくては▶体重〔有点儿轻／△不重〕,应该是吃胖一点儿。¶綿のようにふわふわ軽い▶像棉花那样轻飘飘的qīngpiāopiāode。
慣用的表現 ¶財布が軽い▶钱包里钱不多。
2 やり方が簡略なために,大した影響がない状態。
連体修飾語 ¶軽い服装で出かける▶穿轻便qīngbiàn的服装出去。轻装出行。¶内輪の集まりですから軽装でおいで下さい▶都是熟人,请穿得随便一点儿来。¶あなたは太りすぎなので,軽い運動をするほうがよい▶您太胖了,最好是〔稍微运动一下。／做点儿〔轻松的▲／简单的〕运动。〕¶病後なので,軽い仕事しかできません▶病刚好,只能做些〔轻活儿／简单的工作／轻松的工作〕。¶昼は軽い食事ですませます▶中午吃些〔便饭／小吃〕就行了。
述語 ¶責任が軽くなってホッとしました▶责任轻了,我安下心来了。
連用修飾語 ¶相手に軽く攻撃をしかける▶对对手〔轻巧地加以／稍加〕攻击gōngjī。¶今日は軽く打ち合わせだけにしましょう▶今天只简单地碰一下头。¶私が改札口を出ると誰かに軽く肩を叩かれた▶我出车站检票口的时候,被人轻轻地拍了一下肩膀。¶魚に軽く塩とお酒をふっておく▶在鱼片上轻轻地撒一点儿盐和酒。¶道で軽く会釈をかわす程度で,深い交際はない▶只有路上碰见时互相点个头,打打招呼,平时并没有亲密来往láiwǎng。¶軽く一杯飲んで憂さ晴らしをしよう▶喝了两杯酒,解解jiějie闷儿mènr吧。
3 肉体的・生理的な損傷が少ない状態。
連体修飾語 ¶軽い感冒▶轻微的▲感冒¶軽い風邪だからといって油断してはいけない▶感冒虽然不重,但也不要疏忽shūhu。¶軽いけがをした▶受了轻伤。¶軽い下痢症状がある▶有轻微qīngwēi的泻xiè肚子。
連用修飾語 ¶今度の発作は軽くすんでよかった▶这次的发作还好,没什么大事就过去了。
慣用的表現 ¶軽い犯罪(軽犯罪)▶轻微的罪行
4 精神的に負担を感じず,解放された感情,またそう思わせる状態。
連体修飾語 ¶軽い気持ち▶轻松的心情注

かるい

軽い気持ちで言った言葉が人を傷つけることがある▶有时候，无意中说出来的话也竟然〔伤害别人/伤别人的心〕。¶寝る前に軽い読み物を読むと寝つきやすい▶睡前看些〔轻松的读物/消遣xiāoqiǎn读物〕，可以睡好觉。注"轻松的读物"は娯楽小説，漫画などを含む。¶軽い音楽を聞いてリラックスする▶听轻音乐，使心情轻松一下。¶彼は軽いユーモアで人を笑わせる▶他常常说些俏皮话qiàopihuà，逗大家笑。

述語 ¶身も心も軽く楽しい▶轻松愉快。¶これでやっと心が軽くなった▶心里这才轻松了一些。这才轻了一口气。（気が抜ける）

連用修飾語 ¶仕事が順調に進み，心も軽く帰宅した▶因为工作很顺利，所以轻松愉快地回家了。

慣用的表現 ¶あの人の皮肉ぐらい軽くうけながしてしまいなさい▶对那个人的讥讽jīfěng，别那么在意zàiyì。

⑤身のこなしが軽快な状態。

述語 ¶からだの動きが軽い▶身体〔很轻快/很灵巧〕。¶子供らは足取り軽く遠足に出発した▶小孩子们迈着轻快的脚步。

連用修飾語 ¶ダンサーは軽く優雅にワルツのステップを踏んでいる▶那个舞女轻盈qīngyíng优雅yōuyā地跳着〔圆舞曲/华尔兹huá'ěrzī〕。

⑥深く考えず，重要なこととはみなさずに行動する状態。

連体修飾語 ¶軽い気持ちでいったのですから悪くとらないで下さい▶只是随便说说，请不要〔误解/见怪〕。¶軽い気持ちで始めた仕事ですが，結果は意外でした▶这个工作开始的时候，我并没那么重视，但结果居然有意想不到的收获。

述語 ¶あの人は口が軽いですね▶他那个人〔嘴不严哪/嘴快啊/话真多哇〕。

連用修飾語 ¶彼はトラブルメーカーだから軽く見てはいけない▶他常常搞乱，不能轻视他。他常爱兴风作浪，不能小看他。¶私の発言はいつも軽く見られる▶我的发言总是〔受轻视/不能得到重视〕。

附 かろやかだ【軽やかだ】
□精神的にも肉体的にも負担がかからず快適な状態。

連体修飾語 ¶室内に入ると軽やかなメロディーの音楽が流れていた▶我一进屋就听见了轻快的旋律xuánlǜ在回荡huídàng。¶軽やかなうきうきした気分になった▶我心情变得轻松愉快起来。

附 かるがるしい【軽々しい】
□深く考えず，浮ついた言動をしている状態。

連体修飾語 ¶軽々しい振る舞いをするのは慎みなさい▶不能轻举妄动qīngjǔ wàngdòng。举止不能〔太随便/太轻浮qīngfú〕。¶軽々しいことをいってはいけない▶不能信口开河。话不能张口就说。注 連用修飾構造，主述構造を使う。

連用修飾語 ¶他人の話を軽々しく信じてしまう▶〔轻率qīngshuài地相信/轻信〕别人说的话。¶そんな重大なことを軽々しく約束してはいけない▶对于这么重大的事情，不能轻率地许诺。

かわいい【可愛い】；かわらしい【可愛らしい】

① 小さい，幼い様子で人の愛情をかきたてる生物の状態。

連体修飾語 ¶可愛い口もと▶可爱的〔小嘴xiǎozuǐ/嘴唇〕¶可愛らしい子供▶很可爱的孩子¶可愛い手を振る▶摇摇小手。¶子供を抱きあげ可愛いほほに口づけする（ほほずりする）▶抱起孩子，亲亲qīnqin那可爱的小脸。¶可愛らしい顔立ちの少女だ▶那个少女长得很可爱。¶可愛らしい子猫が私の足もとにじゃれつく▶有一只可爱的小猫在我的脚边玩耍wánshuǎ。¶可愛い花が一輪咲いた▶有一朵小花开了。¶幼稚園児らは可愛らしい歌声で訪問団を歓迎した▶幼儿园的孩子们为了欢迎访问团唱了歌儿，他们歌声听着很可爱。（主述構造）

述語 ¶この子は口ごたえばかりして可愛くないね▶这孩子老是顶嘴dǐngzuǐ，〔真不可爱/真讨厌〕。¶やあ，この小犬可愛いね▶嗬huò，这条小狗〔真好玩儿！/真可爱！〕

② 物の形，色が愛らしくて好感がもてる状態。

連体修飾語 ¶可愛らしい茶碗▶小巧玲珑xiǎoqiǎo línglóng的茶杯¶可愛い布靴▶小布鞋¶私たちは可愛い日本人形を記念にさしあげた▶我们把一个可爱的日本偶人儿ǒurénr做为纪念礼物，送给了他。¶可愛らしいデザインの子供服がよく売れている▶设计可爱的童装〔比较畅销chàngxiāo/比较受欢迎〕。

述語 ¶彼女の描く動物画は細密で可愛い▶她的动物画画得又细致细致又可爱。

③ 人に大切に思わせ愛情を感じさせる人間の状態。

連体修飾語 ¶私の可愛い人▶我〔心爱的/亲爱的〕あなたはまだ可愛いところがある▶你还有些可取kěqǔ的地方。

述語 ¶誰でも自分の子が可愛いのは当然のことだ▶谁都觉得自己的孩子可爱，那是当然的。¶要するに誰でも自分が可愛い▶总之谁都〔爱惜/怜惜liánxī(书き言葉)〕自己。¶自分のからだは可愛いから，むちゃなことはしません▶因为自己的身体是宝贵的，所以我不敢〔硬干yìnggàn/蛮干mángàn〕。

慣用的表現 ¶可愛い子には旅させろ▶孩子是不打不成人。爱护孩子，就要让他出去见见jiànjian世面shìmiàn。

かわいそうだ【可哀そうだ】

① 人を同情させるような哀れなありさま。

連体修飾語 ¶この子らはみな可哀そうな孤児なのです▶这些孩子都是可怜的孤儿。¶可哀そうな話を聞き思わず涙がこぼれた▶听了这样〔凄惨的/可怜的〕故事，我不由得流了泪。

述語 ¶まあ，可哀そうに，花が枯れかかっている▶唉呀！〔真可怜/真惨〕，花要枯kū了。¶そんなに叱っては子供が可哀そうだ▶那样训斥xùnchì，孩子太可怜了。¶内職に追われる母が可哀そうです▶母亲整天忙着搞副业fùyè，真可怜。¶見ていていかにも可哀そうだ▶看着实在〔可怜/可怜见儿的〕！（北京方言）¶2回も無駄足をさせるなんて，あの子には可哀そうなことをした（申し訳ない）▶叫那个孩子白跑了báipǎole两趟，真过意不去。

② 要求が厳しすぎることに対し，話し手

が下す同情的評価。

述語 ¶今回の失敗は彼のせいだが，そんなに責めるのは可哀そうだ▶虽说这次失败原因在他,可是那么责备zébèi他,也有点儿太苛刻了。¶玄人と比較してはあの人が可哀そうだ▶要是把他同老行家lǎohángjia相比,那就太苛刻kēkè了。¶弱い者いじめは可哀そうですよ▶不要特强凌弱shìqiánglíngruò,那太可悲了。

かわいている【渇いている・乾いている】

1 生理的に水分がほしい状態。

連体修飾語 ¶ビールで渇いたのどをうるおす▶喝杯啤酒润润rùnrùn嗓子。

述語 ¶おかずが塩からかったのでのどが渇いた▶吃了咸的东西,〔喉咙hóulong发干fā gān/口渴了〕。¶汗をかいてのどがからからに渇いた▶因为出了一身汗,嗓子干极了。

慣用的表現 ¶ビールを飲んで,のどの渇きを止める▶喝点儿啤酒,解解jiějie渴kě。

2 水分がなくなり乾燥した状態。

連体修飾語 ¶乾いたタオルで汗をふく▶用干毛巾擦汗。

述語 ¶井戸水が乾いてしまった▶井水〔干了/干涸gānhé了〕。¶雨が降らないので空気がとても乾いている▶好久没有下雨,空气很干燥。¶梅雨で洗濯物が乾かない▶因为是梅雨时节,洗的东西老是干不了。

かんがえぶかい【考え深い】

□ よく考え,慎重に行動しているありさま。

連体修飾語 ¶彼は考え深い人です▶他是个〔有远虑yuǎnlǜ的人/想得远的人/考虑问题很慎重的人〕。

述語 ¶彼は考え深いからそんなことはしないだろう▶他本来是〔深思远虑的/深思熟虑的/深谋远虑的〕,一定不会做出那样的事。

連用修飾語 ¶考え深く行動する▶〔好好儿/再三〕考虑,慎重shènzhòng地行动。做事慎重。慎重做事。

がんこだ【頑固だ】

1 性質，行いがかたくなで，自分の主張を変えようとしないありさま。

連体修飾語 ¶頑固者▶牛性子,牛脾气,拗niù脾气的人 ¶頑固者がいて手を焼いています▶正发愁怎么对付顽固分子呢。¶あなたの頑固な態度は不愉快です▶您那种顽固的▲态度使人不愉快。

述語 ¶父は一生頑固一徹でした▶我父亲顽固了一辈子。父亲一辈子顽固不化。¶あの人はとても頑固だ▶他那个人〔脾气很拗niù/(性情)很固执/很顽固〕。

連用修飾語 ¶頑固に自分の意見を主張する▶顽固地坚持自己的意见。固执己见。¶彼はそれでも頑固に反対し続けた▶尽管如此,他还是继续〔坚决/顽强〕反对到底。注"坚决"は,意見がはっきりしていて変えようとしない様子。"顽强"は外圧に耐える様子を表す。

♣類義語

顽固：他の人の意見を聞き入れようとしない排他性を持っているありさま。

固执：逆境にもひるまず，断固として自分の意見を実現しようとする

行動パターンを持っているありさま。

[典型例]
頑固：◇~的传统思想◇思想~。◇~地坚持(错误的)立场。
固执：◇~地站着。◇~地闭嘴不谈bìzuǐ bùtán。

②病気が治りにくい様子。
連体修飾語 ¶頑固な病気にかかりなかなかよくならない►得了一种〔顽疾wánjí/顽症〕,久治jiǔzhì不愈bùyù。¶彼は頑固な熱に苦しんでいる►他由于发烧不退bùtuì,很难受。¶頑固な水虫で困っている►老是那个不好治的脚气jiǎoqì,遭罪zāozuì。

がんじょうだ【頑丈だ】→じょうぶだ

①作りが堅固で、こわれにくい状態。
連体修飾語 ¶頑丈な橋►坚固的桥 ¶頑丈な椅子►结实的椅子
述語 ¶この建物は頑丈だ►这座建筑盖得很坚固。¶この柵は頑丈なので、重い物をのせても大丈夫だ►这架子很结实,放很重的东西也没关系。
連用修飾語 ¶頑丈に荷造りして下さい►把行李捆得kǔnde结实一点儿吧。¶この自転車は頑丈にできている►这辆自行车〔坚固耐用/造得zàode很坚固〕。

♣類義語
结实：①物品がその機能をしっかり発揮し、しかも壊れにくい状態。②人の身体全体、またその一部が健康でよく機能する状態
坚固：(建造物、石や金属でできた物体が)構造がしっかりしていて壊れにくい状態。

[典型例]
结实：①◇这双鞋~。◇这铁架子焊得hànde~。(ハンダづけ)②◇~的胸膛xiōngtáng
坚固：◇~的阵地◇~的水泥墙壁◇房子修得又~又漂亮。

②体つきが堂々としていて、しかも健康である状態。
連体修飾語 ¶彼は頑丈な体格をしている►他〔身体/体格〕很健壮jiànzhuàng。他身体健硕jiànshuò。
述語 ¶私は体はすこぶる頑丈だ►我身体很结实。¶スポーツで鍛えただけあって彼は骨格がとても頑丈だ►他搞体育运动,锻炼出来的身体非常健壮。¶年を取っても、足腰は頑丈だ►虽然年纪大了,但我〔身子骨很结实/还硬朗yìnglang/腿腰还〔灵便língbian/很结实〕〕。 注"身子骨儿"は方言的色彩が強いが,「足腰」のニュアンスを表せる。"硬朗"は老人についてのみ使う。中国語の"腰腿yāotui"は体力も指せるが、その場合に組みあわさる形容詞は、五体の動きを表す"灵便""利索lìsuo"などがよく選ばれる。
連用修飾語 ¶足腰を頑丈に鍛えるべきだ►应该把身体锻炼得健壮结实。

かんぜんだ【完全だ】

①事物にあるべき諸条件が備わっている状態。
連体修飾語 ¶完全な正方形►完整的正方形 ¶この社会にはまだ完全な言論の自由はない►这个社会还没达到完全彻底的言论自由。¶この病院では完全な治療を期待できない►在这所医院得不到

完善的治疗。¶欠点のない完全な人間などいない►不会有完美无缺的人。¶彼女はアメリカ人だが完全な日本語を話す►她虽然是美国人,但能讲一口流利的日语。

述語 ¶このホテルの設備は完全である►这饭店设备完善。¶このホテルの設備はまだ不完全だ►这饭店的设备还〔不完备/不够完善〕。¶工場の安全対策はまだ不完全だ►工厂的安全对策还不完善。 注 "完备"は通常、具体的事物についていう。"完善"は抽象的な事柄についても使える。具体的な事物を表す場合は、"すばらしい"というプラスの価値観が含まれる。

2 出来事が完了するための一連の過程が欠けることなく実現する様子。

連用修飾語 ¶完全に独立国家になる►成了一个完全独立的国家。¶条件は完全に整った►条件完全具备了。¶ビルは完全にできあがった►大楼完全建好了。¶実験は完全に失敗した►实验彻底失败了。¶旧ソ連は完全に崩壊した►旧苏联彻底瓦解wǎjiě了。¶患部を完全に取り除く►把患部huànbù彻底切除qiēchú。¶会議は完全に成功をおさめた►会议取得了圆满成功。

3 事態のなりゆきが決定的結末をむかえる様子。

連用修飾語 ¶私は彼との約束を完全に忘れていた►他我把跟他的约定全给忘在脑后nǎohòu了。¶今日は完全に遅刻してしまいそうだ►看来今天肯定要迟到了。¶この勝負は完全にAチームの勝ちだ(観戦しながら批評する)►这次比赛,我看A队无疑会赢yíng。

かんたんだ【簡単だ】

1 内部の構造,様式が略式,またはシンプルな状態。

連体修飾語 ¶簡単な食事ですます►吃便饭。¶簡単なテストをする►进行简单的测验。¶山頂に簡単な山小屋がある►山顶上有一所简陋jiǎnlòu的小房子。 注 "简陋"は粗末な建物や設備を形容する。¶簡単な血液検査だけでは,正確な病名まで知ることはできない►进行一次简单的验血,并不能确定病名。¶そんな簡単な問題もできないのですか?►你那么简单的问题也不会回答吗?

2 事柄,出来事の流れや構成がわかりやすい状態。[→易しい]

連体修飾語 ¶簡単な仕事のようだが,実際は複雑な工程をもっています►看起来好像是〔简单的/单调dāndiào的〕工作,实际上需要繁杂的过程。

述語 ¶この問題はあなたがいわれるほど簡単ではない►这个问题并不是像您说的那么〔简单/单纯〕。

連用修飾語 ¶あなたはものごとを簡単に考えすぎる►你想得太简单了。 注 "单纯"は貶義をあらわす文脈では通常使わない。"简单"は価値観については中立なので,褒義貶義とも表せる。

3 困難を感じることなく扱いきれる,または達成できる状態。

連体修飾語 ¶簡単な仕事から難しい仕事へ移る►从简单易做的工作转向难做的工作。¶こんな簡単な文章も読めないのですか!►你这么〔浅的/容易的/简单的〕文章也看不懂吗? 注 2 の意味が前提として含まれる場合が多い。

述語 ¶この機械は取り扱いが簡単で便

利です▶这架机器操作很简便。¶言うのは簡単だが，行うのは難しい（言うは易く，行うは難し）▶说起来容易,做起来难。¶子供ですらできることなのだから私たちならもっと簡単です▶连小孩儿都干得了gàndeliǎo,对我们来说就更容易了。

連用修飾語 ¶事はそう簡単にはゆかないだろう▶事情并不见得bùjiànde那么〔容易/简单〕。¶10年も前からの紛争は簡単には解決できない▶持续了十年的纠纷jiūfēn,不是那么简单就能解决的。¶あの飛行機事故のことはそう簡単に忘れられるものではない▶那次飞机事故,不会那么容易地被忘记的。¶商談は簡単に成立した▶交易很容易地就谈成了。¶商談は思ったより簡単に成立した▶贸易谈判的成交chéngjiāo比预想的要简单。

♣類義語

简单：①事物の構造や行動様式が単純であり，扱いやすい状態。②（連用修飾語）大ざっぱに要領よく処理する様子。

容易：人がある事柄を難なく達成できる様子，またはその事柄がその程度の内容でしかない状態。

文 型 "容易"は形容詞あるいは能願動詞である。連用修飾語としての形式は"容易地"ではなく，"那么容易地""很容易地"のように，副詞を沿えて使う。

典型例

简单：◇(~容易)◇头脑~。◇想得~。

---

[4] 概要だけを取り出して処理した状態。

連体修飾語 ¶簡単な図形を描く▶画一张〔粗略的图/草图cǎotú〕。¶簡単な設計図を作る▶画一张粗略的▲图纸túzhǐ。画一张粗略的设计图。¶簡単な見積書を作って下さい▶请开一份大概的报价单bàojià dān。

連用修飾語 ¶下の問いに簡単に答えなさい▶简单扼要èyào地回答下列问题。¶それでは私の方からお二人の経歴を簡単にご説明させていただきます▶下面我就简单地把两个人的经历说明一下。¶これからこの映画の筋を簡単に紹介します▶现在〔简单地/粗略地〕介绍一下这个电影的情节。¶事前に簡単に打ち合わせをすませた▶我们事先〔简单地/粗略地〕商量了一下。¶こんな複雑な事情を簡単に説明することはできない▶他这么复杂的事,简单地说明不了。¶簡単に結論だけおっしゃって下さい▶请只把结论简单地说明一下。

[5] 変化が生じるのに時間がかからない様子。（理由としては，手間をかけない，深く考えない。）

連用修飾語 ¶ちょっとさわったら簡単に壊れた▶稍微一碰就坏了。¶テーブルを簡単に片づけなさい▶〔略微lüèwēi/稍稍〕收拾一下桌子吧。¶あなたは人から頼まれると簡単に引き受けすぎる▶别人一求你做事,你马上就答应,未免太草率了。¶書類に簡単に目を通す▶〔草草/大略〕看一下文件。¶簡単に昼食をすませてから，一時間昼寝をする▶草草地吃完了午饭,再睡一个小时午觉。¶父がそう簡単に承知するはずがない▶父亲不会那么轻易答应的。¶そう簡単にあきらめてはいけない▶不能那么轻易地就放弃了。

き

きいろい【黄色い】

①色彩。

連体修飾語 ¶黄色い葉►黄叶¶黄色い花►黄色的花儿¶黄色いイチョウの葉►银杏树金黄色的落叶。¶子供らが濃い黄色の帽子をかぶり並んで歩いている►小孩子们戴着〔大黄色的/深黄色的〕帽子,排着队走。¶薄黄色い(/黄金色に近い)菜の花畑が一面に広がっている►眼前是一片〔黄嫩嫩的/黄灿灿huángcàncàn的〕油菜花。

述語 ¶木の葉が黄色くなった►树叶子变黄了。

慣用的表現 ¶くちばしの黄色い若者が何をいうか〔乳臭未干rǔxiù wèi gān/黄口小儿/黄口孺子rúzi〕,有什么可说的!

②声がかん高い様子。

連体修飾語 ¶子供らが黄色い声をあげて遊んでいる►小孩子们尖声叫喊着在玩耍。¶電車内では数人の女子学生が黄色い声で笑いさざめいている►电车上几个女学生尖声尖气地说笑着。

ききぐるしい【聞き苦しい】

①音声がはっきりせず,聞きとりにくい状態。

連体修飾語 ¶機械の故障でお聞き苦しいところがありましたことをお詫びします►由于机器出了毛病,有些地方大家听不清,很抱歉。

述語 ¶彼の声は小さくて,話がどうも聞き苦しい►他声音太小,我怎么也听不清楚。他的声音小得听不清楚。

②話を聞いているうちに不快になってくる気持ち。

述語 ¶こんなにぐちをお聞かせして,さぞお聞き苦しかった(こと)でしょう►我这样跟你们发牢骚,你们一定觉得〔难听吧/听烦tīngfán了吧/不爱听吧〕。¶あなたの言葉遣いは荒っぽくて聞き苦しい►您说话太粗野,〔真难听/不顺耳/不中听zhōngtīng〕。¶聞き苦しいだけですから,そんな弁解は無用です►这您那样的〔辩白/辩解〕起不了什么作用,只是让人厌烦yànfán罢了。¶彼の話は他人の陰口が多く,聞き苦しくて嫌だ►他老是说别人的坏话,听着使人厌烦。

ぎこちない

□動作,態度がぎくしゃくしてスムーズでない状態。

述語 ¶練習不足で読み方がぎこちない►练习不够,念得生硬shēngyìng。¶新入社員は電話の応対もまだぎこちない►刚进公司的新人对电话的〔应对/应答〕也很生硬。¶お見合いの席では恥ずかしくて,ぎこちなくなってしまう►相亲xiāngqīn的时候,有点儿害羞,态度也不太自然了。¶はじめて和服を着たので,歩き方も座り方もぎこちない►由于是第一次穿和服,所以不论是走还是坐都显得很不自然。注"不自然"は正常な状態ではないことがわかる条件や文脈で使われる。"生硬"は技術的訓練が必要とわかる文脈で,訓練が不十分な場合,使われる。¶習い始めで,私の中国語は発音がぎこちない►刚开始学中文,我的发音还有些〔生硬/不自然〕。¶御手前の手つきがぎこち

ない▶点茶的手法〔很生硬/不自然/不灵活〕。笨手笨脚bènshǒubènjiǎo地点茶。¶私は足の骨折が完治していないので，歩き方がぎこちない▶我骨折的腿还没完全好，所以走路还有些〔不灵便/不灵活〕。注"灵便"は「人体の四肢や器官，また器物などがよく機能を発揮できる」。"灵活"は「人間の動作や感覚が敏捷である」また「行動に融通性がある」。¶この文章はところどころぎこちない▶这篇文章有些地方写得〔生硬/不自然/呆板〕。¶彼女の歌はまだぎこちない▶她唱歌还有些〔生硬/不自然/呆板〕。注"呆板dāibǎn"は型どおりで味気ないこと。以前の発音はáibǎn。

連用修飾語 ¶ぎこちなく微笑んだ▶〔不自然地/拘谨地〕笑了。

きさくだ【気さくだ】
□人柄や態度に気取りがなく親しみやすいありさま。

連体修飾語 ¶彼は気さくな人だから，誰からも好かれている▶他〔为人/性格〕直爽,谁都喜欢他。（主述構造）¶彼女の気さくな態度に杉山さんはすっかり参ってしまった▶因为她为人爽快,杉山先生也爱上了她。（主述構造）¶彼は気さくな人で，誰とでもうちとける▶〔他为人爽快/他是很爽快的人〕,跟谁都合得来。注"爽快人"は，その人の裏表のない率直さを誉める場合に使う。

連用修飾語 ¶彼は私に気さくに話しかけてきた▶他平易近人地跟我搭了几句话。¶彼女は流行作家だが，忙しい時間をさいて気さくにインタビューに応

じてくれた▶她是个流行作家,但还在百忙中抽出时间,爽快地接待了我的采访cǎifǎng。

♣類義語

直爽：人柄，性格に飾り気がなく，さっぱりしている，また態度もさっぱりしているありさま。

爽快：[→さわやかだ]①飾り気のない性格が外見や行動に現われ，人に好ましい感情を抱かせるありさま。②こだわりのない晴れ晴れとした心地よい感覚。

典型例

直爽：◇〈～可爱〉◇说话～。◇我喜欢～,不喜欢拐弯抹角guǎiwān mòjiāo。

爽快：①◇办事～。◇～地说。②◇心里很～。◇精神～。

きざだ【気障だ】
□態度，服装などが気どりすぎていて感じがわるいありさま。

連体修飾語 ¶きざな人間は嫌われる（気どっている）▶爱装模作样zhuāngmúzuòyàng的人不讨人喜欢。¶彼は偉そうにしてきざな人だ（格好をつける）▶他是个〔爱摆架子的人/喜欢装腔作势的人〕。

述語 ¶きざな言葉で女性を口説く（プレイボーイ気分）▶说了〔很多好听的话/甜言密语〕追求女人。¶あなたって，きざね（バタ臭い）▶你呀,真是洋里洋气!¶彼女の服装はきざでけばけばしい，どうも目障りだ▶她穿着花里胡哨huālí húshào的,很有些扎眼zhāyǎn。¶あなたの話はきざっぽくて聞いていら

れない▶您说话架子太大，让人听不下去。

きじょうだ【気丈だ】

☐ どんな状況でも取り乱さず，しっかりしているありさま。

連体修飾語 ¶彼女のように気丈な人を見たことがない▶我从来没看见过像他那样〔刚强的/坚强的〕人。

述語 ¶この娘はとても気丈で，母親の死にも涙を見せない▶这个姑娘〔很坚强/很刚强〕，母亲去世的时候也不肯在人面前流泪。¶気丈なようでもやはり女の子，父親に叱られて涙をこぼした▶她虽说〔很坚强/很刚强〕，可到底是个女孩子，受到父亲的训斥xùnchì，还是流了泪。

♣類義語

刚强：人間の性格や意志が不屈で正義感にあふれているありさま。

坚强：どのような逆境にも揺るがず価値観が首尾一貫している状態。（褒義）動詞用法もある。

[典型例]

刚强：◇性格～。◇意志～。◇~ 的人民◇~ 的精神（すべて"坚强"も使える組み合わせ）

坚强：①◇~ 的决心◇~ 的信念②◇~ 的党性◇~ 的团体/组织◇~ 的领导（核心）（すべて"刚强"は使えない）

きぜわしい【気ぜわしい】

① 落ち着いていられないありさま。

連体修飾語 ¶気ぜわしい人で，彼女は少しもじっとしていない（せっかちだ）▶她是个急性子，板凳bǎndèng都坐不热zuòburè。

述語 ¶あなたがせかすので，私は気ぜわしくてならない▶您在旁边催我,我心里急得jíde受不了。

② 仕事が多くて，時間が押しつまってくる状態。[→忙しい]

連体修飾語 ¶気ぜわしい年の瀬がまたやって来た▶特别忙乱的岁末又来了。

述語 ¶娘の結婚式をひかえて何となく気ぜわしい▶女孩儿要结婚了，我觉得有点儿忙乱。

連用修飾語 ¶一日一日が気ぜわしく過ぎていく▶日子一天一天匆忙地过去。

きたない【汚い】

① よごれている状態。[↔せいけつだ]

連体修飾語 ¶汚い手で触れてはいけない▶不能用脏手〔弄/摸〕。请勿用脏手〔触摸chùmō/触动〕（掲示など書面用語）。¶汚い顔ね，早く洗ってきなさい▶你的脸真脏,快去洗一洗。（主述構造）¶汚い身なりをしてまるで乞食みたいだ▶你穿得那么〔脏/邋遢lāta〕，简直像个要饭的。注"邋遢"は汚くだらしないこと。口頭でのみ使う。

述語 ¶彼の着ている物はいつも薄汚い▶他穿的衣服总是显得〔有点儿脏/不干净/不整洁〕。¶部屋が汚い▶屋里〔脏脏/不干净/不整洁〕。注"干净"は清潔であること。"整洁"はきちんと整えられ，こざっぱりしていること。

② 言葉，文字などが粗雑で，感じがわるい状態。

連体修飾語 ¶彼は汚い言葉で私をののしった▶他用〔下流话/脏话〕,辱骂rǔmà了我。

述語 ¶言葉遣いが汚い▶说话粗鲁。¶

字が汚い▶字写得太潦草liáocǎo。

③心根が卑怯で,不正なことをした状態。

連体修飾語 ¶汚い手を使って彼は私の仕事を奪った▶他弄用卑劣bēiliè手段,抢走qiǎngzǒu了我的工作。¶汚い勝ちかたをする▶作弊zuòbì取胜。¶彼は汚い奴だ▶他心眼儿黑。他灵魂〔卑鄙bēibǐ/肮脏āngzang〕。

慣用的表現 ¶彼は金に汚い▶他在钱上吝啬lìnsè。

きちょうめんだ【几帳面だ】

□物事のすみずみまで気を配ってきちんとやるありさま。

連体修飾語 ¶彼はきちょうめんな人で,室内はいつもきちんと片付いている▶他是个爱整齐的人,房间里总是收拾得很整洁。

述語 ¶彼はきちょうめんだから,書き忘れるはずがない▶他做事〔不马虎/很规矩〕,不会忘了写。¶彼はきちょうめんで,遅刻や無断欠勤などはしない▶他做事认真,从不迟到,也不擅自旷工shànzì kuànggōng。¶うちの子はきちょうめん過ぎて融通がきかない▶我的孩子太认真,一点儿也不灵活。

連用修飾語 ¶きちょうめんに記録をつける▶一丝不苟yīsībùgǒu地做记录。¶彼はきちょうめんに約束を守る▶他严守yánshǒu诺言nuòyán。¶私は時間をきちょうめんに守る▶我严守时间。

きつい

①状況,条件が悪くて,人を苦しめる状態。

述語 ¶仕事がきついので,転職したい▶工作太吃力,我想找到别的工作。工作〔费劲儿/费力〕,我想换工作。¶仕事の条件がきつい▶工作条件很差。¶家が経済的にきつかったので,大学進学をあきらめ就職した▶由于家里〔不富裕fùyù/经济条件差〕,我放弃了上大学,参加工作了。

♣類義語

吃力:ある行動や計画が人に備わっている体力知力以上を必要とするために,当事者を苦労させる状態。

費力:物事をやりとげるのに相当な知力体力を必要とする状態。

費劲儿:(口語)("費力"より更に)多くの知力体力が必要になる状態。

文法 "吃力,费力,费劲儿"ともに離合詞である。"很"など程度副詞の修飾をうける形容詞的用法とともに,"没"で否定できたり,"了,着,过"を間に挿入できたりする動詞的用法ももつ。

典型例

吃力:◇呼吸~。◇这本书读着很~。◇~地往山顶爬。

費力:◇~不讨好(骨折り損のくたびれもうけ)◇不怕~。◇费不了多少力。

費劲儿:◇~的活儿◇费了半天劲儿。

②心身ともにひどく疲れさす状態。

述語 ¶今回の旅行は日程がつまっていてきつかった▶这次旅行日程安排得很紧,真够累的。¶1時間に1000字の小論文を書くのはきつい▶一个小时要写好一千字的小论文,真够受的gòushòude。

③人に対して批判的できびしい態度が窺える状態。

連体修飾語 ¶彼女はきつい顔立ちだ▶她脸长得有些严肃。¶当方にもそうきついことをいえない理由があった▶我方也有不能苛求对方的原因。¶彼からきつい催促を受けているので一両日中に返事をしなければならない▶他催得cuīde那么厉害,所以必须一两天内给予jǐyǔ答复。

述語 ¶先方の要求はあまりきつくない▶对方的要求不太苛刻。

連用修飾語 ¶私は子供のいたずらをきつく叱った▶孩子太顽皮wánpí,我狠狠hěnhěn地训斥xùnchì了他一顿。

④人の性格が強くて激しいありさま。

連体修飾語 ¶彼女はきつい性格なので少々の事ではへこたれない▶她性格〔倔强juéjiàng/刚强〕,即使碰到一些困难也不会泄气xièqì。

述語 ¶彼女はきついからなかなか恋人ができない▶她脾气有点儿〔凶xiōng/厉害〕,很难找到男朋友。¶奥さんがきついから彼はたいへんだろう▶他夫人脾气大,他一定够受的吧。

⑤(主に服装品が)小さすぎたり締めつけすぎたりして,動きがとれなくなる状態。

述語 ¶最近太ったので,このワンピースはきつい▶最近我发胖了,这身连衣裙liányīqún穿着〔小了/有点儿紧〕。¶スカートのウエストがきついので少しゆるめて下さい▶这裙子腰围做得有点儿瘦,往肥里放一下。¶靴がきつくて痛い▶鞋子紧得很,脚挤得jǐde疼。¶靴がきつかったので,靴ずれができた▶这皮鞋太紧,把脚磨破了。¶襟元がき

ついのでネクタイをゆるめる▶领子紧勒lēi脖子,松一松领带。¶ベルトがきつすぎて苦しい▶皮带〔勒得慌/系得紧〕,有点儿不舒服。¶ワインの栓がきつい▶葡萄酒的瓶塞儿píngsāir很紧。¶ねじがきつくて,はずせない▶螺丝luósī很紧,拧不动nǐngbudòng。

⑥匂い,味の刺激が強い状態。

連体修飾語 ¶きついお酒を2,3杯飲んだので,少し酔ってしまった▶喝了几杯烈酒lièjiǔ,我有点儿喝醉了。

述語 ¶このたばこはきつい▶这香烟很冲chòng。¶この香水は匂いがきつすぎる▶这香水香味儿太冲了。

きながだ【気長だ】

□のんびり構えて,あせったりいらだったりしない様子。

連体修飾語 ¶あなたのように気長な人とはつきあいかねる▶您这样慢性子,我真跟您弄不到nòngbudào一块儿了。¶気長な話ですね,まあゆっくりやりましょう▶〔计划太长远了吧!/可望不可及kěwàng bùkějí呀!〕,我们〔慢慢儿/耐心地〕做吧。注"可望不可及(即)"是望んでも到達できないあきらめの気持ち。「高嶺の花」とも訳す。

連用修飾語 ¶気長につきあってみると彼はなかなか面白い人物です▶交往jiāowǎng长了,就觉得他是个非常有趣的人。¶気長に待てばそのうち彼も返事をしてくるだろう▶耐心等着,不久我们可以得到他的回答吧。

きびしい【厳しい】

①妥協のない曖昧さが一切ない状態。

連体修飾語 ¶彼女は厳しいしつけを受け

て育った▶她是在严格的〔家教下/管教guǎnjiao下〕,长大的。¶どの職業でも厳しい訓練を受けてはじめて一人前になれる▶无论什么职业都是一样,只有经过严格训练,才能真正成材,胜任shèngrèn工作。¶私は警察で厳しい取り調べを受けた▶在警察那儿我受到了严厉的审问shěnwèn。¶彼は厳しい口調で私を問いつめた▶他用严厉的口气,逼问bīwèn我。¶その件の処理について私は厳しい批判をあびた▶在处理那个问题上,我受到了〔严厉的/苛刻的〕批评。¶組合側は会社側に厳しい要求をつきつけた▶工会向公司方面提出了苛刻的要求。¶犯人は警察の厳しい追及の手を逃れ逃走中である▶犯人躲过了duǒguòle警察的严密追踪zhuīzōng,正在逃跑。¶南北統一問題に関して両国とも厳しい姿勢をくずしていません▶在南北统一问题上,两国都严格地坚持自己的立场而没有丝毫的妥协tuǒxié。

述語 ¶校則が細かくて厳しい▶校规〔又细又严/既烦琐fánsuǒ又严格〕。¶駐車違反の取り締まりが厳しい▶违章wéizhāng停车〔管理很严格/取缔qǔdì很严厉〕。¶総合職の採用条件は普通職よりも厳しい▶综合职务的录用条件比一般职务要严格。¶仕事のことになると彼女は人にも厳しくなる▶一涉及到shèjídào工作,她对人要求也就严了。

連用修飾語 ¶私は子供を小さい頃から厳しく育てた▶我对孩子从小就加以严格的管教。¶借金を厳しくとりたてる▶讨债tǎozhài讨得很紧。逼债逼得很紧。¶政治献金の出所について国民が厳しく監視する必要がある▶对政治献金的来源láiyuán,人民应该〔严格监督jiāndū/监视得jiānshìde严密〕。

厳しくする ¶取り締まりを厳しくする▶严加〔取缔/管理〕。

♣類義語

严:(規則や要求が)明確で例外を認めない状態。

严格:(管理方法や管理する態度が)徹底して規則どおりである状態。

严厉:(規則や要求に反する事に対し)批判や罰を加えるような威圧感を人に与える状態。

严密:(連絡網,追跡など)規則を守るための手だてに手落ちがない状態。

[典型例]

严:◇~办。◇~加〔取缔/管理〕。

严格:◇~的训练◇~的老师

严厉:◇~的批评◇~的口气

严密:◇~的组织◇检查得~。

---

②(社会や自然の)環境や条件が悪くて,生物を苦しめる状態。

連体修飾語 ¶厳しい気候▶恶劣èliè的气候,险恶xiǎn'è的气候,严寒酷暑¶南極の厳しい冬が到来した▶南极的严寒的冬天到来了。¶この厳しい暑さは当分続く▶这热劲儿rèjìnr还要持续chíxù一段儿。¶政府は汚職閣僚が出て,厳しい局面に立たされた▶由于出了贪污tānwū的〔大臣/阁员〕,政府面临着miànlínzhe严峻的局面。

述語 ¶私の考えが甘すぎた,現実はかなり厳しいものだ▶我想得太简单,〔实际情况/现实〕要严酷得多。¶森林の伐採が進むにつれ,オオワシやオオタカの住む環境がますます厳しくなった

▶随着山林的乱砍乱伐luànkǎn luànfá, 鹰鹫yīngjiù大鸟类的生活条件越来越恶劣èliè了。
③人の表情や態度に妥協のなさや真剣さがあらわれている状態。
連体修飾語 ¶選挙違反に厳しい態度でのぞみます▶〔選挙中の対策〕我们严密监视选举中的违法行为。（事件発覚後の対応）我们以严肃的态度对待选举中的违法事件。
述語 ¶目つきがあまり厳しいと、人に敬遠されますよ▶你的眼神过于严肃的话，别人就不会接近你了。¶離婚問題に触れられると、彼女は急に表情が厳しくなる▶一谈到离婚问题,她的表情一下子就严肃起来了。

きまえがよい【気前がよい】
□金品を気軽に人にふるまうありさま。
連体修飾語 ¶叔父は気前のよい人で、何でも買ってくれます▶〔叔父是个慷慨kāngkǎi的人/叔叔花钱大方〕,我要什么他就买给什么。
述語 ¶一流レストランでみなにご馳走するとはあなたは気前がいいですね▶请大家到高级餐厅去吃饭,您真是慷慨大方呀! ¶彼はお酒を飲むと気前よくなる▶他一喝起酒来,就变得慷慨大方。
連用修飾語 ¶気前よくお金が使えるなんていい（結構な御身分）ですね▶可以便花钱,境况不赖bùlài呀! 可以么么〔阔气地/大方地〕花钱,真令人羡慕! 注"阔气"には派手な行動が伴う。"慷慨"は他人のためを思って行動する場合にのみ使う。

きまずい【気まずい】
□人が他の人と気持ちがしっくりこず,ぎこちなくなる感覚。
連体修飾語 ¶立ち聞きを目撃されて気まずい思いをした▶偷tōu听被人发现,我尴尬gāngà的很。¶一瞬の間だけみなの間に気まずい空気が流れた▶一瞬间气氛变得尴尬起来,但很快就过去。
述語 ¶私たち2人はもう半年前から気まずくなっている▶我们俩半年前关系就变得尴尬了。
連用修飾語 ¶彼女は気まずそうに沈黙した▶她尴尬地沉默着。

きままだ【気ままだ】 ㊗自由だ
□周囲を気にせず,自分の好きなように行動する様子(他に影響を与えない)。
連体修飾語 ¶彼は気ままな人だから気に入らなければ来ないでしょう▶他是个随心所欲的人,要是不顺心,就不会来的。¶あなたは気ままな身分でいいですね▶你〔一身轻松／无拘无束wújūwúshù〕,多好啊!(主述構造) ¶彼は定年後、奥さんと2人で気ままな生活を送っている▶他退休后,跟妻子一直过着无拘无束的生活。
連用修飾語 ¶彼女は2ヶ月間,北京,上海を気ままに見て歩いた▶她花了两个月时间,自由自在地逛了北京和上海。

きみょうだ【奇妙だ】
□普通とは違うという変な感じを与え,不思議に思わせる状態。
連体修飾語 ¶奇妙な事件が起こった▶发生了一件〔怪事/奇怪的事〕。¶奇妙な病気にかかった▶得了〔怪病/奇怪的病〕。¶奇妙なこともあるものだ▶想

不到会有这种奇事。¶ここには奇妙な風習がまだ残っている▶这地方现在还遗留着yíliúzhe〔奇怪的／奇妙的〕风俗习惯。注"奇妙"は珍しくて優れていること。人をよい意味で面白がらせるという褒義に使うことが多い。¶奇妙なスタイルで彼女は私たちをあっといわせた▶〔她奇特的打扮／她出奇的打扮／她那奇装异服／她那别出心裁biéchūxīncái的打扮〕，让我们吃了一惊。¶あなたは毎晩奇妙な夢を見るそうですね（摩訶不思議で訳がわからない）▶听说您每天夜里做莫名其妙mòmíngqímiào的梦。

述語 ¶あの夫婦の組みあわせは実に奇妙だ▶那一对夫妻搭配得〔真奇妙／怪有意思的〕。¶奇妙なのですが，あんなに厳しく約束を守る人が来なかったのです▶说也奇怪，像他那么严守信用的人却没来。

きみわるい【気味悪い】

① 原因不明のこわさを感じる不愉快な感覚，またそう感じさせる状態。

連体修飾語 ¶外に気味悪い人がいる▶外边儿有一个样子〔古怪的／可怕的〕人。注"可怕"は「こわい，おそろしい」など幅広い感覚を生み出す原因になる状態を表す。¶気味悪い話を聞かせてあげよう▶我讲一个〔古怪的／可怕的〕故事给你们听。¶每夜家のまわりで気味悪い音がする▶每天夜里在我房子旁边儿都发出古怪的声音。¶気味悪い虫が飛んできた▶一只形状〔古怪的／可怕的〕的虫子飞来了。

述語 ¶昨夜誰かが家に忍びこんできたらしい。何だか気味が悪い▶昨天夜里有人偷偷地进屋里来了，让人觉得有点害怕。¶彼の話を聞いて何だか気味悪くなってきた▶他的话让人〔起qǐ鸡皮疙瘩jīpígēda／觉得不舒服〕。注"起鸡皮疙瘩"：鳥肌が立つ，ぞっとする。¶そのホラー映画は気味悪くて，最後まで見ていられなかった▶那个恐怖电影真地令人毛骨悚然máogǔ sǒngrán,不敢看下去。

附 うすきみわるい【薄気味悪い】≈不気味だ

連体修飾語 ¶薄気味悪い音がしてますよ▶你听，这声音有点儿瘆shèn人。¶薄気味悪い（コソコソして挙動不審である）男の人が後ろからついてくる▶有一个鬼鬼祟祟guǐguǐsuìsuì的男人跟在后边儿。有一个男人鬼鬼祟祟地尾随wěisuí在后边儿。

述語 ¶それは薄気味悪いですね▶那话瘆的慌。¶あの人は薄気味悪い▶他那个人有点儿可怕／有点儿瘆／叫人恶心ěxīn。注"可怕"は「話題の人の性格がはかれず気味悪い」，"瘆"は「外面から受ける感じでゾッとする」。"恶心"は「吐き気がするほど生理的に反応する」。¶あなたはいやにニコニコして薄気味悪い▶你那嬉皮笑脸xīpíxiàoliǎn的样子倒让人觉得发瘆。

きゅうだ【急だ】

① 急いでやるように求められている様子。

連体修飾語 ¶私は急な用事があってこれで失礼します▶我有一件急事,我得走了。¶彼から金を返せと急な催促を受

けている►他急着催我还钱。

連用修飾語 ¶急には思い出せません►一時想不起来。¶事ここに至って，そういわれても急には間に合いません►事到如今,您那样说也一时来不及。¶そんな重大な問題について急にはおひきうけできません►这么要紧的问题,我不能马上答应。

慣用的表現 ¶情勢は急を告げている►形势告急。¶急ブレーキをかける►急刹车shāchē了。¶急を聞いてかけつける►闻讯赶来wénxùn gǎn lái。

[2] 出来事が前ぶれもなく，予想もしてない時に生じた状態。

連体修飾語 ¶急なことで手の施しようがありません►事情来得太突然,我简直无法应付。(述補構造)¶急なお申し出で,いささか当惑しています►您突然提出了问题,这使我有点儿为难。(連用修飾構造)¶急な雨で傘を持っていない►〔遇到骤雨zhòuyǔ/突然下起雨来〕,我没带雨伞。

連用修飾語 ¶彼が急に黙りこんだので私はちょっと戸惑った►他突然沉默不语,使我不知如何是好。¶あの子は急に大人びてきた►那个孩子最近突然〔成熟起来了/长成大人样了〕。[注]"成熟"は，精神的に成長すること。"长成大人样"は身体的に成長すること。¶昨日は急にお訪ねして御迷惑をかけました►昨天我的拜访太突然冒昧màomèi,打搅您了。¶父が急に死んだので私たち一家は途方に暮れた►父亲突然死去,使我们一家人走投无路zǒutóuwúlù。

[3] 川や潮流のスピード，社会の変化が速い状態。

連体修飾語 ¶急な流れ►急流

述語 ¶世の中の変化が急すぎて，ついていけない►世道变化太快,我跟不上。¶潮の流れが急になった►潮流变急了。¶長江三峡は川幅が狭まり，流れが急である►长江三峡河面狭窄,水流很急。

[4] 建造物や地勢の傾斜，カーブが険しい状態。

連体修飾語 ¶急な傾斜の屋根の家►陡dǒu屋顶的房子¶急な坂道を登ると古い社があった►爬上了陡坡儿dǒupōr,有一座古老的庙。¶急カーブを曲がる►拐急转弯zhuǎnwān。

述語 ¶箱根七曲がりはカーブが急なので有名です►箱根七曲因转弯急而有名。

きよい【清い】；きよらかだ【清らかだ】

[1] 視覚，聴覚，臭覚から受ける印象が澄んでいる状態。

連体修飾語 ¶清い水(清水)►清水¶さざ波を立てる清らかな湖►清凌凌的湖水。¶清らかな谷川が流れている►有一条清澈qīngchè的溪流xīliú流着。¶山路で清らかな瞳の少女に出会った►在山路上我碰到一个眼睛〔清澈的/明澈的/明亮的〕姑娘。¶彼女は清らかで優雅な娘さんだ►她是个风格清雅的姑娘。她是个亭亭玉立tíngtíngyùlì的小姐。[注]'亭亭玉立'は書き言葉で，ほっそりしたしとやかな美人の形容。¶清らかな笛の音がする►响着清澈的笛声。¶せせらぎの清らかな音を聞いていると心も安らぐ►倾听着小溪流的清澈的声音心绪便平静下来。¶清らか

な歌声が遠くから聞こえてくる▶远方传来一阵清脆qīngcuì婉转wǎnzhuǎn的歌声。¶清らかな竜井茶の香りを楽しむ▶品尝pǐncháng散发着清香的龙井茶。¶清らかな蓮の香りが漂う▶散发着〔清淡的荷花香气／荷花的清香〕。

連用修飾語 ¶湖底まで清らかに澄んでいる▶湖水清澈见底。

②心が世間のけがれに染まっていない状態。

述語 ¶彼女は心の清らかな人だ▶她是个心地纯洁的人。她心地很单纯。

慣用的表現 ¶清い政治を取り戻そう▶应该恢复廉洁liánjié公正的政治。

きようだ【器用だ】

①手先がきき，技芸に巧みなありさま。

連体修飾語 ¶これは器用な細工を施した工芸品ですねぇ▶这真是精巧的工艺品!

述語 ¶この大工さんは器用だ▶这位木匠mùjiang师傅手艺〔灵巧／高明〕。¶彼女は手先が器用だ▶她手指灵巧。她是个手巧的人。

連用修飾語 ¶彼は器用に何でもこなす▶他什么都做得灵巧自如。

慣用的表現 ¶器用貧乏▶手巧命穷。样样精通,穷苦一生。身通百艺,潦倒liáodǎo一生。

②うまく立ちまわって得をする様子。

連体修飾語 ¶彼は社内で器用に立ちまわり，現在の地位を得た▶他在公司里善于shànyú钻营zuānyíng,取得了现在的地位。

慣用的表現 ¶世の中を器用に渡る▶善于处世chǔshì。

きらいだ【嫌いだ】⟷すきだ

□自分の好みと合わずいやになる気持ち，またはそう思わせる状態。

連体修飾語 ¶次は私の嫌いな数学だ▶下一节课是讨厌的数学。¶日本について嫌いな点はどんなところですか▶关于日本,你哪些方面不喜欢?,你不喜欢日本的哪些方面?¶あなたの嫌いなアブラムシがまた出てきた▶你讨厌的蟑螂zhāngláng又出来了。

述語 ¶人前に出るのは嫌いです▶我不喜欢见人。¶辛い物は嫌いです▶我不喜欢吃辣的。¶お酒は大嫌いです▶我特別不喜欢喝酒。¶私は魚の生臭さが嫌いだ▶我讨厌鱼的腥味儿。¶私はあの人が嫌いになった▶我〔不喜欢／不爱〕那个人了。文型 "不～了"今までとは異なる状態，事態に変化したことを表す。

慣用的表現 ¶それは食わず嫌いというものだ▶那就是所谓的"还没尝试就〔退却tuìquè／退缩tuìsuō〕了"。

きれいだ →うつくしい

□見た目が美しく整い，快感を感じさせる状態。

連体修飾語 ¶きれいな服▶好看的衣服 ¶きれいな色▶〔好看的／漂亮的〕颜色 ¶きれいな挿し絵▶〔好看的／美丽的／漂亮的〕插图chātú ¶きれいな景色▶〔好看的／美丽的〕风景 ¶きれいな花が数輪咲いている▶几朵〔好看的／美丽的〕花儿开了。¶きれいな夕焼け雲が浮いている▶天空浮着几块美丽的夕照云xīzhàoyún。

述語 ¶あなたの字は本当にきれいだ▶您字写得〔真好看!／真漂亮!／真秀气

xiùqi!〕¶この子は目鼻立ちがきれいだ►这孩子眉眼长得很秀气。这个孩子长得很俊。¶あの娘さんは最近きれいになった►那个姑娘最近〔漂亮了/秀气了/好看了〕。注"秀气"は容貌，字体，品物のつくりなどがあかぬけていて，すっきりしていて美しいこと。

連用修飾語 ¶きれいに着飾って，あなた，どこへ行くのですか►您打扮得〔真俏qiào/真漂亮/真好看〕，要去哪儿？注"俏"は容貌や立ち居振る舞いがスマートで粋なこと。

附 こざっぱりしている
連体修飾語 ¶こざっぱりした部屋►收拾得利索lìsuo的房间
述語 ¶身なりがこざっぱりしている►穿得很利索。

②音が耳にここちよく鮮明な状態。
連体修飾語 ¶彼女はきれいな声をしている►她声音〔很好听/很动听〕。¶きれいな音楽を聞きながら皿洗いをする►听着〔好听的/优美的〕音乐洗碟子。¶音楽室からきれいな歌声が聞こえてきた(うっとりさせる)►从音乐室传来了〔优美悦耳的/优美动听的〕歌声。
述語 ¶彼は中国語の発音がきれいだ►他汉语发音〔很清楚/很纯正〕。
連用修飾語 ¶ラジオに雑音が入りきれいに聞き取れない►收音机杂音大，听不清。
慣用的表現 ¶彼女はしょっちゅうきれいごとをいう►她爱说〔漂亮话/好听的话〕。

③精神が世間のけがれにそまっていない状態。[→きよい]
連体修飾語 ¶心のきれいな人►心灵〔高尚的/纯洁的〕人，心地善良的人，心肠xīncháng好的人 注"心灵"は精神性，霊性と高次元の内容を指す。"心地"：性格の中でも特に特徴的な部分を指す。具体的に形容されることが多く，被修飾語には用いられない。"心肠"：感情，人情の動き方について"好坏，热，硬"などを使って感覚的に評価する場合に使う。¶彼女は子供のようにきれいな心をしている►她心灵像小孩子一样纯洁。¶きれいな選挙を行おう►应该施行〔光明正大的/公正的〕选举。¶彼はきれいな政治家をめざして立候補に出馬した►他以作一名光明正大的政治家为目标，决定出马参加竞选jìngxuǎn。

④よごれがなく，清潔な状態。[→せいけつだ]
連体修飾語 ¶きれいな水でよく洗う►用清水好好儿涮洗shuànxǐ。注水につけて手だけですすぎ洗いをする場合は"涮"，たわしなどを用いる場合は"刷shuā"。重疊形"涮涮"は"涮羊肉"(羊のしゃぶしゃぶ)のような手つきで小物を洗うことを表す。¶きれいなキッチンで料理を作るのは楽しい►在整洁的厨房里做菜使人愉快。
述語 ¶手はきれいですか。早く洗ってきなさい►手干净吗？快去洗一洗!
連用修飾語 ¶部屋はきれいに片付いています►屋子里收拾得〔很整洁/很整齐/很干净〕。¶手が汚れているからきれいに拭きなさい►手脏了，你擦擦吧。¶鍋のこげつき(おこげ)をきれいに取る►把锅巴guōbā刮干净。

きれいにする ¶室内はよく掃除して，きれいにしておいて下さい►屋子里要常

常打扫,保持清洁。
慣用的表現 ¶彼は金銭にきれいだ▶他在金钱上手很干净。¶金遣いがきれいだ[→気まえがいい]▶花钱大方。¶彼はきれい好きだ▶他是爱干净的。

⑤技の切れ味がハッとするほど完璧な様子。[→あざやかだ]
連用修飾語 ¶彼のシュートがきれいに決まった▶他投篮tóulán投得真漂亮! 他射门shèmén射得真棒! 彼女は3回転半ジャンプをきれいに決めた▶她三周半跳跃,〔完全/漂亮地〕成功了。¶彼は変化球をきれいに打ち返した▶他把曲线球漂亮地击jī了回去,真棒! ¶彼は何でもきれいに処理する▶他办什么事都办得很漂亮。

⑥整然としていて秩序にのっとった印象を与える様子。
連体修飾語 ¶手をつないできれいな大きい輪を作りましょう▶手拉手shǒu lā shǒu围一个整齐的大圈儿吧。
連用修飾語 ¶字はきれいに書きなさい▶字要〔写整齐/写工整〕。注"工整"は主に筆跡を形容する。¶炒め終わったら大皿に盛り,周囲にきれいにレモンの薄切りを並べます▶菜炒好了,往盘里盛上chéngshàng菜,在盘子边儿周围整整齐齐地摆上柠檬薄片就行了。¶成績表にはきれいにAが並んでいる▶成绩单上整整齐齐地排列着A字。

⑦以前の状態があとかたもなくなる様子。
連用修飾語 ¶壁が汚れてしまった,きれいに塗りかえよう▶墙不干净了,重新涂tú漆qī吧。¶失敗はきれいに忘れて出直そう▶把失败彻底忘掉,重新开始吧。¶私の借金はきれいに返した▶我欠债qiànzhài都〔还清huánqīng了(借金を返す場合のみ)/还干净了〕。¶この数字はきれいに3で割り切れる▶这个数字用三能除开。
慣用的表現 ¶私はこの一件からきれいに手を引く▶我要与这件事彻底脱离tuōlí关系。¶賭けにきれいに負けてしまった▶赌钱dǔqián输了个精光。注すっかりなくなるという意味。"花了个精光""吃的精光"など。

きんべんだ【勤勉だ】
□(仕事や勉学に対し)まじめで一生懸命なありさま。
連体修飾語 ¶勤勉で勇敢な人民▶勤劳勇敢的人民注"勤劳"は主に民族単位,地方単位の人々の特質を表す。
述語 ¶彼は勤勉実直である▶他〔又勤勉/又勤奋〕又认真。¶彼女は仕事に勤勉である▶她工作勤奋。她勤奋工作。
連用修飾語 ¶10年間勤勉に働いて,私はやっと店をひとつ持てた▶勤奋工作了十年,我终于有了一个自己的商店。注"勤勉"は多くの時間をさく様子がクローズアップされる。"勤奋"は気持ちを奮いたたせるという精神性が含まれるので,よく連用修飾語として使われる。

く

くさい【臭い】

①いやなにおいがして人を不愉快にさせる状態。

連体修飾語 ¶臭いにおいがする▶有臭味儿。

述語 ¶ご飯がすえて少し臭い▶米饭有点儿馊味儿sōuwèir了。注"馊味儿"は調理ずみの穀物が発酵してすっぱいにおいがすること。¶においを嗅いで臭かったら食べてはいけません▶如果一闻有臭味儿就不要吃了。¶この料理は油臭い▶这个菜油味儿太大。¶焦げ臭い,ご飯が焦げているのではありませんか▶有糊味儿húwèir,是不是米饭糊了?¶ガス臭いが,ガス栓はしまっていますか▶有煤气味儿,煤气的开关kāiguān关上了吗?¶室内はむっとして臭かった▶屋子里闷得慌,臭气熏人xūnrén。¶トイレが臭いから,水を流して掃除をちゃんとしなさい▶厕所里有臊味儿sāowèir,请洗一下。注"臊"は動物の屎尿に似る臭さ。

慣用的表現 ¶臭いものにはふたをしろ▶掩盖yǎngài坏事。¶あの人は3ヶ月臭い飯を食ったことがある▶他那个人坐过三个月的牢。

②犯罪と関わりがありそうで,疑わしい状態。[→あやしい]

述語 ¶あの人物はどうも臭い▶他那个人形迹有点儿可疑。¶どうも臭いですね。あなたがたは何か隠しているのでしょう▶我觉着就有点可疑,你们是不是瞒着什么?

③いかにもそれらしい雰囲気を持っている状態。 文型 ～くさい。

連体修飾語 ¶バタ臭い人はきらいだ▶我不喜欢〔洋里洋气的人/洋味儿的人〕。¶彼女は若いのによく老人臭いことをいう▶她年轻轻的,却常常说老气话。¶彼は偉い学者だが少しも学者臭いところがない▶他虽然是个大学者,但一点儿也〔没有/不摆〕学者派头。

述語 ¶その服装はちょっと野暮臭い▶你服装有点儿土里土气。¶彼は役人臭いので,みなに好かれない(役人風を吹かす)▶因为他爱摆官架子,大家都不喜欢他。

附 なまぐさい【生臭い】

□生の魚肉のようなにおいがする状態。

連体修飾語 ¶生臭いにおいがする▶有腥味儿xīngwèir。

述語 ¶この魚は生臭い▶这条鱼△太腥了。¶よく焼いたので生臭くないはずだ▶烤得够火候huǒhou了,应该不腥呀。¶魚料理を作ったので,身体が生臭くなった▶您做鱼做得全身都有腥味儿。注羊や山羊の肉の場合は,"膻shān"を使う。

慣用的表現 ¶生臭物を食べず,精進料理だけを食べる▶不吃荤菜hūncài,光吃素菜。

くさっている【腐っている】

①食物が腐敗している状態。

連体修飾語 ¶腐ったりんご▶烂了lànle的苹果。

述語 ¶牛乳が腐っている▶牛奶〔坏了/变质了/酸了〕。¶魚が腐っている▶鱼〔坏了/腐烂fǔlàn了/臭了〕。¶卵が腐

るとひどいにおいがする▶鸡蛋坏了，臭气熏人。¶ブドウは腐りやすい▶葡萄容易烂。
慣用的表現 ¶腐っても鯛▶瘦死的骆驼比马大。船烂làn还有三千钉。¶腐るほどある▶多得很。有的是。
②動物や植物が死んで腐爛している状態。
連体修飾語 ¶土の中から腐った遺体が発見された▶在地里发现了一具腐烂fǔlàn的死尸sǐshī。¶腐った葉を取り除く▶摘掉腐烂的叶子。
③価値観が堕落している状態。
連体修飾語 ¶その腐った根性を叩きなおさなくてはならない▶应该把你的劣根性扳过来bānguolai。¶あいつは根性の腐った奴だ▶那个人是个〔劣根性十足的家伙/贱骨头jiàngǔtou〕。
述語 ¶この子は性根が腐っている▶这孩子灵魂发臭。
④物事が期待どおりいかなくて，気持ちが落ち込んでいる感情。
述語 ¶私は落第して腐っている▶因为留级，我心里不愉快。¶兄は大学入試に失敗して腐っている▶哥哥因大学的入学考试没通过而意气消沉xiāochén。¶父は仕事が順調にゆかず腐っている▶父亲因为工作不如意而郁闷不乐。¶また良いこともあるからそう腐らないで下さい▶将来可能有好事，您不要那么垂头丧气。¶気を腐らせずにしっかりやりなさい▶别泄气，好好干。

ぐずだ →のろい
□判断力がにぶく行動力もないありさま。
述語 ¶動作がぐずだ▶〔做事/动作〕很磨蹭móceng。¶この子はぐずだね▶这孩子做事〔真磨蹭/真肉/够笨的〕。¶彼女がぐずなのにはあきれてしまう▶对她那肉脾气，真没辙méizhé。¶今日の会議の彼の発言はぐずぐずしていて，意見がはっきりしない▶今天他在开会时，发言总是吞吞吐吐tūntūntǔtǔ，观点不太明确。

くどい
①同じことを何度もくりかえし話して人を不愉快にさせるありさま。
述語 ¶あなたはくどい，いつもくどくど言う▶你就是嘴碎，〔爱罗唆啦！/爱絮叨啦！〕¶主任の話はくどくて閉口する▶主任的讲话很罗唆，使人腻死nìsǐ了。¶母の注意は少しくどすぎる▶母亲的嘱咐有点儿过于罗唆。¶文章がくどくて面白くない▶文章冗长rǒngcháng又乏味fáwèi。¶あのおばあさんのおしゃべりはくどくて参ってしまう▶那个老太婆说话喋喋不休，真难对付。¶あなたの質問はくどくてかないませんよ▶你〔刨根páogēn问底/刨根到底地问〕，我真受不了。
連用修飾語 ¶そうくどくどいわないで▶别那么唠叨了！
②色，におい，味が濃すぎる状態。
連体修飾語 ¶くどい味▶腻味，浓味 ¶くどい色彩のポスターが壁にはってある▶墙上贴着很多色彩浓艳刺眼的〔宣传画/广告画〕。
述語 ¶この小説には色がくどくて挑発的な挿し絵がたくさん入っている▶这部小说有很多挑逗tiǎodòu人的色彩浓艳的插图。¶香水のにおいがくどい▶香水味儿太〔闷mēn人/熏xūn人〕。¶料理

の味がくどい▶菜的味道腻人。¶この料理は油っこくてくどい▶这个菜太油腻了。

くやしい【悔しい】

1 他人から不当な扱いをうけ、納得できず腹立たしい気持ち。

述語 ¶人前で馬鹿にされて悔しかったら自分で努力しなさい▶要是在大庭广众之下被嘲弄,你不服气,就应该自己努力。¶私がやりまちがえたわけでもないのに、上司から叱られて悔しい▶并不是我做错的,我却受到上司的大骂,真让人不服气。¶彼のような人までが私に嫌がらせをするので、ほんとうに悔しい▶连他那样的人也欺负我,真窝火。¶相手の術中にはまりなんと悔しいことか▶中了对方的计,我多窝火!

2 自分の失敗や敗北を無念がる気持ち。[→ざんねんだ]

述語 ¶もう少しのところで合格できず、悔しくて眠れなかった▶只差一点儿没及格,〔窝囊得wōnangde/心里苦闷得kǔmènde〕一夜没睡着觉。¶サッカーの試合は1点差で負けてしまい、まったく悔しかった▶足球比赛,我们队以一分之差输了,〔真是窝囊!/真是遗憾!/悔恨极了!〕¶彼が自殺するほど悩んでいたのに誰も気がつかなかったのがとても悔しい▶他苦闷得终于自杀了,但是谁都没体谅到tǐliangdào他的苦闷,使我感到非常遗憾。

♣類義語

窝囊:①当然達成できたはずの望みを遂げることができず、自分自身に対して嫌気がさす感覚。②やる気や能力に欠けて、思う通りにできなくなる状態。

窝火:納得できない処遇を受けても、怒りを発散することができずに苦しむ気持ち(離合詞)。

なお、"遗憾"は因果関係を客観的に捉えて「こうであってはならない」と感じる感覚。[→ざんねんだ]

典型例

窝囊:①◇输得~。◇心里很~。◇窝窝囊囊地过日子。(人間関係や貧困も原因の1つとなる)◇让人感到窝囊

②◇〈~废〉(いくじなし、甲斐性なし)◇这事办得~。

窝火:◇窝着一肚子火。◇真让人~。(腹立たしい思いにさせる)

くらい【暗い】 ↔あかるい

1 光線の射す量が少ない、または無い。

連体修飾語 ¶暗い夜▶黑夜¶暗い部屋▶〔黑暗的/阴暗的〕屋子 注"黑"は光源がないために暗い。"黑夜"は月が出ていない夜のこと。"暗"は光源からの光の量が小さい。¶暗い夜道を一人で歩くのはこわい▶一个人摸黑儿mōhēir走路很害怕。

述語 ¶私は暗いうちから起きて朝食の用意をします▶天还没亮,我就起来做早饭。¶あそこの森は昼でもとても暗い▶那儿的森林里,白天也非常〔阴暗/昏暗〕。注"阴暗"は陰気な気持ちにさせる暗さ。"昏暗"は自然現象または光源に由来する暗さを主にさす。¶地下室は暗くて湿っていた▶地下室里又阴暗又潮湿。¶空が暗くなってきた、天

気がくずれるかもしれない▶天暗了下来，或许要变天。¶北向きの部屋は暗いので，なかなか借り手がいない▶朝北的房间阴暗，没人愿意租。¶洞窟の中は暗くて何も見えない▶洞穴内漆黒，什么也看不见。¶急に停電になり家中がまっ暗になった▶突然停电，家里一片漆黑qīhēi。

② 光源そのものの光度が小さい状態。

連体修飾語 ¶暗い電灯の下で，母はよく夜なべの針仕事をしていた▶在深夜昏暗的灯光下，母亲常常做针线活儿。

述語 ¶この電球は変わりガラスでできていて，ワット数のわりに暗い▶这种灯泡dēngpào是用一种特殊玻璃做的，度数虽大，但却很暗。¶ルームライトが暗すぎるので，取りかえて下さい▶室灯太暗，请换一下。¶夜のムードを作り出すために，照明を暗くしてある▶为了制造出夜里的气氛，照明弄得很暗。¶電灯を暗くして下さい▶请把灯关小一点儿。

慣用的表現 ¶暗い色▶暗色 ¶ダークレッド▶暗红色 ¶ダークイエロー▶暗黄色

③ 性格，雰囲気など他の人の気持ちを沈みこませる状態，または人の沈みこんだ感覚。[→陰気だ]

連体修飾語 ¶彼女はいつも暗い表情をしている▶她〔脸色/表情〕老是〔阴沉/阴郁〕。她老是阴沉着脸。(主述構造) ¶私は今暗い気分だ▶我现在〔心情沉重/心里郁闷〕。(主述構造) ¶私が家を出たいというと，父の表情に一瞬暗い影が宿った▶当我告诉父亲我要出外住的时候，父亲脸上闪过一片阴影。¶彼は家の暗い空気に耐えられなかった▶他忍受不了家里那阴郁的气氛。¶これは暗い絵ですね▶这是一张色调暗淡的画。这张画画得很阴沉。

述語 ¶彼は性格が暗く，口数が少ない▶他性情不开朗，不爱说话。[注]「性格が暗い」の訳には他にも"阴沉""阴郁"が使える。ただし，口数の少なさと最も深い因果関係をもつのは"不开朗"である。¶その知らせを聞いて彼の心は暗くなった▶听到这消息，他心里就阴暗起来。¶この小説はとても暗い▶这部小说〔内容/写得〕很悲观。¶この曲は暗い▶这曲调很悲哀。

④ 世間の出来事が人を不幸せな気持ちにさせる状態。

連体修飾語 ¶最近は暗いニュースばかりだ▶最近尽是些不幸的消息。¶暗い事件が続発している▶连续发生不幸的事件。¶彼女には暗い過去がある▶她有不幸的过去。¶日中間にはかつて暗い過去があった▶日中之间曾经有一段〔阴暗的/不幸的〕历史。

慣用的表現 ¶先行きが暗い▶前途〔没有希望/暗淡无光〕。

⑤ 知識が足りない，よく理解できていないありさま。 文型 ～に暗い

述語 ¶あなたは世間に暗いお坊ちゃんだ▶你是个不懂世故的阔家kuò jiā少爷shàoye。¶私は政治に暗い▶我不懂政治。¶引越してきたばかりで，知人もなく土地にも暗い▶我刚搬到这儿来，人生地不熟。¶このあたりの地理には暗い▶我对这一带地理〔不熟悉/陌生〕。

附 うすぐらい【薄暗い】
□暗闇にかすかに光が差している状態。

連体修飾語　¶薄暗い部屋▶〔昏暗的/阴暗的〕屋子 ¶薄暗いところで本を読んでいると近視になりますよ▶别在昏暗的地方看书,〔眼睛会近视的/会伤害眼睛的〕。

述語　¶朝薄暗いうちに起きてジョギングをする▶天一蒙蒙mēngmeng亮,我就起来,去跑步。

くるしい【苦しい】→つらい

①肉体的につらくてがまんできないほどの感覚,またはそう感じさせる状態。

連体修飾語　¶1年間の苦しい練習を経て,我々のチームはこの試合に出た▶我们队经受了一年的艰苦锻炼后,参加了这场比赛。注"艰苦"は"锻炼"と結びつくが"训练"とは結びつかない。"训练"は"锻炼"に比べて短期集中型の特別な技能をみがくことを指す。

述語　¶仕事は苦しかったが,当時私はまだ若かったから耐えられた▶工作虽很艰苦,但当时我还年轻,忍受过来了。¶胸が締めつけられるように苦しい▶胸部像被勒住lēizhù一样难受。¶熱が高くて苦しい▶发高烧很难受。¶せきが出てとても苦しい▶咳得很难受。¶呼吸が苦しそうだ(見た目の状態)▶看样子,呼吸困难。

慣用的表現　¶母親は苦しい息のもとで,子供のことを私に頼んだ▶我母亲临终时,求我以后替她好好儿照顾她的孩子。

②精神的につらく苦しんでいる感情。

連体修飾語　¶新しい仕事なので,苦しいことがあってもしかたがない▶因为是在搞一项新工作,痛苦,困难都是难免的。¶私はみなの前で苦しい心中を話した▶他在大家面前说出了心里的痛苦。¶すでに私は何度も苦しい思いをした▶我已经再三再四地受到折磨zhémo。

述語　¶彼も苦しんでいるのだから許してやりなさい▶他心里也很痛苦,你原谅他吧。

慣用的表現　¶ご馳走になったうえ,お土産までいただき,心苦しいです▶受到款待,还要拿礼物走,真是〔过意不去/不好意思〕。

③(生活,社会的立場などが)順調に過ごせない状態。

連体修飾語　¶夫が失業中で,細々と苦しい生活を送っている▶由于丈夫的失业,一家人只能勉强miǎnqiǎng〔过日子/糊口húkǒu〕。¶私は苦しい立場にある▶我处境很困难。

述語　¶生活が苦しい▶生活〔困难/穷困〕。¶大黒柱の父を失い,生活が苦しくなった▶由于家里的顶梁柱dǐngliángzhù父亲去世了,我们生活就变得〔困难/穷困〕。¶彼は新製品開発に失敗し,社内での立場は苦しくなった▶研制新产品失败了以后,他在公司里的处境chǔjìng变得困难。

慣用的表現　¶苦しいときの神だのみ▶平时不烧香,临时抱佛脚。

♣類義語

艰苦：①克服するためには心身を疲労させるような問題を,多く含んでいる状態。②問題を克服するために身をけずって努力する状態。

艰难：人をとりまく環境や条件が劣悪で,人を困らせる状態。

困难：何かを成し遂げるには,または快適に過ごすには障害が多い状

態。

[典型例]

艰苦：①◇~的工作◇~的年代◇~的战斗◇生活~②◇〈~奋斗〉◇〈~朴素〉

艰难：◇〈~困苦〉◇~的任务

困难：◇~的时期◇处境~。◇呼吸~。◇生活~。

---

④筋を通すのに無理がある振るまいをしようとする状態。

連体修飾語 ¶その件について彼は苦しい言い訳をした▶关于那件事,他勉强做了一番辩解。¶しどろもどろ苦しい説明をして、私は何とかその場をやり過ごした▶吞吞吐吐tūntūntǔtǔ地解释,我总算勉强敷衍fūyǎn过去了。

述語 ¶その弁解は苦しいですね▶你辩解太勉强了!

慣用的表現 ¶苦しいこじつけだ▶解释得未免有些牵强附会qiānqiǎng fùhuì。

くるっている【狂っている】

①精神状態が正常でないありさま。

連体修飾語 ¶気が狂った人▶疯子fēngzi,狂人,神经病 ¶私の狂った頭では理解できなかった(一時的な狂い)▶我那不正常的脑子已经不能理解了。¶我が軍は狂ったような敵の猛反撃にあった▶我们部队受到敌人的猖狂chāngkuáng反击。[注]"猖狂"は主に戦闘場面で、行動が狂暴でたけり狂っていること。

述語 ¶彼は気が狂っている▶他〔疯了／发疯了／神经病发作了〕。¶あなたは調子が狂ってしまった▶你精神不正常了。

連用修飾語 ¶彼女は突然狂ったように笑い出した▶她突然狂笑起来。他突然像发疯似地大笑起来。¶子供が狂ったように泣きわめいている▶小孩子像〔发疯／发狂〕似地在大哭大喊。

慣用的表現 ¶ばくちに狂う▶沉溺于chénnìyú赌博dǔbó。叫赌博迷了míle心窍xīnqiào。¶女に狂う▶〔迷恋于／沉溺于〕女色。叫女人〔迷了心窍／迷住了〕。

②物の働きや秩序が正常でない状態。

述語 ¶その掛け時計は狂っている▶这个钟〔不准／走得不准〕。¶機械の調子が狂っている▶机器〔出了毛病／失灵了〕。¶ページの順序が狂っている▶书页次序乱了。¶寸法が狂っている▶尺寸chǐcùn不对了。¶私の歌の調子が狂ってしまった▶我唱得走调zǒudiào了。¶運命が狂ってしまった▶我的命运全变了。

③予想や計画,もくろみがはずれる。

述語 ¶雨で日程が狂った▶因雨日程被打乱了。¶突然の来客で予定が狂った▶因为突然来了一位客人,我的计划被打乱了。¶競馬の予想が狂って大損した▶赛马sàimǎ我估计错了,赔了大钱。¶手元が狂って、私は指先を切ってしまった▶一失手,我把手指头切了。¶足元が狂って転んでしまった▶脚底一乱,我摔了个跟头。¶ねらいが狂って弾が人に当たってしまった▶瞄歪miáowāi了,弹子dànzǐ打着dǎzháo人了。

くろい【黒い】

①色彩が黒い。

連体修飾語 ¶黒い服▶黑衣服 ¶黒い髪▶黑头发 ¶日に焼けて黒い顔▶晒黑的脸 ¶まっ黒いひげの男が出て来た▶有一

くろい―くわしい

个胡子黑黑的汉子hànzi出来了。¶空一面黒い雲におおわれた►天空布满了黑云。满天乌云密布mìbù。

述語 ¶シャツの衿が汚れて黒くなった►衬衫的领子脏得发黑了。

連用修飾語 ¶私は髪を黒く染めた►我把头发染黑了。

慣用的表現 ¶腹黒い人物►心肠黑的人，心眼儿坏的人，心黑的人¶彼は腹黒いところがあるから，要注意だ►他〔心肠/心眼儿〕有点儿黑,我们要小心一点儿。¶家の外は黒山のような人だかりだ►门外人山人海,黑压压地站了一片。门外站着黑糊糊的一群人。[注]"黑糊糊的"は，くすんだり，ぼけたりした黑。烟などが原因の"锅底"や"墙",木が生い茂ることが原因の"树林"などを形容する。"天~"も可。

くわしい【詳しい】

① 情報の内容，または情報の処理の仕方がすみずみまで行きわたっている状態。

連体修飾語 ¶詳しい地図を書く►画一张详细的地图。¶詳しい報告書を作って提出します►写一份详细的报告,再上交shàngjiāo。¶国際情勢について詳しい分析を行う►对于国际情况加以详细的分析。¶詳しいことは後ほどお知らせします►细节改天再说。¶あなたの言い分は詳しくわかりました►你道理讲得很详细。

連用修飾語 ¶事情(についての情報)をもっと詳しく尋ねてみよう►我们再详细地了解一下情况吧。¶この調査報告は詳しく検討する必要がある►这份调查报告有必要仔细地研究一下。¶この報告はあいまいだから，もう少し詳しく分析しなさい►这份报告有点儿不清楚,请再仔细地分析一下。¶詳しくその文章の意味を理解する►仔细领会那篇文章的精神。

♣類義語

详细：やりとりされる情報や知識が，すみずみまでゆきわたった状態。

仔细：もれたところや欠けたところがないよう注意深く行動するありさま。動詞としての用法もある。

[典型例]"详细"と"仔细"が入れ替えられない組み合わせ。

详细：◇~的情况。◇~的报告◇知道得很~。◇~~地报告。

仔细：◇~地裁剪cáijiǎn。◇~地打量了一番。

《共通》◇~地了解。◇~地研究。◇~地问。◇问得很~。

"详细"は「とりあげる情報の詳しさ」を述べ，"仔细"は「動作の行い方が周到であること」を述べる。

② 知識，経験が豊かで，物事に通じている。[文型]~に詳しい[→あかるい⑤]

連体修飾語 ¶職場の内情に詳しい先輩►熟悉单位情况的同志

述語 ¶彼は現代中国語の文法に詳しい►他精通现代汉语语法。¶彼はカメラに詳しい►他精通照像机。¶彼は写真に詳しい►他〔对拍摄pāishè/对照相〕在行zàiháng。

け

けいそつだ【軽率だ】
◻ 深く考えずにすぐ行動してしまうありさま。

連体修飾語 ¶軽率な行為▶轻率的行为 ¶軽率な判断▶草率的〔判断/结论〕

述語 ¶私は軽率でした▶我〔行动/说话〕轻率了些。我做得有点儿轻率。¶彼の行為が軽率であったために我々の計画は失敗してしまった▶由于他行为轻率，使我们的计划失败了。

連用修飾語 ¶軽率にも私は他人の言葉を信じてしまった▶我竟轻率地相信了别人的话。¶私はつい軽率にもあんなことをいってしまった▶我竟轻率地说出了那样的话。

けちだ
① 出してもよい金銭，物を出ししぶるありさま。

連体修飾語 ¶けちな人▶吝啬鬼lìnsèguǐ，吝啬的家伙，小气xiǎoqì鬼 ¶けちなことをいわずに少しお金を都合して下さい▶别说那么小气的话，借给我一些钱。

述語 ¶あなたはなんてケチなんだ！▶你真不大方！别那么小气！¶あのひとはほんとうにけちだ▶那个人〔真小气！/真抠门儿kōuménr!〕那个人真是个吝啬鬼！

慣用的表現 ¶けちけちしないで，早く教えて下さい▶别那么一点一点说，快把一切告诉我吧。

② 人がこせこせとした考え方をし，根性がよくないありさま。[→卑しい]

連体修飾語 ¶密告などというけちな気持ちを起こしてはいけません▶別起打小报告xiǎobàogào那类的卑鄙bēibǐ的念头。¶私は陰口をいうようなけちな人間ではない▶我可不是那种背后说人闲话的小人。¶彼女は自分のことしか考えないけちな人だ▶她是个只顾自己的自私自利的人。

述語 ¶あなたの考えはけちくさい▶你的想法很卑鄙。

慣用的表現 ¶けちな商売ですがまあまあやっています▶虽说是区区小生意，但还做得不错。¶それがけちのつき始めであった▶从那件事起便〔倒dǎo起霉来méi了/走了背运〕。

けむい【煙い】；けむたい【煙たい】
① 煙が顔にかかり，息を苦しくさせる状態。

述語 ¶たばこの煙で部屋中けむたい▶很多人吸烟，弄得〔屋里呛得qiāngde很/满屋子是烟味儿〕。¶たばこの煙がけむたくてむせた▶烟把我呛着了qiāngzháole。¶落ち葉を焼く煙で涙が出るほどけむたい▶落叶烧不好，〔呛得眼睛流泪/烟呛得眼睛疼/熏得使人流泪〕。¶けむたくて目に煙がしみる▶呛了眼睛了。

② 人を気づまりに感じさせ，のびのびさせないありさま。

連体修飾語 ¶けむたい上司▶让人发憷chù的上司

述語 ¶いくつになっても父親はけむたい▶不论多大年纪，父亲都使人觉得拘束jūshù。

けわしい【険しい】
① 土地の傾斜が急である状態。

けわしい—げんきだ

述語 ¶険しい道▶险路,险恶xiǎn'è的路。¶険しい坂道を上る▶爬陡坡dǒupō。¶でこぼこした険しい山道を登る▶攀登崎岖qíqū险阻xiǎnzǔ的山路。¶山間の険しい道を縫ってバスが走る▶公共汽车在险峻的山路上穿越行驶。¶険しい峰がいくつもそびえ立っている▶耸立着sǒnglìzhe很多陡峭dǒuqiào的山峰。

述語 ¶その山は険しいですか▶那座山陡吗？¶山の地形が険しい▶山势险恶。

2 行く手に困難が多い状態。

述語 ¶前途は険しい▶前途△〔艰险／艰难〕。前途漫漫,困难重重chóngchóng。注"前途"を連体修飾するのは"光明的""美好的"などプラスの価値に限られる。¶戦局はしだいに険しくなった▶战局越来越险恶了。

3 怒りや真剣さのために表情が攻撃的なありさま。[→きつい]

連体修飾語 ¶険しい顔つき▶严厉的〔▲脸色／表情／神情〕。¶選手たちは緊張して険しい表情をしている▶运动员们紧张得神情严厉。¶険しい目つきで2人はにらみ合った▶他们俩目光凶狠狠地xiōnghěnhěnde互相瞪着。

述語 ¶彼は仕事が気に入らなくて、顔つきが険しくなった▶他对工作很不满意,脸色越来越阴沉。¶その知らせを聞くと、彼は急に顔つきが険しくなった▶一听到这个消息,他的脸色〔变得可怕了／变严厉了〕。他的〔表情／神情〕严肃起来了。

げんきだ【元気だ】
1 いきいきした気力が満ちているありさま。

連体修飾語 ¶元気な子供たち▶朝气zhāoqì蓬勃péngbó的孩子们¶あなたの元気そうなご様子を拝見して安心しました▶看到您精神焕发的样子,我放心了。

述語 ¶彼はいつも元気（いっぱい）だ▶他总是〔很有精神／很有劲儿〕。¶元気旺盛である▶精力充沛。精力旺盛。精神十足。¶（その）よい知らせを聞くと、彼らは元気づいて、盛んに話を始めた▶他们一听到好消息,就精神振奋,热烈地谈起话来了。注"就精神振奋"と"精神就振奋"では複文としての意味が異なる。前者は一回性の条件（〜と）を受けた帰結と、繰り返し成立する仮定（〜れば）を受けた推論のどちらも表せるが、後者は仮定の意味しか表さない。したがって、この例文では前者しか使わない。

連用修飾語 ¶私たちは元気に遠足に出発した▶我们〔精神焕发地／精神饱满地〕出发,郊游去了。¶先生が質問すると、生徒たちは元気に手を挙げた▶老师一提问题,学生们都争先恐后举起了手。

慣用的表現（「元気」を名詞として使う）¶もっと元気を出しなさい▶你打起精神来吧！你振作zhènzuò起来吧！¶彼女は最近元気がなく、沈んだ顔をしている▶她最近没有精神,显得情绪低沉。¶私は話をする元気もないほど疲れている▶我累得连说话的劲儿也没有了。¶父は年を取って何をする元気もない▶父亲年老了,什么事情都没有兴头xìngtou做。¶お茶を1杯飲んで元気をつける▶喝一杯茶,提了提神tíshén。

2 肉体的に健康なありさま。

述語 ¶お元気ですか►最近您好吗? 您身体好吗? ¶両親は元気です►父母都〔很健康/很硬朗〕。¶一日も早く元気になられるようお祈りいたします►盼您早日恢复健康!

けんきょだ【謙虚だ】
□強情を張らずに, 他人の忠告を素直に聞くありさま。
連体修飾語 ¶私たちは謙虚な態度で事に臨まなければいけません►我们应该以〔谦虚的/谦和的〕态度办事。
述語 ¶彼の態度はいつも謙虚で, 感心します►他待人接物的态度老是很谦虚,使人佩服。
連用修飾語 ¶人の意見は謙虚に聞くべきだと思う►我认为应该〔虚心地/谦虚地〕听取别人的意见。

けんじつだ【堅実だ】
1 人柄が中庸を得て, 考え方も落ち度がないありさま。
連体修飾語 ¶彼は堅実な人柄だ►他〔为人/心情〕〔稳重/稳健/稳当〕。(主述構造)¶彼女は堅実な人だから, きっと安定した家庭を築くことでしょう►她为人很稳当,一定会建立一个稳定的家庭。
述語 ¶あの青年は年齢の割に堅実だ►那个青年人虽然年纪不大,却很稳重。

♣類義語
稳当：落ちついて的確に行動するありさま。
稳健：①やり方に行きすぎや, 軽はずみなところがなく人に好感を与えるありさま。②健全で, かつ堂々として見える状態。
稳重：態度や言動が落ち着いていて, 人に信頼感を与えるありさま。

〔典型例〕
稳当：◇办事~。◇我们稳稳当当地结束了仪式。
稳健：①◇~的干部②◇~的步伐
稳重：◇〈~妥当〉〈言谈~〉◇〈沉着 chénzhuó~〉◇举动~。◇处理事情~。

---

2 考え方, 手段が的を得ていて有効である状態。
連体修飾語 ¶今は若者こそ堅実な考え方を身につけてもらいたい►现在要求年轻人要有稳妥的认识。¶堅実な政策で政権を固める►以切实可靠的政策,巩固政权。¶いいかげんな夢を追わずに堅実な生き方をするほうがよい►与其想入非非xiǎngrù fēifēi,倒不如脚踏实地 jiǎotà shídì地生活。
述語 ¶彼のやり方は堅実だ►他的办法〔稳妥/切实可行/牢靠láokao〕。
3 事の進め方を手堅く行う様子。
連用修飾語 ¶一歩一歩堅実に勉強する►一步一步〔踏踏实实地/扎扎实实地〕学习。¶堅実に研究を進める►〔踏踏实实地/扎扎实实地〕进行研究。¶彼は堅実に仕事を進めるので, 失敗が少ない►他办事扎实,所以很少失败。¶うちの工場は借金を抱えずに, 堅実に経営されている►我们工厂不靠贷款,踏踏实实地经营。¶彼の点数が少しずつよくなっているのは, 堅実に勉強している証拠だ►他的分数逐步上升,这说明他学习很踏实。¶堅実に任務を遂行する►把工作稳步推向前进。

附 てがたい【手堅い】
□ある目的を達成するために慎重に落ち度なく事を進める様子。
連体修飾語 ¶A候補者は手堅く選挙地盤を固めている►A候选人扎扎实实地巩固选举地盘。¶夫婦2人で手堅く商売をしている►夫妻俩〔扎扎实实地/踏踏实实地〕做生意。

♣類義語
踏实：①行動している時に確実な裏づけや確信を持っているありさま。②迷いがなく精神的に落ち着いている感覚。
扎实：①具体的な行動の過程で，着実な手順を踏んでいくありさま。②身体や物の構造ががっしりした状態。
稳步：ある目標に向かってゆっくり着実に進んでいく様子。

[典型例]
踏实：①◇〈~肯干〉◇他学习~。②◇心里很~。◇为人~。◇~的青年
扎实：①◇他作学问很~。◇作风~。◇干活儿~。◇~的学风
稳步：◇~前进。◇~开展。◇~取胜。（主に連用修飾語として用いる）

こ

こい【濃い】
① 液体，気体や味覚について濃度，密度が高い状態。
連体修飾語 ¶濃い霧がかかってよく見えない►由于浓雾弥漫mímàn，看不清。¶眠くてたまらないので，濃いコーヒーを一杯いれて下さい►困得要命，请煮一杯浓咖啡。
述語 ¶お茶が濃い►茶有点儿酽yàn。¶スープの味が濃すぎる►汤的味道太浓。¶おかゆが濃いので水を加えて薄める►粥太稠chóu了，对点儿水。
濃くする ¶味を濃くして下さい►把味道调tiáo浓。
慣用的表現 ¶血は水より濃い►血浓于水。
② 色合い，毛髪や化粧について濃度，密度が高い状態。
連体修飾語 ¶濃い色の服が私にはよく似合う►深颜色的衣服对我比较合式。我很适合穿深颜色的衣服。¶濃いひげを生やしている►〔留着/蓄着xùzhe〕大胡子。
述語 ¶眉が黒くて濃い►眉毛又黑又密。¶彼女は髪の毛が濃い►她头发〔很密/很多/很厚〕。¶あなたの化粧はちょっと濃すぎます►你粉fěn抹得mǒde有点厚。你妆zhuāng化得huàde太浓。¶口紅が濃すぎる►口红抹得太浓了。
連用修飾語 ¶ここのブルーは薄めなので，もっと濃く塗りなさい►这儿的蓝色有点儿淡，你再涂得深一点儿。
慣用的表現 ¶どうも政治色が濃い►未免

wèimiǎn有浓厚的政治色彩。¶败色が濃い►败相bàixiàng明显。

こいきだ【小粋だ】
□どこかすっきりとしゃれた感じを与えるありさま。
連体修飾語 ¶小粋な女性►〔俏丽的/俊俏jùnqiào的〕女人 ¶小粋な部屋にお住まいですね►你住在雅致yǎzhi的屋子里。你住的房子真雅致。¶小粋な物腰である►举止很潇洒xiāosǎ。（主述構造）
述語 ¶あの人は小粋ですね►那个人真俏!

こいしい【恋しい】
□好きな人や環境について今すぐにでも触れたい気持ち。[→なつかしい]
連体修飾語 ¶恋しい人►情人
述語 ¶家族が恋しい►〔怀念/想念〕家人。¶家が恋しくて、ホームシックになった►〔想家/怀念家里/想念家里〕患了思乡病。¶田舎に長く住んでいると、都会の賑やかさが恋しい►在乡下住了很久,就怀念起城里的热闹生活来了。
慣用的表現 ¶灯火の恋しいころ►擦黑儿的时候 ¶火が恋しいころになった►天气冷起来了,该生火了。

ごうじょうだ【強情だ】→がんこだ
□頑固で,自分の考えをまげようとしないありさま。
連体修飾語 ¶強情な人►倔强juéjiàng的人,顽固的家伙 ¶強情な性格だ►性情〔倔强/顽固〕。（主述構造）
述語 ¶この子はなんて強情なんだ►这孩子够倔强的。

慣用的表現 ¶彼は強情張りだ►他脾气很执拗zhíniù。¶強情を張る►固执gùzhí己见jǐjiàn。あなたいつまで強情を張るのですか►你想执拗到什么时候!

こえている【肥えている】↔やせている
① 動物が太っている状態。
連体修飾語 ¶丸々と肥えた子ブタ►(肥得)圆滚滚yuángǔngǔn的小肥猪。
述語 ¶ウシがよく肥えている►牛肥膘biāo壮zhuàng。牛的膘很厚。¶ブタが肥えて脂がのっている►猪长得zhǎngde〔膘儿/肥肉〕厚。注"膘""肥肉"は肉の脂身。肉がつくことを"上膘""长膘"という。"膘肥膘壮"は家畜に限って使う。
② 土地が肥沃な状態。
連体修飾語 ¶肥えた土►肥土
述語 ¶このあたりは土壌がよく肥えている►这一带土地很肥沃féiwò。
③ 経験を積んで,違いがわかるようになっている状態。
述語 ¶口が肥えている►口味高。¶目が肥えている►眼力高。¶耳が肥えている►耳朵灵。

ここちよい【心地よい】 ㊀快適だ
① 環境が快適である状態。
連体修飾語 ¶心地よい環境を作る►创造一个舒适的环境。¶心地よい家庭生活を送っている►过着舒适愉快的家庭生活。¶車中に心地よいテンポの音楽が流れている►车上播送着节奏jiézòu悦耳的音乐。
慣用的表現 ¶この家は住み心地がよさそうだ►看来,这所房子住着很舒适。¶

この椅子は座り心地がよい▶这椅子坐着很舒服。¶ここは居心地がいいですね▶在这儿心情很舒畅。注日本語の「ここち（心地）」は外から刺激を受けて感じる気持ちのこと。中国語に訳す時には，刺激の種類を動詞で表すことが多い。

2 心身ともに快適さを感じる感覚。

連体修飾語 ¶ほほに心地よいそよ風が吹いてくる▶微風吹到脸上，使人感到爽快。

述語 ¶涼しい風が入ってきて心地よい▶涼风吹进来，使人觉得很舒服。

連用修飾語 ¶心地よくひと眠りした▶睡了一个舒服觉。¶子供は心地よさそうに眠っている▶小孩子睡得很香甜xiāngtián。¶おかげさまで一夏心地よく過ごせました▶多亏duōkuī有您的帮助，这一夏天我过得很愉快。

♣類義語

舒适：環境や身の回りの事物が，人にゆったりとした快感を与える状態。

舒服：一時的に，具体的に生じた，心身ともに快適な感覚・感情。

舒畅：心身が解放されていくような，のびのびとした快い感情。

愉快：ある行動を通して生じる，穏やかで心はずむような快い感情。

典型例

舒适：◇〈宽敞~〉◇〈环境~〉。◇自己作的衣服穿着~。

舒服：◇〈~安逸〉◇〈~痛快〉◇睡得~。

舒畅：◇浑身~。

愉快：〈开朗~〉◇〈轻松~〉◇~的微笑◇旅行~。

附こころよい【快い】

□人に対して好意的感情をもっている様子。

連用修飾語 ¶先方はあなたのことを快く思っている▶对方对您〔抱有好感/很满意〕。¶彼はこの件について快く思っていない▶他对这件事〔不太满意/不太高兴〕。¶快く御承諾いただきありがとうございます▶您很痛快地答应下来，不胜感谢。

こころづよい【心強い】

□頼りになるものがあり，安心する気持ち，またそういう気持ちにさせる状態。

連体修飾語 ¶心強い味方になる▶成了可靠的伙伴。

述語 ¶あなたがいて下されば心強い▶只要有你在这儿。[我就〔放心了/胆壮了〕/我心里就踏实了]。注"放心"：心配がなくなったこと。"胆壮"：勇気が出ること。"踏实"：気持ちが落ち着くこと。[→安心だ]

こころぼそい【心細い】

1 事のなりゆきが不安な気持ち。[←不安だ]

連体修飾語 ¶そんな心細いことをいわないで▶你别说那样的〔泄气话/不争气bùzhēngqì的话〕。

述語 ¶夜道の1人歩きは心細い▶夜里一个人走路,心里有点儿〔发慌fāhuāng/胆怯dǎnqiè〕。¶1人で外国旅行するので心細い▶一个人去外国旅行,心里有点儿〔发慌/胆怯〕。¶病気が治るかどうかはっきりしないので心細い限り

だ▶病好得了好不了还很难说,让人怎能放得下心呢！¶定年後のことを思うと心細い▶一想到退休以后的生活,〔我就觉得/心里就〕〔没底/不安〕。
連用修飾語 ¶老後を心細く暮らす老人はたくさんいる▶内心不安地过着晚年的老人很多。
② 必要なものが少なくなってゆく状態。
述語 ¶手元のお金がだんだん心細くなって,もう３千円しか残っていない▶钱快〔用完/没有〕了,只剩下三千块了。¶ろうそくの火がしだいに心細くなった▶蜡烛làzhú芯儿xīnr快要〔烧完/烧尽〕了。¶原稿用紙が心細くなってきた▶稿纸快用完了。

こころもとない【心もとない】

□頼りなく,あてにならないと感じさせる状態,またそう感じる気持ち。
連体修飾語 ¶心もとない友人▶〔靠不住的/不能依靠的〕朋友
述語 ¶私１人で交渉するのは心もとないので,あなたも一緒に来て下さい▶我一个人去谈判有点儿胆怯,你也陪我去吧。¶健康回復は心もとない▶恢复健康的希望很小。康复的可能性不大。

こまかい【細かい】

① 全体を形づくっている一つ一つの単位,要素が小さい。[↔粗い]
連体修飾語 ¶細かい縞模様のシャツ▶細条纹的衬衫¶細かい格子模様のワンピース▶小花格的连衣裙¶細かい目のざる▶细眼笊篱zhàoli¶細かい花模様▶碎花图案¶細かい字を書く▶写小字。
述語 ¶針目が細かい▶针脚〔很小/很细密〕。¶昔の調度品は細工が細かい▶过去的生活器具做工很细。
連用修飾語 ¶細かく彫刻する▶雕刻得diāokède很细。
② 全体の一部である物体が,立体として小さい。
連体修飾語 ¶細かい粒▶小颗粒kēlì,细小的颗粒¶細かい枝を切り落とす▶剪掉小枝。¶細かい品は自分で持って行く▶〔小东西/零碎的东西〕,我自己带去。¶細かいほこりが舞いあがった▶尘土chéntǔ飞扬fēiyáng。¶空は晴れているのに,細かい雨が降ってきた▶大晴天儿的,下起毛毛雨来了。
連用修飾語 ¶ネギを細かく切る▶把葱切碎qiēsuì。切成葱花儿cōnghuār。
慣用的表現 ¶細かいお金▶零钱
③ 小さい動きが連続している様子。
連用修飾語 ¶彼女は緊張のあまり足が細かく震えている▶她由于过度紧张,两腿不住地颤抖chàndǒu。¶小枝が風に細かく揺れている▶微风吹拂chuīfú,树枝轻轻地摇动。
④ 無視されてもおかしくないことにまで,注意が払われている状態,またそのありさま。
連体修飾語 注 事柄の種類によって中国語の形容詞が変化する。彼は細かい点まで神経がゆきとどく▶他很细心谨慎 jǐn shèn,对琐碎suǒsuì的事都在意。¶この作家は細かい心理描写がうまい▶这个作家善于细微的心理描写miáoxiě。¶細かいことにこだわらない▶不拘bùjū〔小节/细节〕。¶細かいことをいうな▶不要对小事那么罗唆。
述語 ¶あなたは芸が細かい▶你做事很讲究。¶彼の演技は細かい▶他做戏讲

究。¶彼はお金に細かすぎる▶他花钱太仔细。他在钱上太细。

5 すみずみのことに注意して行動する様子。[→くわしい]

連用修飾語 ¶細かく調査する▶〔仔細地/詳細地〕調査。¶細かく説明をする▶作詳細的说明。〔仔細地/詳細地〕说明一下。¶細かく報告する▶作詳細的报告。

こわい【怖い】

1 悪いことが起こるのではないかと、恐れたり心配したりする気持ちにさせる状態。

連体修飾語 ¶彼は怖い人だ▶他是个可怕的人。¶怖い目にあった▶我遇到了很可怕的事。¶怖い事件が起きた▶发生了一件〔可怕的事情/吓人的事情〕。¶怖い話をひとつ聞かせてあげよう▶我讲一个很可怕的故事给你们听。¶怖い目つきの男性が現れた▶出现了一个〔眼神可怕的/目光可怕的〕男人。¶そんな怖い顔でにらまないで▶别那么面目狰狞zhēngníng地瞪眼看着我。别那么恶眉恶眼èméi èyǎn瞪着我。

述語 ¶彼は怒ると怖い▶他一发怒就让人害怕。¶外は暗くて怖い▶外边儿黑得怕人。

2 人が「いやなめにあわされるのではないか」とおそろしがる気持ち。

述語 ¶私は父が怖い▶我怕父亲。¶怖くてたまらない▶我怕得要命。¶怖くてびっくりした▶我受了一场吓。我吓了一跳。¶子供が怖がって泣き出した▶孩子吓得哭了起来。孩子害怕,哭了起来。¶そんな話は少しも怖くない▶那种故事,我一点儿也不害怕。¶あ

あ,怖かった▶哎呀!〔真吓死人了!/真吓坏了!〕怖い,助けて▶哎呀!救命啊!

慣用的表現 ¶彼は怖いもの知らずだ▶他天不怕地不怕。他真是初生牛犊niúdú不怕虎,什么也不怕。¶怖いもの見たさで,私はドアのすきまからのぞいた▶俗语说越怕越想看,我偷偷地从门缝儿ménfèngr往里看。

3「何かすると面倒や危険が伴ってくる」という不安な感覚。

述語 ¶あなたに御馳走になると後が怖い▶现在吃了你的饭,过后我要有麻烦的。¶そうおだてられると後が怖い▶大家现在这么捧我,过后我要有麻烦的。¶株の投機買いは怖い▶买卖股票的投机生意太冒险了。

4 繊維質のものや、ごはんが固い。[→かたい]

連体修飾語 ¶こわい毛の筆▶硬毛笔,狼毫笔¶こわい毛のブラシで髪をブラッシングする▶用硬毛刷子梳头发。¶わたしはこわいご飯が好きです▶我喜欢吃硬饭。¶糊のきいたこわいシーツは寝心地がよい▶床单浆jiāng得〔硬一点儿/硬硬的〕,躺着舒服。

附 **てごわい【手ごわい】**

慣用的表現 ¶今度の試合の相手はかなり手ごわい▶这次比赛的对手相当厉害。

さ

さびしい【寂しい】

1 とても静かで，人を心細い気持ちにさせる状態。

連体修飾語 ¶山村の寂しい光景►山村的〔荒涼/凄涼〕景象。注"风景"はプラスのイメージがあるので，"荒涼""凄涼"などマイナスのイメージのある形容詞とは合わない。¶寂しい秋の夕暮れ►凄涼的秋天的傍晚。¶人気のない寂しい夜道を歩く►晚上在〔冷寂无人的/冷清的〕路上走。¶彼女は寂しそうな微笑みをもらした►她露出一丝凄涼的苦笑。注"微笑"はプラスのイメージをもつので，"凄涼"とは組み合わさらない。¶観客の入りが少なく，寂しい公演だった►观众很少，是场冷冷清清的演出。

♣類義語

荒涼：人の手が加わっていない，荒れた殺風景な場所の状態。（重畳形なし）

冷清：人気が少なく物音も少なく，人に孤独感を感じさせる状態。

凄涼：（書き言葉）心が冷え冷えするほど孤独感を感じさせる状態と，それによって生じた感覚。（重畳形なし）

(典型例)

荒涼：◇~的山村◇大沙漠地区挺~。

冷清：◇~的夜晚◇那小店渐渐~下来。◇放假以后,学校~极了。

凄涼：◇〈~悲壮〉◇~的表情◇~的海边（文学的）◇叫声~。◇让人感到一种凄涼。◇让人觉得有点儿凄涼。注"让人~"という文型はとれない。

2 孤独で心が満たされずにいる悲しい感情，またはそう思わせる状態。

連体修飾語 ¶彼は両親のいない寂しい身の上だ►他没有父母,〔孤寂无依的/孤苦伶仃língdīng的/无依无靠的〕。

述語 ¶寂しくなったらいつでも遊びにいらっしゃい►要是你觉得寂寞・请随时来玩儿。¶親元を離れて都会の1人暮らしが寂しくないですか►离开双亲,您一个人在大城市里生活,您不觉得寂寞吗?

連用修飾語 ¶彼は1人寂しく去っていった►他一个人寂寞地离开了。¶彼が本当のことを話してくれないので，寂しく思った►没能听到他的真心话,我觉得有点儿伤心。

3 1人ぼっちでいる様子。

連用修飾語 ¶父の死後，母は寂しく1人暮らしをしている►父亲去世后,母亲〔孤独地/孤单单地〕一个人过日子。¶両親が共働きなので，あの子はいつも1人で寂しく夕食を食べている►由于他们家是双职工,所以那个孩子总是一个人〔冷冷清清地/孤零零地〕吃晚饭。

♣類義語

孤単：その場に仲間がいなくて，一人ぼっちのありさま。

孤独：交際する相手（主に身内）がない状態と，その欠乏感に耐える感覚。（重畳形はなし）

寂寞：人恋しさのあまり，悲しくなるような感覚。（重畳形はなし）

(典型例)

孤単：◇〈~冷落〉◇~的老姑娘◇孤孤

単単地生活着。

孤独：◇过着~的生活。◇怕~。

寂寞：◇~的日子◇日子过得很~。◇这里~得要命。◇从来没这么~过。◇十分~地躺在阴冷潮湿的小屋里。 注 連用修飾語に"寂寞"を使うには，文中に「人が寂しさを感じるようになる原因」が書きこまれている必要がある。この用例でも原因("阴冷潮湿"など)が書きこまれていなければ"寂寞"は使えない。

4 あるべき物が欠けていて物足りなく感じさせる状態。

述語 ¶室内ががらんとしていて寂しいので花を飾りたい▶屋子里显得空荡荡kōngdāngdāng的,我想摆上一点儿鲜花儿。¶額を掛けないと壁が寂しい▶墙上如果不挂书画,会显得空荡。¶たばこを断つと口寂しい▶香烟断了,嘴里闲得慌。

慣用的表現 ¶給料日前で，懐が寂しい▶还不到发薪fāxīn的日子,手头有点儿紧。

さむい【寒い】

□気温が低くて不快に感じる感覚，またはそう感じさせる状態。

連体修飾語 ¶寒い北国の山村で2年間暮らした▶在寒冷的北国山村里住了两年。¶火の気のない寒い部屋だね▶没有烧火,屋里很冷啊! 注 "寒冷"は気候にしか使わない。"冷"は人の感覚も，周囲の状態も表す。

述語 ¶お寒いですね▶好冷啊! ¶寒いから冷えないように厚着をして出かけなさい▶天气太冷,别冻着,多穿点儿衣服去。¶昨夜は寒くて眠れなかった▶昨天夜里冷得没睡好觉。¶薄着で寒くありませんか▶您穿得太少,不觉得冷吗々¶日ごとに寒くなってきた▶一天天冷起来了。

慣用的表現 ¶恐ろしくて背筋が寒くなった▶害怕得脊背jǐbèi发凉fāliáng。吓得毛骨悚然máogǔ sǒngrán。¶心胆を寒からしめる▶使人心寒胆战。使人毛骨悚然。

さわがしい【騒がしい】→うるさい

□集団から発せられる人声や騒音が人を不愉快にする状態。

連体修飾語 ¶1日中騒がしい人混みにいたので疲れてしまった▶一天都在嘈杂的人群中,觉得很累。¶外で騒がしい足音がするが，何かあったのだろうか▶外边儿脚步声很乱,是不是出了什么事了。(主述構造)¶騒がしい子たちね，少し黙っていなさい▶小孩子们真吵死人,别嚷了!(主述構造)

述語 ¶夜，若者たちがバイクを乗りまわし，騒がしくてよく眠れない▶晚上,有一些小伙子骑着摩托车横冲直撞héngchōngzhízhuàng,吵得人睡不好觉。¶駅前は宣伝カーのマイクが騒がしい▶车站前,宣传车的扩音机太吵了。¶子供らが乗ってきたとたんに，車内は騒がしくなった▶孩子们一上了电车,车上就喧闹xuānnào起来了。 注 "喧闹"は人や動物がたてる音を形容する。¶電車の音が騒がしくてあなたの声がよく聞きとれません▶电车的〔噪声zàoshēng/噪音〕太大了,我听不清楚你在说什么。

慣用的表現 ¶憲法改正問題をめぐって騒がしい▶围绕着修改宪法的问题议论纷纷。¶世の中が騒がしい▶社会上〔不平静/不安定〕。

さわやかだ【爽やかだ】

①天候, 自然が人をすっきりしたいい気持ちにさせる状態。

連体修飾語 ¶爽やかな山の空気を満喫する▶呼吸着山上清爽的空气, 很过瘾 guòyǐn。¶早起きは三文の得, 実に爽やかな朝だ▶早起zǎoqǐ好处多, 真是个清爽的早晨! ¶爽やかな季節になった▶到了凉爽的季节。¶台風一過, 次の日は爽やかな秋晴れに恵まれた▶台风一过, 第二天就秋高气爽, 晴空万里。

述語 ¶雨上がりで空気が爽やかだ▶刚下过雨, 空气清新。¶風が爽やかだ▶风〔很清爽/很凉爽/很爽朗〕。

② 人の気持ちがすっきりする感覚, またそう感じさせる人のありさま。

連体修飾語 ¶ひと風呂浴びて, 爽やかな気分だ▶洗了个澡, 觉得爽快了。¶彼女は爽やかな性格だ▶她性情〔很爽快/很爽朗〕。她是个痛快的人。注"痛快"は, 何かの行動を通して生じる快感を表す。"痛快的人"はつきあってみて感じがいい人のこと。¶2時間ほど友人とテニスをして爽やかな汗をかいた▶我跟朋友打了两个小时网球, 痛快快地出了一身汗。¶ゲームが終わると両チームは互いに健闘をたたえあい, まったく爽やかな光景であった▶比赛结束后, 两队队员互相称赞对方英勇善战, 真是一个痛快的场面。

述語 ¶気分が爽やかだ▶心情〔爽快/痛快〕。

♣類義語

爽快：①こだわりのない晴れ晴れとした心地よい感覚。②飾り気のない性格が外見や行動に表れ, 人に好ましい感情を抱かせるありさま。[→きさくだ"直爽"]

開朗：[→あかるい③]

爽朗：[→あかるい③]

[典型例]

爽快：②◇〈明朗〜〉◇回答得〜。

組み合わせ一覧表
主述構造：(〜地V)連用修飾構造

	性格〜	心里〜	说话〜	表情〜	态度〜
开朗	○	○	○	○	×
爽朗	○	○	○	○	
爽快	△	△1)	○		△

	性情〜	心情〜	为人〜	〜地笑起来	〜地答应
开朗					
爽朗					
爽快	○	○1)	○	△	○

1)"心里"は「思考する心」という意味から, 感情面ではながく尾をひく感覚と結びつきやすい。"爽快"のように一時的かつ快感を表す意味は"心情"と結びつけられる。

③ 声, 弁舌がすっきりしているありさま。

連体修飾語 ¶爽やかな声だ▶声音很清亮。

述語 ¶彼は弁舌爽やかですね▶他口齿〔真清楚!/真伶俐!〕。

連用修飾語 ¶彼は弁舌爽やかにまくしたてるので誰もいい負かすことができない▶他有口才, 说话滔滔不绝tāotāo bùjué, 谁也说不过shuōbuguò他。他讲起

来口若悬河kǒuruòxuánhé,谁也说不过他。

ざんこくだ【残酷だ】

□人や生き物を苦しめるひどいやり方の状態，またはそうしようとする感情。

連体修飾語 ¶彼は残酷な人間だ►他是个残酷cánkù无情的人。¶子供たちは時に残酷な行為を平気でする►小孩子们有时候满不在乎mǎnbu zàihu地做出残酷的事情。¶地主は小作農に残酷な搾取を行った►地主对佃农diànnóng实行残酷的剥削bōxuē。¶これは彼には残酷な話だ►这对他太残酷了。¶あなたが私にこんな残酷な仕打ちをするとは思わなかった►我没想到你竟然对我这么狠毒hěndú。

述語 ¶戦い方が残酷だ►仗zhàng打得很残酷。¶こんなことを私にやらせるとは残酷ではありませんか►你叫我做这种事,不是太残酷了吗?

ざんにんだ【残忍だ】

□平気で他人にひどい乱暴を加えるありさま，またはその結果の状態。

連体修飾語 ¶彼は残忍な殺人事件の容疑者である►他是残忍的杀人案的嫌疑犯。¶彼は残忍な婦人暴行事件を起した►他犯了残忍的强奸qiángjiān妇女之罪。

述語 ¶犯罪の手口がとても残忍だ►犯案的手法非常残忍。

♣類義語

残酷：[→ざんこくだ]
残忍：[→ざんにんだ]
狠毒：狂暴で，他人に被害を及ぼしても意に介さない感情とその現れた状態。

典型例

残酷：◇战争越来越~了。◇~地斗争。◇~地迫害。◇做事很~。
残忍：◇性情~。◇手段~。◇被~地杀害了。◇他行为很~。
狠毒：◇〈~凶残〉◇为人~。◇~的家伙◇~的阴谋◇对他~。

ざんねんだ【残念だ】

1「相手の自分に対する期待に沿えないこと」について，相手の感情を害したくない感覚。[→惜しい3][→悔しい]

述語 ¶残念ですが出席できません►〔很遗憾/很抱歉〕,我不能参加。¶残念ですが，私には力不足でできません►〔很遗憾／很抱歉〕,我能力不够,办不了。¶あなたを援助できず，とても残念です►不能帮助您,〔k很抱歉/很遗憾〕。¶先日お訪ねしたのですが，御不在でお目にかかれず残念でした►前几天拜访您的时候,不巧您不在家,没能见面,让人觉得遗憾。

2自分の期待通りに行かない事のなりゆき，または結果に対し，未練を感じている感覚。

述語 ¶このまま帰るのは残念だから，名所見物をしていこう►就这么回去太〔可惜/遗憾〕了,顺便游览一下名胜古迹吧。¶彼があんなに若くして死んでしまったのは，実に残念だ►他那么年轻就死了,太〔可惜/遗憾〕了。¶せっかくのチャンスを逃してしまい，残念だった►错过良机,实在〔可惜/遗憾〕。

連用修飾語 ¶私は彼が人の忠告を聞き入れなかったことを残念に思っている►

他没听人家的劝告,真让我感到遗憾。

♣類義語

遺憾: 望みどおりにいかなかったこと、またはいかないことに対し,「こうであってはならない」と未練を抱く感覚。

抱歉: 迷惑をかけた,またはその要求に応じられなかった相手に申し訳なく思う気持ち。(離合詞)

可惜: ある事実によって,人(人々)の期待が満たされないでいる状態と,その時のつらい感覚。動詞として目的語がとれる。"～了那笔钱"(お金をもったいないことをした)

《共通》[↔くやしい]
自分や対人,出来事へ向けられる怒りの感情,攻撃的になる気持ちは含まれない。

し

しあわせだ【幸せだ】

1 生活が精神的または物質的に恵まれている感覚,またその状態。

連体修飾語 ¶晩年彼女は幸せな生活を送った▶她晚年过上了幸福的生活。¶2人は結婚して幸せな家庭を築いている▶他们俩结了婚,建立了一个幸福的家庭。¶あなたは経済的に恵まれて幸せな人ですね▶您家里富裕fùyù,是个很有福气的人!

述語 ¶どうぞお幸せに▶祝您幸福!¶彼は女性にもてて幸せだ▶他〔很有艳福/很有桃花运〕,很多姑娘都喜欢他。

慣用的表現 ¶みながあなたのことを心配しているのに,そんなのんきな顔をして幸せな人ですね▶大家都在为你担心,你却那么满不在乎的,真是个乐天派。

2「運が強い」と認める判断。

連体修飾語 ¶幸せなことにこの2,3年病気ひとつしていません▶很幸运的是我这两三年连一次病也没有生过。幸亏xìngkuī我这两三年没有生一次病。

述語 ¶私は今回の旅行に行かずにいて幸せだった。さもなければあの事故にあうところだった▶这次旅行我没去,真是〔幸运/走运〕,要不yàobù也得děi碰上那次事故。

しおらしい

□見ていて気の毒に思うほど,従順なありさま。

連体修飾語 ¶その子は私に叱られて,しおらしい様子をした▶这个孩子被我骂

了一顿,老实了。¶この子はしおらしいことをいうね►这孩子说话怪招人喜欢的。
述語 ¶彼女はうわべはしおらしいが,なかなか一筋縄ではゆきませんよ►她看起来很老实,实际上是好斗hàodòu的。

しかくい【四角い】
連体修飾語 ¶四角いテーブル►方桌,八仙桌¶四角い小さな鏡►小方镜
連用修飾語 ¶お餅を四角く切る►把年糕切成方块儿。¶紙を四角く切る►把纸张裁成四方的。

しかくばっている【四角ばっている】
□人のふるまい方があらたまりすぎているありさま。[→かたくるしい]
連体修飾語 ¶四角ばった挨拶はやめましょう►免了这番客套话吧。¶そう四角ばった考え方をしないで下さい►您不要那么古板地gǔbǎnde考虑问题。
述語 ¶そう四角ばらないで►别那么〔拘束/规规矩矩的〕一本正经的〕!

しずかだ【静かだ】
①ある空間で物音がしない状態。
連体修飾語 ¶静かな夜►寂静的夜晚¶私たちは静かなところを見つけてしばらく話をした►我们找个〔清静的/安静的〕地方谈了一会儿。¶静かな山道を歩く►走在〔清静的/寂静的〕山路。
述語 ¶あたりは静かで物音ひとつしない►四周寂静,听不到一点儿声音。¶試験場はとても静かで,鉛筆を走らせる音しか聞こえない►考场上安静得只能听见铅笔写字的沙沙shāshā声。¶奥の部屋が静かですから,私たちはあちらでお話しましょう►里屋lǐwū很安静,我们到里屋谈谈吧。
連用修飾語 ¶夜は静かにふけてゆく►夜深人静。

②波,風がなくなって,動きが感じられない状態。
連体修飾語 ¶静かな海を眺めているうちに私の心はしだいに落ちついてきた►望着平静的海面,我的心情也渐渐地平静了下来。
連用修飾語 ¶風が止み波が静かになった►风停了,海浪变得平静了。¶ようやく風が静かになった►风好容易小了。

③大きな音がたたない状態。
連体修飾語 ¶もう少し静かな声で話しなさい►再小声点儿说话吧。¶静かな風鈴の音に昔のことがしのばれる►一听到风铃那轻轻的响声,就会想起过去。
述語 ¶このクーラーの音は静かだ►这空调的声音不大。
連用修飾語 ¶赤ちゃんが寝ついたので,そっと静かに出て行って下さい。おこさないように►小宝贝睡着了,您出去的时候,请轻一点儿,别惊醒孩子。

④人の態度,ふるまいが落ちついていて,騒ぎたてないありさま。
連体修飾語 ¶彼女は静かな人で,いるのかいないのかわからない►她是个沈静的人,让人很难发现她的存在。
述語 ¶みなさん静かにして下さい►大家〔安静点儿!/肃静!(固い語感)〕¶彼女はものの言い方が静かだ►她说话很文静。
連用修飾語 ¶静かに最後の決定を待つ►〔平心静气地/平静地/镇静zhènjìngde〕等候着最后的决定。¶仕事のことは忘

れて静かに休んで下さい▶把工作忘掉安静地)休息一下吧。¶母は昨晚静かに息を引きとった▶母亲昨天晚上平静地咽yàn了气qì。¶彼女は静かに読書をしている▶她安静地看着书。¶彼は熱が退いて静かに眠っています▶他退了烧tuì le shāo,正安静地睡着呢。

♣類義語

寂静：(書き言葉) ①人の気配がなく,物音がしない状態。②名詞としての用法。「静けさ」。

安静：①物音がしない状態。②人が心を静めて物静かにして活動しないありさま。

平静：①人の感情が乱れず,平穏であることが,声や表情に表れているありさま。②自然現象が,荒れずに穏やかな状態。(風雨波など)

沈静：①性格や身についた雰囲気が,穏やかで目だたないありさま。②(夜更け,山奥など)ひっそり静まりかえった状態。

[典型例]

寂静：①◇~的森林◇异常~。②◇打破~。

安静：①◇〈~舒适〉◇会场~下来。②◇~一下。◇~一会儿。

平静：①◇声音~。◇表情~。◇心里~。◇~地回答。◇~一点儿。

沈静：①◇〈~温柔〉◇性格~。

したしい【親しい】

①公的,私的関係が近く,なじみがある状態。

連体修飾語 ¶社長と親しい人の話によると,彼は間もなく引退するらしい▶据接近总经理的人士说,总经理不久就要退位了。¶六十歳を過ぎると親しかった人の訃報を目にするようになる▶过了六十岁,就会常看到相识多年的人去世的讣告fùgào。¶親しい親類はみな田舎に住んでいて,東京にはいない▶近亲都住在乡下,不在东京。

述語 ¶彼女は誰とでもすぐ親しくなれる▶她不管跟谁都是见面就熟。¶李家と王家のつきあいはまるで家族のように親しいものだ▶李家和王家相处得xiāngchǔde就像一家人一样那么亲近。¶李さんと王さんはルームメイトになってから兄弟のように親しくなった▶小李和小王自从住一个房间以来,变得兄弟一样亲近。

連用修飾語 ¶あの二人は会って五分もするともう親しそうに談笑し始めた▶他们俩见面刚五分钟,就亲近地谈笑起来了。

②つきあっていて心から楽しくなるありさま。

連体修飾語 ¶彼ら二人は親しい間柄だ▶他们俩关系〔很好/亲密/密切〕。

述語 ¶以前私は彼女とかなり親しかったが,今はそれほどではない▶以前我跟她很亲密,但是现在不象以前了。¶私は彼ととても親しい▶我跟他挺要好的。[注]「仲がよい」という具体的なイメージを表す言葉は"要好"がふさわしい。特に子供たちの様子は"亲密"より"要好"を使う。〔例：あの子たちはいつも一緒で仲がよい▶那些孩子总在一起,很要好。〕

連用修飾語 ¶大臣と親しくお話しできて,光栄です▶能跟大臣亲密交谈,我感到很荣幸。¶彼らはとても親しげに

談笑している▶他们俩非常亲密地谈笑着。¶私たちは幼なじみで，今も親しくつきあっている▶我们从小就认识，现在〔关系也很好／交往也密切〕。
述語 ¶親しき仲にも礼儀あり▶关系密切,也要有个分寸fēncun。

♣類義語
親密：よく行き来して，双方ともに好感を抱いているありさま。(↔疏远)
親熱：打ち解けて肉親に対するような親しみを見せるありさま。(一方通行でもよい)(↔冷淡)
親近：社会的または私的な関係が深く相手のことを理解しているありさま。

文型
親密：①主語は複数にする。A跟Bの形式を使ってもよい。②連体修飾語として使う場合，中心語には"朋友,战友"など，もともと仲のよい間柄を表す名詞がくる。

典型例
親密：◇~的气氛◇~团结。◇亲亲密密地谈话。
親熱：◇他们(谈话)很~。◇对孩子~。◇~地招呼。◇亲亲热热地问长问短。(動詞用法)◇我们亲热亲热,好吗?(打ち解けましょう)◇亲热一下!
親近：◇~的朋友◇跟他~。(動詞用法)◇亲近(人)。(人に近しい)

したたかだ
①相手をしにくく，手ごわいありさま。
連体修飾語 ¶したたかな人▶不好惹bùhǎorě的人,很难对付duìfu的人,不易对付的人
述語 ¶彼は一筋縄ではゆかない。実にしたたかだ▶他这小子脑子不那么简单,实在〔难对付的／不好惹的〕。
②打撃や酒量が(主に肉体的)ダメージを残すほどひどい様子。
連用修飾語 ¶したたかになぐられた▶被人打得很厉害。¶私は父からしたたか油を絞られた▶我被父亲给狠狠地整了一顿。¶私はつまずいて，頭をデスクにしたたかぶつけてしまった▶绊了一跤bànle yī jiāo,我狠狠地把头撞在zhuàngzài桌子边儿上。¶昨夜はしたたかに酔っぱらった▶昨天晚上〔喝了个大醉／喝得大醉〕。

しとやかだ →おとなしい
□女性の立ち居ふるまいが静かで，品のあるありさま。
連体修飾語 ¶しとやかな女性▶性情〔温柔／文静〕的女人
述語 ¶彼女は物腰がしとやかだ▶她举止jǔzhǐ安祥ānxiáng。¶この娘さんはしとやかでおとなしい▶这个姑娘又温柔又老实。

しなやかだ
□(主に肉体が)柔らかで弾力がある状態。
連体修飾語 ¶彼女はとてもしなやかなからだつきをしている▶她身体特别柔软róuruǎn灵活。
述語 ¶彼女の踊りは，しなやかで美しい▶她的舞蹈柔软优美。
連用修飾語 ¶ムチがしなやかになった▶鞭子像蛇一样地舞动。

しぶい【渋い】

①渋味(味覚)を感じさせる状態。

連体修飾語 ¶渋い柿▶涩色柿子shìzi

述語 ¶この柿はまだ渋い▶这柿子还没熟,有点儿[涩sè/涩口]。¶お茶が濃くて渋い▶茶太酽yàn,有点儿发涩了。

②見た目が地味だが趣がある状態。

連体修飾語 ¶渋い焼きの茶碗▶烧得很雅致yǎzhi的茶杯 ¶今日の彼は黒いスーツを着込んで,渋いスタイルがよく似合っている▶今天他穿一身黑色的西服,这种素雅sùyǎ的装束跟他很相称xiāngchèn。

述語 ¶彼女は渋好みだ▶她趣味很典雅。她喜欢古雅的东西。¶あなたはいつも地味な色の服を着ているが,渋くてすてきだ▶您经常穿素淡sùdàn的衣服,但显得雅致,很美。

③芸術面での技量に深い趣がある状態。

連体修飾語 ¶彼は渋いのどをしている▶他的歌声听起来,深厚有力。¶彼は渋い演技で観衆を魅了した▶他演得非常细腻xìnì老练lǎoliàn,吸引了观众。¶文章に渋い味わいがある▶言词细腻老练。文章写得很老练。

④その気になれないことを我慢している不愉快そうな様子。

連体修飾語 ¶彼女はいつも渋い表情をしている▶她老是[怏怏yàngyàng不快/快快不乐]。她老是[板着脸/绷着běngzhe脸]不高兴。¶そんな渋い顔をして,何かあったのですか▶您那么阴沉着脸,是不是出了什么事儿了? ¶社長が渋い顔で部屋から出て来たから,恐らく商談はうまくゆかなかったのだろう▶总经理从屋里出来的时候,神情△不快,看他的样子生意谈判大概是没能成功。¶彼は渋い顔をしながらも,不承不承私の頼みを受け入れた▶他露出不愉快的神情,勉勉强强地接受了我的请求。

慣用的表現 ¶彼はしぶしぶ,やっとのことで承諾した▶他[勉勉强强地/不情愿地]总算答应了。 ¶彼は金持ちのくせに,金に渋い▶他有的是钱,花钱却不大方。

しめっぽい【湿っぽい】

①湿気が強い状態。

連体修飾語 ¶この数日湿っぽい天気が続いていてやりきれない▶这几天天气潮湿,很难受。

述語 ¶ワイシャツがまだ湿っぽい▶衬衫还有点儿潮。¶このビスケットは湿ってしまい,まずい▶这饼干受潮了,不好吃。

②陰気で,人をゆううつな気持ちにさせる状態。[→いんきだ]

連体修飾語 ¶湿っぽい話はやめましょう▶别再说[丧气话sàngqihuà/泄气话xièqìhuà]了。¶このところ,ずっと湿っぽい気分だ▶近来,心情一直忧郁yōuyù。¶バレーボールの試合に負けて,チームの控え室は湿っぽい雰囲気だ▶排球比赛打输了,球队休息室里充满了沮丧的气氛。

述語 ¶話が湿っぽくなってきた▶话越来越[不痛快/阴郁]了。

じゅうぶんだ【充分だ・十分だ】

①数量が足りている状態。

連体修飾語 ¶充分な時間が必要だ▶需要充足的时间。

述語 ¶これだけあれば充分だ▶有这些

就足够了。¶子供は10時間眠れば充分です►小孩儿睡十个小时就足够了。¶これだけ食糧があれば，あと10日間しのぐのに充分です►有这些粮食,足够今后十天用的。¶そのお気持ちだけで充分です►有你这份儿zhèfènr心意〔就足够了／我就满足了〕。

2 目的を達する条件が，完全に整っている状態。

連体修飾語 ¶展覧会を成功させるためには，充分な準備が必要だ►要想使展览会成功,必须作充分的准备。

述語 ¶準備はまだ充分だとはいえない►筹备chóubèi工作还不算是十分理想。

連用修飾語 ¶私たちは集団の力を充分に発揮せねばならない►我们必须充分发挥集体的力量。¶私には充分自信がある(成算がある)►我十分有把握。我有充分的信心。我是胸有成竹xiōngyǒuchéngzhú的。注 原則として，名詞・動詞を修飾する場合は"充分"を使う。形容詞(心理動詞を含む)を修飾する場合は主に"十分"を使う。¶もう充分にいただきました►谢谢,我已〔吃好了／吃饱了〕。¶この本は読む価値が充分ある►这本书很值得看。¶スリには十分御用心下さい►你千万要小心扒手páshǒu。¶時差には十分御注意下さい►请你充分注意时差shíchā。注 "小心"は危険を表す目的語をとる。"时差"はそれ自体が危険なものではないので"注意"しか使わない。

じゅんすいだ【純粋だ】

□(系統，物の成分などに)混じりけがない状態。

連体修飾語 ¶あなたのように純粋な北京っ子は，日本では珍しい►在日本,像您这样〔地道的／地地道道的／纯粹的〕北京人是很少见的。¶彼女は純粋な北京語を話す►她说一口〔地道的／地地道道的／纯粹的／纯正的〕北京话。¶純粋なごま油►纯正的〔香油／芝麻油〕。¶フランスで習った純粋なフランス料理を作ってみせましょう►请你们吃我在法国学会的纯正的法国菜。

2 精神的に少しも打算がないありさま。

連体修飾語 ¶純粋な心►〔纯粹的／纯真的〕〔心／心灵〕

述語 ¶彼は心の純粋な人だ►他是个心地△纯洁的人。¶動機が純粋でなければ，何をしても人から好感を持たれない►如果动机不纯dòngjī bù chún,不论做什么,都得不到别人的好感。

連用修飾語 ¶彼女は純粋に真理を追求している►她〔专心／一心〕追求真理。¶子供のころは純粋にヒーローにあこがれる►孩子的时候,〔单纯地〕崇拜英雄。

じゅんちょうだ【順調だ】

□スムーズに事が運ぶ状態。

述語 ¶万事順調だ►一切事情都在顺利地进展。¶手術後の経過はかなり順調です►手术后的情况相当好。

連用修飾語 ¶病後順調に体力を回復している►病后身体恢复得很顺利。¶計画が順調に進まない►计划进行得不顺利。

しょうきょくてきだ【消極的だ】↔せっきょくてきだ

□自発的に物事をしようとしないありさま。

連体修飾語 ¶彼は消極的手段しかとらない▶他只采取cǎiqǔ消极手段。¶私は消極的な人間で, 家でぶらぶらしているのが好きだ▶我做人很消极,喜欢老在家里闲呆着xiándāizhe。

述語 ¶彼は消極的で, あまり意見を出さない▶他态度消极,不怎么提意见。¶彼はこの計画に消極的だ▶他对这项计划不感兴趣。

じょうずだ【上手だ】→得意だ

□ (いろいろな業について)技巧にすぐれているありさま。

連体修飾語 ¶上手な字ですね▶字写得〔很好／很棒〕。¶お断りする上手な方法がないでしょうか▶有没有什么妙法推辞tuīcí?

述語 ¶彼女は料理が上手だ▶她很会做菜。她做菜〔很拿手／很高明〕。¶彼女は買物が上手だ▶她很会买东西。¶あなたはお世辞が上手ですねぇ▶你真会说〔奉承话／漂亮话〕呀! 你真会拍马屁pāimǎpì呀! ¶彼女はバレーが上手だ▶她〔善跳／擅长〕芭蕾舞bālěiwǔ。¶あなたは日本語が以前よりさらに上手になった▶你日语说得比以前更好了。

慣用的表現 ¶話し上手の聞き上手▶既会说也会听话。¶上手の手から水が漏る▶智者千虑qiānlǜ,必有一失。人有失手,马有漏蹄。¶好きこそものの上手なれ▶只有爱好,才能〔学得好／精通〕。

じょうぶだ【丈夫だ】→がんじょうだ

1 身体が健康であるありさま。[→元気だ]

連体修飾語 ¶スポーツで丈夫な身体をつくる▶通过体育活动,锻炼出健壮的身体来／使身体强壮〕。

述語 ¶運動をして身体を丈夫にする▶加强体育活动,增强体力。¶あなたはお丈夫ですね▶你身体〔很健康／很结实〕啊! ¶祖父は90歳を超えましたが, まだまだ丈夫です▶我祖父虽然已经年过九旬,但身体还很硬朗yìnglang。
注 "硬朗"は、老年者に使う。¶以前は病気がちであったが, 数年前から丈夫になった▶过去常常得病,几年前才开始好起来了。

♣類義語

健康：①人の身体のどこにも疾患がなく体調がよいありさま。②思想や社会状況が正常な状態。

健壮：体格が,抵抗力の強いたくましさを感じさせる状態。(人間・動物ともに形容できる)

強健：人が,健康なうえ力もあるありさま。

強壮：健康で, 堂々としている状態。(〈強健〉よりレベルが高い。人間・動物ともに形容できる)

典型例

健康：①〈强壮～〉◇～地成长着。◇长得很～。◇～的体魄tǐpò(書き言葉：身体と精神力)
②◇～地发展。◇这本书内容～。

健壮：◇～的身影(一般人なら男性)◇那匹马～。◇活得很～。

強健：◇～的运动员◇～得像一匹马。◇体格～。

強壮：◇～的队伍◇战士们个个都体格～。

2 身体部位がよく機能を果たしている状態。

連体修飾語 ¶白くて丈夫な歯▶又白又结实的牙齿
述語 ¶私の胃は丈夫なので、痛くなったことがない▶我的胃很好,没有胃疼过。¶肝臓が丈夫で、二日酔いしない▶〔肝脏gānzàng很强健/肝功能很强〕,喝了酒第二天不会不舒服。¶年の割に彼は足が丈夫だ▶他年纪虽大,腿脚还结实。
3 物がこわれにくい状態。
連体修飾語 ¶丈夫な椅子▶结实的椅子¶丈夫なひも▶结实的绳子¶丈夫な箱に入れないとこわれます▶不放在〔坚固的/结实的〕盒子里要损坏的。
述語 ¶この靴は丈夫で長持ちします▶这双鞋结实耐用。

しらじらしい
□本当のことを知っているのに、知らないふりをするありさま。
連体修飾語 ¶しらじらしい態度をとる▶装蒜zhuāngsuàn。假装不知道。故弄玄虚。¶それはしらじらしいうそだ▶那是明摆着的瞎话xiāhuà。¶あなたはよくもそんなしらじらしいうそがつけますね。でも騙されません▶你居然能睁着眼睛说瞎话,可是没人会上你的当。
述語 ¶そんなお世辞をいってしらじらしい▶竟说那种奉承话,说得也太明显了! 你不要拍pāi我的马屁mǎpì,我都看透了呀!

しろい【白い】
□色彩が白い。
連体修飾語 ¶白い絹▶白色的绸布¶みずみずしく白い肌▶白嫩的皮肤¶白旗(しらはた)を掲げる▶举起白旗。¶白い雪野原が見渡す限り広がっている▶白茫茫的雪原,一望无际。¶白い月光が降りそそいでいた▶银白的月光洒满sǎmǎn了大地。
述語 ¶彼女は色が白い▶她长得很白净báijìng。
連用修飾語 ¶月が白く冴え渡る▶洒满一片清澈皎洁jiǎojié的月光。
慣用的表現 ¶白い目で見られる▶被人用白眼看。被人冷眼看。受到别人的冷眼。¶あの人は絶対白だ▶那个人完全清白无罪。

しんけんだ【真剣だ】
□脇目もふらず、緊張して努力しているありさま。
連体修飾語 ¶真剣な表情▶〔严肃的/认真的〕表情¶子供たちは真剣なまなざしで話に聞きいっている▶孩子们神态〔认真/严肃〕,入迷地听着故事。
述語 ¶もっと真剣になれ!▶认真点儿(干)!
連用修飾語 ¶真剣に働く▶认真工作。¶あなたはそろそろ就職のことを真剣に考えてもよいはずだ▶你也该〔认真(地)/好好儿地〕考虑考虑就业的事了。

しんこくだ【深刻だ】
1 状況がきびしくて、解決が難しい状態。〔⊕重大だ〕
連体修飾語 ¶このままでは深刻な経済不況に直面しそうである▶如果这样束手shùshǒu无策,一定会面临〔重大的/严重的〕经济萧条xiāotiáo。¶私たちが一生働いても都内に家を持てないとは深刻な問題です▶我们工作一辈子,在东京

買不起一所房子,这对我们来说是个很重大的问题。¶現在は深刻な住宅難の時代です▶现在正处于chǔyú房荒fánghuāng严重的时代。¶登校拒否は深刻な社会問題となっている▶拒绝上学已成为严重的社会问题。

述語 ¶今年の東京都の水不足は深刻だ▶今年东京都的缺水问题很严重。注"重大"は連体修飾語としてのみ使い,よい意味でも悪い意味でも影響が大きいことを表す。"严重"は被害を伴うようなひどさを表す形容詞。¶事態は深刻です▶情况极其严重。¶人手不足はかなり深刻である▶人手不够相当严重。¶生活苦はますます深刻になってきた▶生活越来越困苦了。

[2]表情・態度に思いつめた様子が現われているありさま。

連体修飾語 ¶深刻な表情で彼女は話し始めた▶她神情严肃地讲了起来。¶みなが心配するから,そんな深刻な顔をしないで下さい▶别那么愁眉苦脸的,要不大家一定会担心的。

連用修飾語 ¶そんなに深刻に考えない方がよい▶别想得那么严重。

しんせつだ【親切だ】→やさしい[1]
□人に対する思いやりが現れているありさま。

連体修飾語 ¶彼は親切な人だ▶他是个〔热情的/亲切的/热心的〕人。¶あなたのご親切な助言は忘れません▶我永远不会忘记您亲切耐心的劝告。¶ご親切な心遣いに心から御礼申し上げます▶我对您的热情关怀表示由衷的感谢。谢谢您的热情关怀。

述語 ¶彼は親切だ▶他待人〔很亲切/很热情/很好〕。

連用修飾語 ¶親切にお教えいただきありがとうございます▶受到〔热情指教/亲切教诲jiàohuì(书き言葉)〕,非常感谢。¶その人は駅までの道を親切に教えてくれた▶那个人热情地告诉我到车站怎么走。¶彼女は親切にも家まで送ってくれた▶她〔亲切地/热情地〕一直把我送到家里。注"亲切"が含む「親しみを感じさせる様子」という意味は,互いが見知らぬ間柄であっても用いることができる。例:讲话人对听众亲切地笑着。

慣用的表現 ¶名詞「親切」を使う表現¶人に親切を尽くす〔热情/热心〕为别人作好事。¶人の親切を無にするな▶别辜负gūfù人家的一片〔好心/好意〕。¶ご親切ありがとう▶谢谢您这么热情(相手の行為,態度に対して)。多谢您的好意。(相手の好意に対して)¶親切の押し売りはまっぴらだ▶假卖jiǎmài人情,我已经领教够lǐngjiàogòu(皮肉として言う)了。¶親切が徒になる▶烧香引鬼。本来是一番好意,倒给自己招来麻烦。

♣類義語

亲切:心のこもった真剣な態度で接し,相手にも親しみを感じさせるようなありさま,またそのあらわれた状態。

热情:心をこめ,思いやりのある対応をしているありさま(ほめ言葉)。[→ねっしんだ]

热心:人や事物に対し,すすんで働きかけ,好意やある成果を得ようと努めるありさま(動詞にも使う)。[→ねっしんだ]

典型例
亲切：◇~接待。◇待人~。◇~的微笑◇~的声音(谈话)◇~地说。◇~地嘱咐。

热情：◇〈~洋溢〉◇~地招待。◇服务~。◇为人~。◇谈话~。

热心：◇对工作很~。◇~帮助。◇~关怀。◇~教育。◇~的人。

しんちょうだ【慎重だ】

□物事を行うにあたり，いろいろ注意を払うありさま。

連体修飾語 ¶彼は慎重な性格だ▸他性格小心谨慎jǐnshèn。

述語 ¶彼女は何をするのも慎重だから，軽はずみなことをするはずはない▸她做什么都很慎重,不会轻率从事的。¶この件について彼の態度は慎重だ▸对这件事他态度很谨慎。

連用修飾語 ¶私は慎重に言葉を選んで発言した▸我慎重地选择词语发了言。¶こわれ物は慎重に扱うこと▸易坏的东西要加小心。

しんぱいだ【心配だ】

①よくないことになりはしないかと不安がる気持ち。

連体修飾語 ¶あなたは何か心配なことがあるのですか▸你有什么不放心的事吗? ¶彼は心配そうな顔つきで，話し始めた▸他显出有些担心的▲神情,说起来了。

述語(目的語なし) ¶子供が不安がるので，せめてあなたは心配そうにしないで下さい▸为了不让孩子害怕,至少你别那么担心。¶彼女は口では気丈そうなことをいっても，表情はやはり心配そうだ▸她虽然嘴上说没问题,可脸上还是显得焦虑jiāolǜ不安。¶心配せずに大胆にやりなさい▸你不要害怕,大胆地做吧! ¶帰りが遅いので心配していたところです▸你老不回来,正为你担心呢。¶彼には何度も説明したが，やはり私は心配だ▸虽然对他说了好几遍,我还是不放心。¶私の病気はすっかりよくなったので，心配しないで下さい▸我的病已经彻底好了,请不要〔担心/惦记〕。¶その件のことは少しも心配していません▸那件事,我一点儿也不担心。

(目的語が名詞フレーズをとる文型) ¶明日の天気が心配だ▸我担心明天的天气。¶事のなりゆきが心配で何日もよく眠れない▸我老惦记着diànjizhe那件事(究竟怎么样了),好几天没睡好。

(目的語が動詞フレーズをとる文型) ¶彼女は生活費を心配しなくてよい▸她不用担心没钱过日子。

(目的語が主述フレーズをとる文型) ¶彼が合格できないのではないかと心配だ▸我很担心他考不上大学。¶明日天気がくずれないかと心配だ▸我怕明天会变天。

連用修飾語 ¶母はとても心配そうに私の方を見ていた▸母亲十分不安地注视着我。

心配をかける ¶連絡が遅れてご心配をかけました▸没及时跟您联系,叫您挂心了。¶親に心配をかけてはいけない▸不要让父母〔担心/挂心〕。

♣類義語

不放心：[为~不放心][对~不放心]
(出来事や人について)気がかりな

ことが解決できず，不安に思う気持ち。

担心：[担心~][为~担心]ありうるよくないこと，望ましくないことが(人に)起こるのをおそれる気持ち。

挂心：[挂心~][对~挂心]ありうるよくないこと，望ましくないことを心痛の種にしている気持ち。(出来事についてのみ)

惦记：[惦记~]出来事や人のことをあれこれ思い，忘れられない気持ち。

[典型例]

不放心：◇~她的孩子。◇对他~。

担心：◇~他的安全。◇~地说。◇~地问。◇为前途~。◇暗暗~。◇~下雨。◇~得睡不着shuìbuzháo觉。

挂心：◇你别~啦。◇~那件事儿。

惦记：◇~着我。◇~着儿子。

---

2 気がかりで，何かと手を打ってみるありさま。

心配する ¶余計な心配をしないで下さい▶别瞎操心cāoxīn! 用不着操那份儿! ¶このようにご心配いただき，まことに申し訳ありません▶让您这样费心，我实在过意不去。¶親はいつも子供のことを心配している▶父母总是为孩子操心。¶あなたの帰郷の切符を心配する▶为了你回家乡，张罗zhāngluo买票(手配する)。¶1人暮らしの老人の食事を心配する▶为独自一人生活的老人张罗饭吃。¶お金の心配はいりません▶不用张罗钱。¶そろそろ結婚相手を心配しなくては▶你已经到了该找对象的时候了。

しんぼうづよい【辛抱強い】

□つらいことを耐え忍ぶことができるありさま。

連体修飾語 ¶辛抱強い人▶有耐性的人

述語 ¶あなたは本当に辛抱強い▶你真有耐性! ¶彼は辛抱強くない(辛抱が足りない)▶他没有耐性。他耐性不够。

連用修飾語 ¶私は辛抱強く彼を説得した▶我耐心地说服他。¶彼女が承知するまで辛抱強く待つ▶我要耐心等待她答应我。¶辛抱強く練習すればきっと腕があがる▶只要耐心地练习，一定能提高技术水平。

す

すがすがしい
①人を爽やかな気分にさせる状態。

連体修飾語 ¶どこからかすがすがしい香りが漂ってくる▶不知道从什么地方飘过来一股清香。¶すがすがしい朝の空気を吸う▶呼吸清晨清爽的空气。

述語 ¶台風が去って翌日の天気は本当にすがすがしかった▶台风一过,第二天天气真爽朗。¶高原の朝は実にすがすがしい▶高原的早上真清爽。

②気分がすっきりして、元気になっているありさま。

連体修飾語 ¶今日のあなたはすがすがしい顔をしていますね▶今天您脸色不错,显得精神焕发。今天您显得神采shéncǎi奕奕yìyì。¶ぐっすり眠って疲れもとれて、今日はすがすがしい朝を迎えた▶睡了一个好觉,消除了疲劳,今天早上感到心旷神怡xīnkuàngshényí。

述語 ¶今朝は気分がすがすがしい▶今天早晨〔心情爽快/心里神清气爽〕。

すきだ【好きだ】←→きらいだ
①ある人やものを気に入っている気持ち。

連体修飾語 ¶私の大好きな町▶我特别喜欢的城市¶私の好きな人▶我喜爱的人¶これは私の好きな小説のひとつだ▶这是我喜欢看的几部小说里的一部。¶好きなのがあればどれでもお取りなさい▶您喜欢什么就拿什么。¶彼は好きなことしかしない▶他只有喜欢干的事才干。

述語 ¶私は北京が大好きだ▶我热爱北京。注"热爱"の対象は公的性質をもつものが多い。¶学生たちはみな李先生が大好きだ▶学生们都很喜欢李先生。

②気に入って、あることをくり返し行う気持ち。

述語 ¶私は卓球が好きだ▶我爱好打乒乓球。

慣用的表現 ¶スポーツ好きな人▶体育爱好者¶あなたのような映画好きも珍しい▶像您这样的影迷并不多。¶〔~好き〕~迷,例;球迷,戏迷,书迷,棋迷¶好きこそものの上手なれ▶只有爱好才能做好。爱好才能精通。[→上手だ]

③異性への愛情を抱いた気持ち。

連体修飾語 ¶彼女には好きな男性がいる▶她有心爱xīn'ài的男朋友。注"心爱"は連体修飾語としてのみ使う。¶好きな人と結婚したい▶我愿和心爱的人结合。

述語 ¶彼はある女性が好きになった▶他爱上了一个女人。

④自由、気ままにしている状態。

連体修飾語 ¶お好きな時にいらして結構です▶随便什么时候来都行。¶この件について彼は責任がないから好き放題にものをいう▶他对那事没有责任,所以信口开河地随便乱说。

連用修飾語 ¶あなたの好きなようになさい▶随你的便吧!¶私は好きなように休日を過ごす▶我自由自在地度假dùjià。

すくない【少ない】
①数、量が多くない状態。

述語 ¶都会は緑が少ない▶城市里绿地很少。¶在庫品が少ない▶存货〔很少/不多〕。¶あなたの点数は(合格基準よ

り)三点少ない▶你的分数(比及格标准)少三分。注数量補語をとる場合,「足りない」の意味も表せる。

連用修飾語 ¶少なく見積もっても建築費は3000万円かかる▶即便往少里估计gūjì,建筑费也得děi花3000日元。

②時間が短い状態。

連体修飾語 ¶少ない時間▶〔短短的/短暂的〕时间 注"短暂"は文言的表現。「はかない」の中国語訳にも用いられる。¶少ない時間を有効に使おう▶我们要充分利用有限的时间。

述語 ¶休みも残り少なくなってきた▶假期只剩下几天了。假期快结束了。

すぐれている【優れている】→いい →りっぱだ

①人の成績,作品,能力に対し,評価が高い状態。

連体修飾語 ¶彼はすぐれた成績で大学を卒業した▶他以优秀的成绩从大学毕了业。¶彼女はすぐれたピアニストです▶她是个优秀的钢琴家。¶外国からすぐれた技術を学んだ▶跟外国学到了优秀的技术。¶すぐれた芸術品は人の心を打つ▶〔精湛jīngzhàn的/精美的〕艺术品可以打动人心。¶すぐれた人材を育成して社会に送り出す▶为社会培养和输送了大批优秀人才。¶彼はすぐれた腕前の大工だ▶他是个手艺shǒuyì很高的木匠。

述語 ¶彼女の室内デザインは非常にすぐれている▶她的室内设计特别好。¶この偽物は本物よりもすぐれている▶这个伪造的wěizàode比那个真的还要精致。这张复制品比那张真的画得还要好。¶彼女の中国語はいろいろの点で私よりもすぐれている▶她的中文在各方面都比我强。¶研究能力がどれほどすぐれていても,人格に問題がある人は採用しない▶不管其研究能力有多强,在人格方面有问题的人,一律不采用。

②よい効果や波及力が大きい属性。

連体修飾語 ¶この薬は悪質な赤痢にすぐれた効果がある▶这种药对恶性èxìng痢疾lìjí具有良好的疗效。¶彼は医学の研究,治療両面にすぐれた貢献をした▶他在医学研究,治疗两方面做出了〔卓越zhuóyuè的/杰出jiéchū的〕贡献。

♣類義語

优秀:①人が品行・学識・能力にすぐれ,その業績も高く評価されているありさま。②物品の品質がすぐれ,その品質を作り出す手段も評価された状態。

出色:①人が何をやってもすぐれた手際をみせ,水準以上の成果をあげることができるありさま。②[あざやか②—再録]事物のできばえが水準以上であり,それを成し遂げる手際もすばらしい状態。

杰出:人が特定の分野ですぐれた能力を持ち,成果を挙げているありさま。

卓越:人の誰にもまけぬ能力(特に思考力・創作力)が現れている状態。

文型

杰出:連体修飾語にだけ使う。
卓越,出色:連用修飾語にも使える。

組み合わせ一覧表
連体修飾構造・主述構造

	~的人物	~的人才	~的品质	~的成绩
优秀	○	○	○	○
出色	(~的科学家)	○		○
杰出	○	○		(~的著作)
卓越	○	?		○

	~的成就	~的创见	~的表演	~的技巧
优秀	△	○	3)	(~的技术)
出色	○	○	○	○
杰出	○	○	3)	○
卓越	○	○	3)	○

	~的家具	~的性能	写作~ 2)	论文~
优秀	(~的工具)			○
出色	(做工~的)	○	(在写作方面)	○
杰出				
卓越		△1)		(~的)

1) 広告で多様される宣伝文句。
2) "写作"(抽象的な創作)は主語として使いにくい。
3) "表演"を"演技"にすれば使える。

3 心身の具合がかんばしくない状態。（否定表現）

述語 ¶顔色がすぐれないが、どうかしましたか►你脸色〔不好/不佳bù jiā〕，有什么地方不舒服吗？ ¶数日来私はからだの調子がすぐれないので、今日は欠席します►我这几天身体〔不太舒服/不太好〕，今天不能去。

すごい

1 驚嘆すべきすばらしさが認められる状態。

連体修飾語 ¶すごい美人►大美人，绝世美人¶すごい手腕をもっている►有惊人的〔才干/本领〕。¶これはすごい人気の芝居だ►这就是哄动一时的戏剧。¶この小説はすごい売れ行きだ►这部小说〔非常/十分〕畅销。¶盛り場はすごい人出だ►闹市上是人山人海。

述語 ¶すごい►真棒〔真了不起〕¶あなたの人気はすごい►你的名声可响着呢!

連用修飾語 ¶あの連続テレビドラマはすごくおもしろい►那电视连续剧特别〔有意思/有趣儿/好看〕。

2 おそろしさを覚えるほどにはげしい程度。〔→ひどい〕

連体修飾語 ¶父はすごい剣幕で怒った►父亲怒气冲天地发了一顿火。¶彼女はすごい剣幕でまくし立てた►她恶狠狠地怒吼了nùhǒule一阵。注"怒吼"は獣のほえるような音をたとえることができる。¶彼はすごい文句を並べて私を脅した►他说出一大串不好听的话恫吓dònghè我。

附 ものすごい→すごい2：「ものすごく~」の表現法

連体修飾語 ¶滝の水がものすごい勢いで流れ落ちる►瀑布飞流直下。¶ものすごい音を立ててバイクが走り去った►摩托车发着震耳欲聋zhèněryùlóng的响声开过去了。

述語 ¶敵の攻撃はものすごかった►敌人的进攻猛烈极了。

連用修飾語 ¶冬は零下20度になり、ものすごく寒い►到了冬天气温就下降到xiàjiàngdào零下二十度,冷极了。

すずしい【涼しい】

1 （全身感覚では）快適な低温、または（身体部位について）体温がスッととられる感覚。

連体修飾語　¶涼しい風が吹き始め，秋になった▶涼风习习xíxí,到了秋天了。¶涼しいところに保存しなさい▶请置于阴凉处yīnliángchù保管。¶涼しい木陰でひと休みしましょう▶在树阴凉下休息休息吧。

述語　¶朝夕めっきり涼しくなってきた▶早晚凉快多了。¶薄着なので背中が何となく涼しい▶穿得太少了,后背有点儿凉飕飕的liángsōusōude。注外気から感じるうすら寒さを表す。

②色，形，音がすっきりした感じを人に与える状態。

連体修飾語　¶涼しい目もと▶清亮的眼睛,眉目清秀。¶風鈴が涼しい音を立てている▶风铃响着清脆的声音。

述語　¶この服の柄は涼しげだ▶这件衣服的花样儿使人感到凉爽。

慣用的表現　[←平気だ]　¶みながいらいらしているのに，彼は涼しい顔をしている▶别人都在替他着急,他却满不在乎。¶彼は涼しい顔ですべて人のせいにする▶什么事都推到别人身上,他倒装出一副〔若无其事ruòwúqíshì的/毫无相干xiānggān的〕样子。

すっぱい
①酢のような味，においがする状態。
連体修飾語　¶すっぱい味▶酸味儿¶すっぱいにおい▶酸味儿¶すっぱい梅干（つけものとして）▶酸渍渍suānzīzī的腌yān梅子

述語　¶味がすっぱい▶味道很酸。
②食物が腐り始めて異臭がする状態。
連体修飾語　¶このご飯はすっぱいにおいがする▶这米饭有点儿馊味儿。
述語　¶牛乳がすっぱくなった▶牛奶〔酸了/坏了〕。

すなおだ【素直だ】
①性格に邪気がなく，ありのままの姿でいるありさま。
連体修飾語　¶素直な子供▶天真的孩子
述語　¶あの子は素直で明るい▶那孩子天真浪漫,性格开朗。¶子供のころは感受性が素直だ▶孩童时代的感受是纯朴天真的。¶あの娘さんは素直すぎて，話し相手には物足りない▶那位小姐过于纯真,跟她谈话不过瘾bùguò yǐn。

連用修飾語　¶子供のころは素直にものを見ることができる▶孩童时代能〔率真shuàizhēn地/不带任何成见地〕看待事物。
②他人に逆らわず，忠告を聞き入れるありさま。

連体修飾語　¶いうことをよく聞く素直な子▶听话的孩子

述語　¶この子は素直でおとなしい▶这个孩子又听话又老实。¶彼女は一見素直そうだが，意外と頑固だ▶乍看好像很听话,没想到她性格那么固执。

連用修飾語　¶素直に私の忠告を聞きなさい▶老老实实地听我的劝告吧! ¶素直に白状しなさい▶你老老实实交代! ¶人の好意は素直に受けるほうがよい▶最好诚挚地接受别人的好意。

③芸や技にくせがなく，自然である状態。
連体修飾語　¶飾り気のない素直な文章に引きつけられた（書き言葉）▶我被质朴无华的文章吸引住了。
述語　¶彼女の字は素直でしかも力がある▶她写字写得〔很自然/很大方〕,而且有力。¶彼の歌声はまろやかで歌い方

が素直だ▶他声音圆润yuánrùn,唱歌自然。

すばしこい
1 自分の得になるよう,機先を制して動きまわる状態。

連体修飾語 ¶あなたはすばしこい人だね,狙ったチャンスは逃がさないもの▶你脑子真是灵活,瞅住chǒuzhù的机会决不放过! 注"瞅"は「目を凝らして見る」。"没瞅见"で「見あたらない」の意味。

連用修飾語 ¶彼はすばしこく立ち回り,金もうけをした▶他投机取巧tóujīqǔqiǎo赚一笔钱。

2 動作や動きが巧みでスピードが速い状態[→すばやい①]。

述語 ¶何をするのもすばしこい▶那个小伙子做什么事都动作灵活。¶身のこなしがすばしこい▶动作敏捷。

連用修飾語 ¶猫はすばしこく逃げまわり,なかなかつかまらない▶猫儿敏捷地到处乱窜luàncuàn,怎么也抓不着。

すばやい【素早い】
1 身体を動かすスピードが速い状態。

連体修飾語 ¶彼女はすばやい手さばきで布を織る▶她双手麻利地织布。

述語 ¶彼は何をするにも動作がすばやい▶他不管做什么,动作都很麻利。¶仕事がすばやい▶干活儿很麻利。注"敏捷"は、「敏感に対応することで反応スピードが速い。」「麻利」は「機転がきいて、事の処理がテキパキしている。」

連用修飾語 ¶体をくるくるとすばやく回転させながら踊り続ける▶身体敏捷旋转,做出各种舞姿。¶シャッターチャンスを逃さず,すばやく撮ればよい写真ができる▶不失时机,敏捷地按动快门kuàimén,能照出效果好的照片。

2 ある目的を果たすため,的確な行動をさっと成し遂げるありさま。

述語 ¶反応がすばやい▶反应灵活。¶彼は頭の回転がすばやい▶他脑筋〔很快/敏锦〕。

連用修飾語 ¶社会の変動が激しいので,政府はすばやく対応せねばならない▶社会状况变化急剧jíjù(書き言葉),政府应该采取灵活的对策。¶情報をすばやくキャッチする▶迅速地捕捉bǔzhuō信息。¶すばやくブレーキをかけたが間にあわず,犬を引いてしまった▶赶紧刹shā了闸zhá,但还是晚了,轧yà死了一条狗。

すばらしい【素晴らしい】 ㊪素敵だ
◻︎物事がよい面でレベルが高い状態:→「いい」よりも賞賛度が高い。

連体修飾語 ¶今日はすばらしい天気だ▶今天天气晴朗。¶すばらしい月夜で,雲ひとつない▶月光明媚,天上一片云彩也看不见。¶すばらしい絵▶〔极美的/很漂亮的〕画。¶すばらしい音楽▶〔美丽的/动听的/优美的〕音乐。¶すばらしいごちそう▶美味měiwèi佳肴jiāyáo,山珍海味¶彼女はすばらしい成績で大学を卒業した▶她以优异的成绩,大学毕业了。¶私たち一家は1日中山歩きをしてすばらしい休日を過ごした▶我们一家人在山里闲逛了一天,度过了愉快的假日。

述語 ¶彼の演説はすばらしい▶他的演讲真好! ¶その女優の演技はすばらしかった▶那个女演员的演技精彩高超。

¶昨日のＧ交響楽団の演奏はすばらしかった▶昨天Ｇ交响乐团的公演,真是优美动人。

ずるい【狡い】；ずるがしこい【狡賢い】

□(手段を選ばず)自分が得をしようとして、人に嫌な感じを与えるありさま。

連体修飾語 ¶彼はずるそうな(ずるがしこそうな)顔をしている▶他长着一脸奸相儿jiānxiàngr。¶ずるい考えはやめなさい▶别打鬼主意!¶あなたはずるがしこい計略を考えて私をわなにはめましたね▶是你设奸计,叫我上了圈套quāntào!

述語 ¶あなただけが人によく思われるようにふるまうのはずるいですよ▶只让别人对你印象好,这种作法太奸猾jiānhuá了。¶あなたはなんてずるいんだ!▶你这个人〔才猾呢!/真刁diāo〕你这个人真是个〔老油条!/老狐狸!〕

慣用的表現 ¶彼はずるがしこく立ち回る▶他善于钻营zuānyíng。

するどい【鋭い】

①先がとがっていて、よく刺さったり、よく切れる状態。

連体修飾語 ¶鋭いナイフ▶〔锋利的/锐利的〕小刀。¶鋭い歯で獲物を噛み砕く▶用锋利的牙齿把猎物咬碎。¶私は鋭い爪で猫に顔をひっかかれた▶我被猫儿用尖利的爪子zhǎozi抓破了脸。¶鋭いくちばしで木を突つき穴を掘り巣を作る▶用尖嘴啄zhuó树干shùgàn,掏tāo一个洞dòng,做巣cháo。¶鋭いもりで魚を突いて遊ぶ▶用锋利的鱼叉yúchā叉鱼玩儿。注ある動作とその動作をする際の必需品の道具は,同じ音形・字形で表されることがある。他に剪子/剪jiǎn(はさみ・はさみで切る)など。

述語 ¶このナイフの刃は鋭い▶这小刀子△挺快。

連用修飾語 ¶鉛筆を鋭く削る▶把铅笔削尖xiāojiān。注"剥bāo"は「皮をむく,はぐ」ことで,平面をけずるのは"削"。

②視線,声,音が射すようにきつい状態。

連体修飾語 ¶鋭い目つきで彼は私をにらんだ▶他目光炯炯jiǒngjiǒng地盯着我。¶突然鋭い叫び声が聞こえた▶突然听到〔尖利的/尖锐的〕叫声。

述語 ¶彼は目つき(表情)が鋭い▶他目光锐利(褒義の場合)。他眼神不好。

連用修飾語 ¶冷風がヒューヒュー鋭くからだに吹きつける▶冷风尖利地吹到身上。

③論評の仕方が厳しく,的確であるありさま。

連体修飾語 ¶彼は鋭い批評を発表した▶他发表了尖锐的评论。¶鋭い言葉(辛辣できつい表現)で非難する▶他用〔尖刻的言词/锋利的笔调〕加以责难zénàn(書き言葉)。

述語 ¶彼女はいうことが鋭くきつい(とげとげしい)▶她说话尖酸刻薄。她谈吐锋利。¶彼の眼力は鋭い▶他眼光很尖锐。

連用修飾語 ¶彼は相手の誤りを鋭く批判した▶他尖锐地批评对方的错误。¶私たちの間で意見が鋭く対立した▶我们的意见发生了尖锐的▲对立。¶この問題について私たちは鋭く対立した▶关

于这个问题，我们尖锐对立。

♣類義語

①するどい（ものの形状）。

尖利：物体の先が針のようにとがっている状態。

锐利：刃物，動物の爪など刃先の切れ味がよい状態。

锋利：形が薄くとがっていて，切断力に優れている状態。

②するどい（人の五感への刺激）。

尖利：耳につきささるような音の状態。

锐利：目につきささるような光の状態。

③するどい（論評）。

尖利：人を批評する立場に立ち，相手の本質的部分を指摘するありさま。

锐利：観察がするどく，本質を容赦なく暴露するありさま。

以上は，最もよく使われる用例をとり出して記述したものである。（組み合わせ一覧表では，◎をつけてある）

組み合わせ一覧表
主述構造

	小刀~	针~	牙齿~	目光~	眼光~
锐利	◎	○	○	◎	○
尖利	○	○	○	○	
锋利	○	○	◎	△(書面)	
尖锐	◎				

	叫声~	批评~	笔锋~	对立~	意见~
锐利			○		
尖利	◎				
锋利					
尖锐	△1)	◎		?	○

1) 少し古めかしい表現。

4 感覚がとぎすまされている状態。

述語 ¶犬は嗅覚が鋭い動物だ▶狗是嗅觉xiùjué灵敏动物。¶彼は頭が鋭い▶他头脑很机灵。¶彼は耳が鋭い▶耳朵灵。¶彼女は感覚が鋭い▶她感觉〔敏锐mǐnruì/灵敏〕。¶彼は考え方が鋭い▶他思考问题很敏锐。注"敏锐"の方が"灵敏"より抽象度が高く，問題意識も形容する。¶音感が鋭くないと歌手にはなれない▶没有灵敏的乐感，就不能成为歌手。

せ

せいかくだ【正確だ】
① 正しく狂いがない状態。

連体修飾語　¶正確な時間を教えて下さい▶请告诉我正确的时间。¶これが正確な答えです▶这是正确的答案。¶車を運転する時は正確な方角を確かめなさい▶开车的时候，你要看准kàn zhǔn方向。¶これが私がチェックをすませた正確な数字です▶这是我查对过chádùiguo的准确的数字。

述語　¶この腕時計は正確です▶这块手表走得很准。¶彼の仕事は正確なので，みなが感心している▶他工作准确无误,大家都佩服他。

連用修飾語　¶正確に観察しよう▶我们准确地观察吧。¶もっと正確に発音してごらんなさい▶发音再准确一点儿！¶正確に報道するべきだ▶应该准确地报道。

② (数値で表示できるほど)情報が詳しい状態。

連体修飾語　¶正確な調査が必要だ▶需要精确的调查。

述語　¶この統計は正確である▶这统计精确。

連用修飾語　¶正確に計算する▶精确地计算。

♣類義語

准：予定された時刻・位置などが狂わずに事が進んでいる状態。

准确：①ある計画や目標をたてた場合，確実に結果や効果をあげている状態。②あるがままの現実が把握されている状態。

正确：あるべき基準(道理・事実・平均値・典型など)に合致している状態。

精确：数値データーが綿密で誤りなくできあがっている状態。

[典型例]

准：◇这块表很~。◇发车的时间很~。

准确：①◇~地打击敌人。(他は使えない)◇用正确的方法打击。)◇~的时间◇计算~。②画得~。◇掌握得~。◇~的理解

正确：◇~的行动◇~地写出来。(他は使えない)◇~的意见◇~地判断。

精确：◇计算~。◇~地计算出。◇~的数据shùjù

せいけつだ【清潔だ】
① (清掃や洗濯が行き届き)衛生的な状態。

連体修飾語　¶清潔な衣服▶〔干净的/清洁的〕衣服

述語　¶ある病院はどの病院も清潔で明るい▶那所医院的病房,都既清洁又明亮。

清潔にする　¶毎日入浴して体を清潔にしよう▶每天洗澡,保持身体清洁。¶トイレの使用は清潔にしよう▶使用厕所要保持清洁。

② 精神的に清らかで，不正を行わないありさま。

連体修飾語　¶清潔な官吏▶清官¶清潔な政治家▶廉洁liánjié公正的政治家¶彼女は清潔で明るい感じの娘さんなので，縁談はすぐにまとまった▶她是个

清秀、开朗的姑娘,婚事很快就定下来了。

せいじつだ【誠実だ】
□まじめで正直で、ごまかしをしないありさま。

連体修飾語 ¶彼は誠実な人柄だ►他为人诚实。

述語 ¶彼は話し方が誠実である►他说话说得很诚实。

連用修飾語 ¶人から頼まれた事を誠実に仕上げる►诚心诚意地去做好人家托办的事。 ¶彼は誰に対しても誠実に接する►他对谁都〔诚心诚意／真心实意〕。 ¶誠実に働くのが私の取柄です►诚心诚意地工作,这就是我的可取之处。

誠実さ ¶誠実さが足りない►诚意不够。缺乏诚意。

せいじょうだ【正常だ】
□普段の様子であり、他のものとも変わったところがない。

連体修飾語 ¶彼は正常な人間とはいえない►他不算是个正常人。¶正常な心理状態を保てない►不能保持正常的心理状态。¶正常な関係に戻った►关系恢复正常了。

述語 ¶彼の神経は正常ではない►他的精神不正常。¶日中両国の外交関系が正常化されてから30年になる►日中两国外交关系恢复正常,快要三十年了。

連用修飾語 ¶列車の運転は正常にもどった►火车的运行恢复正常了。

せっきょくてきだ【積極的だ】↔消極的だ
□自発的に物事をしようとするありさま。

連体修飾語 ¶あなたの積極的な姿勢は評価できる►您的积极态度值得称赞。¶政府は景気向上のために積極策を打ち出した►政府为了恢复景气采取了积极政策。 **注** 公的文書では「肯定的見解」。

述語 ¶彼は何事にも積極的だ►他做事积极。¶ボランティア活動に王君はずっと積極的だった►对社会福利活动小王一向都很积极。**注** "一向"は「習慣化している行為,くせ,性質」がずっと続いていることを表す。¶彼はこの計画に積極的だ►他对这个计划很感兴趣。

連用修飾語 ¶会議では多くの人が積極的に発言した►会议上有很多人积极地提了意见。¶私たちは積極的にクラス活動に参加しよう►我们积极地参加班级bānjí的活动吧!

せまい【狭い】
① 面積が小さい状態(二次元の量)。

連体修飾語 ¶狭い範囲に限定する►制定在小范围内。¶狭い家ですが、どうぞお立ち寄り下さい►虽然是小房子,但也请有空yǒukòng来玩儿。¶子供らが狭い運動場で遊んでいる►小孩儿们在小运动场里玩儿。¶狭い部屋に雑然と物が置かれて足の踏み場もない(不便さが含まれる)►窄小zhǎixiǎo的屋里,东西放得乱七八糟,连下脚的地方都没有。

述語 ¶日本は国土が狭い►日本国土狭

小xiáxiǎo。¶狭苦しいですが、お上がり下さい▶屋子虽很窄小,请进!¶この家は家族5人が住むには狭い▶这所房子住五口人太小了。¶私は太っているので,3人掛けすると狭(苦し)くてごめんなさい▶因为我胖,所以三个人坐的话有点儿挤,请原谅!¶ここはどうも狭(苦し)い感じがする▶这地方显得有点儿〔小/窄/挤〕。注"挤"は「人が多くてスペースが不足する」。

2 幅が不充分な状態(二次元の量)。

連体修飾語 ¶狭い横丁▶小胡同,小巷xiǎoxiàng¶埼玉県は狭い道が多く車の通行に不便である▶埼玉县〔窄路/小路〕多,行车有点儿不方便。¶狭くて長い横丁の突き当たりが私の家です▶走进〔狭长的/狭窄的〕胡同,尽头儿jìntóur就是我的家。

述語 ¶道幅が狭い▶路窄。

3 勢力の及ぶ範囲が小さい状態。

述語 ¶彼は交際範囲が狭くて、ここでは知人が少ない▶他交际范围不广,这里熟人很少。¶この植物の分布は狭い▶这种植物分布不广。

慣用的表現 ¶それでは肩身が狭くてやりきれない▶那样就让我〔丢脸/没面子〕了,真受不了。¶世間は広いようで狭い▶世界看起来大,其实很小。

4 考え方や物の見方が制限されている状態。

連体修飾語 ¶狭い意味に解釈する▶加以狭义的解释。

述語 ¶彼女は心が狭い▶她心眼儿小。¶あなたは視野が狭い▶您视野狭隘xiá'ài(精神面:書き言葉)。您眼界狭窄。

♣類義語

小:面積や容量が小さい状態。

窄:①幅が窮屈な状態。②閉ざされた平面がせまい状態。◇屋子很窄

窄小:面積も小さく、境界物に囲まれた圧迫感がある状態。

狭小:①オープンな平面の面積が小さい状態。②ものの考え方やスケールが小さい状態。

狭窄:①細長い平面がせまい(幅にも使える)状態。②精神的活動の範囲がせまい状態。

組み合わせ一覧表　主述構造

	屋子	胡同	面积	心胸	知识面	眼光
窄小	○	○	○			
狭小	○	△	○			
狭窄	△	○	△	○	○	○

そ

ぞくっぽい【俗っぽい】

① 人の品性，好みに品がないありさま。

連体修飾語 ¶私は俗っぽい人間だから噂話が好きだ▶我是个〔俗气súqi的/俗里俗气的/庸俗yōngsú的〕人，特别喜欢小道消息。

述語 ¶彼の趣味は俗っぽい▶他的趣味太俗气了。

② ありきたりで趣がない状態。

連体修飾語 ¶俗っぽい流行歌▶低级的流行歌。¶これは俗っぽい小説です(わかりやすいという意味で)▶这是一本通俗小说。

述語 ¶この詩はどうも俗っぽい▶这首诗有点儿俗气。¶素朴な山村が開発されて，俗っぽく観光地化してしまった▶原来是简朴的山村，现在开发成了俗里俗气的游览地了。

そっちょくだ【率直だ】

□ 自分を飾ることなく，ありのままでいるありさま。

連体修飾語 ¶彼の率直な態度が好きです▶我喜欢他那〔直率的/坦率的〕态度。¶彼は率直な人柄で思ったことは何でもいう▶他为人直率，想什么就说什么。

述語 ¶彼は誰に対しても率直だ▶他对什么人都很坦率。

連用修飾語 ¶互いに率直に話しあいましょう▶我们彼此〔坦率地/直率地〕交换意见吧。¶自分の誤りを率直に認めます▶我要坦率地承认自己的错误。¶どうぞ，ご自分の考え方を率直にお述べ下さい(精神的要求の場合)▶您可以〔坦率地/如实地〕陈述自己的想法。¶率直にあなたのご意見をお話し下さい(言葉使いを問題にする場合)▶请直率地谈谈您的意见。¶率直にいってあなたが間違っている〔坦率地说/直说〕吧，是你不对。

♣類義語

直率：正直な自分の気持ちをそのまま，表現するありさま。(主に話し方，言葉使いを形容)

坦率：ありのままの事実をそのまま受け入れ，相手につつみ隠さないありさま。(主に精神のあり方を形容)

典型例

直率：◇〈爽朗~〉◇~地提出批评意见。◇他的话(说得)很~。

坦率：◇~的年轻人◇~地介绍一下。("直率"に置き換えられない)

《共通》◇他是个~的人。◇他的意见很~。

そぼくだ【素朴だ】

① 飾りや偽りがなく，心に自然な人情があふれているありさま。

連体修飾語 ¶彼女は素朴で純真な人だ▶她为人单纯朴实。¶彼は素朴で寛大な心の人だ▶他是个朴实宽容的人。¶私は田舎の素朴な人情がなつかしい▶我很怀念乡村质朴zhìpǔ的人情味儿。(書き言葉)¶素朴な人たちを騙すのは簡単だ▶欺骗qīpiàn朴实的人是很容易的。

② 発想が単純で，考え方が複雑ではないありさま。

連体修飾語 ¶子供たちは素朴な発想をする▶孩子们的想法很单纯。¶私の心に素朴な疑問が生じた▶我心里产生了单纯的疑问。注"単純"には純粋さを認めたプラスの意味が含まれることがある。"简单"の方は，時にマイナスの意味も表す。[→簡単だ]¶田舎に行くと素朴な水車がまだ見受けられる▶去乡下的话，还能够看到从前的〔构造简单的/古朴的〕水车。

3 (服装，工芸品など) 飾り気がなく好感がもてる状態。[⊕質素だ]

連体修飾語 ¶彼女は素朴で上品な身なりをしている▶她穿得朴素大方。¶民芸品には素朴な味わいがある▶民间工艺品具有朴素的风格。

♣類義語

朴实：うわべを飾らず，まじめに物事に取り組む精神が現れているありさま。

朴素：①日常の生活ぶりが華美に流れず，質素で落ちついている状態。②ものの考え方が自然である，または練られていない初歩的な段階にあるありさま。

典型例

朴实：◇〈淳厚～〉◇〈～忠厚〉◇语言～。◇～的感情。～的小伙子

朴素：①◇〈～大方〉◇〈勤俭～〉◇生活～。◇～的衣着yīzhuó◇～的住宅 ②◇〈简单～〉◇～的思想◇～的阶级感情

そんだ【損だ】⟷とくだ

□ (ある人にとって) 利益を損なう原因となる状態。

連体修飾語 ¶損な性分▶容易吃亏的禀性bǐngxìng，得罪dézuì人的性格 ¶損な役回り▶倒霉的〔职责/任务〕

述語 ¶今，仕事を止めるのは損だ▶现在退职〔不合算/不上算〕。¶顔が怖そうに見えるのでかなり損だ▶表情显得太严肃，有点儿吃亏。¶パソコンは売り出されたばかりの時に買うのは損だ▶新电脑刚推出就买，不合算。

た

たいくつだ【退屈だ】

①する事がなくてつまらない感覚。

連体修飾語 ¶退屈な生活▶无聊wúliáo的生活

述語 ¶毎日することもなく退屈だ▶每天无事可做,真叫人〔闷死了/闲得无聊〕。¶子供は遊び相手がいなくて退屈だった▶孩子没人跟自己玩儿,他觉得没意思。注子供の日常的世界を表現する場合,"无聊"では表現が固い。

連用修飾語 ¶休日だというのに父は退屈そうにごろごろしている▶虽说是假日,父亲却无聊地闲呆着。

慣用的表現 ¶退屈しのぎに絵をならう▶为了消磨xiāomó时间练画儿。学画画儿消遣xiāoqiǎn。

②(仕事や話の内容に)値打ちを認められず,時間をむだにした感覚(印象),また,そう思わせる状態。

連体修飾語 ¶退屈な仕事▶没意思的工作 ¶退屈な話を聞かされて私はうんざりした▶都是些无聊的话,听得真让人厌烦。

述語 ¶ここの仕事は退屈だ▶这儿的工作〔没意思/很枯燥kūzào〕。注"枯燥"は単調なくり返しばかりで,面白くない。"枯燥无味"の四字句で使われる。¶彼の講演は退屈でつまらなかった▶他的演讲太无聊,没意思。

退屈する ¶映画はおもしろくて最後まで退屈しなかった▶因为电影很好看,直到最后也没感到厌倦yànjuàn。

たいせつだ【大切だ】

①珍しく,他のものに代え難い状態。[→貴い]

連体修飾語 ¶これは命より大切な宝石です▶这是比我的生命还要宝贵的宝石。¶生命とは大切なものだ▶生命是宝贵的。

述語 ¶この世で人間が一番大切だ▶这世界上的一切事物中,人是最宝贵的。

②重要な価値を認められている状態。

連体修飾語 ¶大切な書類ですから注意して社長に渡して下さい▶这是重要的文件,请好好儿交给总经理。¶このミステリアスな問題を解く大切なポイントは彼が知っている▶他掌握解决这个不可思议的问题的关键所在。¶今が一番大切な時です▶现在是〔最要紧的/最关键的〕时候。

述語 ¶商売は信用が大切だ▶做生意信用〔最重要/最要紧〕。

③(大切にするべき)価値の高いものとみなしている。

述語 ¶時間は大切にするべきだ▶应该〔珍惜zhēnxī/爱惜〕时间。¶公の物は大切にしましょう▶爱护〔公物/公共设施〕。¶目を大切にしよう▶爱护眼睛。¶おからだ大切に▶保重身体。请多保重。多多保重。¶2人の楽しかった思い出をいつまでも大切にしたい▶我将把两个人那段愉快的往事,永远珍藏zhēncáng在心里。

連用修飾語 ¶彼女は幼いころ母と撮った写真を大切に引き出しの中に入れている▶她把一张小时候和母亲一起照的照片珍藏在书桌的抽屉里。

たかい【高い】↔ひくい

① 下から上までの垂直距離が長い状態。

連体修飾語 ¶高い山▶高山,高峰 ¶高いビル▶很高的大厦 ¶高い鼻▶高鼻子 ¶高い波▶巨浪,大浪 ¶高い樹木▶大树 ¶かかとの高い靴▶高跟鞋 ¶高い山の峰が川の両側に続いている▶高高的山峰相连耸立于江两岸。

述語 ¶叔父は鼻が高く目の大きいハンサムです▶我叔叔长得鼻子高高的,眼睛大大的,是个美男子。¶弟のほうが兄より5センチ背が高くなった▶弟弟长得比哥哥高了五公分。

連用修飾語 ¶高く聳える山頂は雲がかかっている▶高峰耸入云霄sǒngrùyúnxiāo。山峰高耸入云。¶荷物をそんなに高く積み上げては危険です▶货物堆得那么高,是危险的。¶飛行機は空高く飛び去って行った▶飞机高高地向天上飞上去了。¶両手を高くあげ,ハンカチーフを振って見送る▶高举两只手,挥舞huīwǔ手绢,送人。

附₁ うずたかい【堆い】

連体修飾語 ¶デスクにうずたかい書類の山が溜まっている▶桌子上摆着一大堆文件。桌子上堆着一大摞文件。[注]"摞luò"は"堆"より,整頓された積み上げ方を表す。

連用修飾語 ¶本をうずたかく積み上げる▶把书摞起来。

附₂ こだかい【小高い】

連体修飾語 ¶東南に小高い丘が連なっている▶在东南边有〔山丘shānqiū/小山〕连绵liánmián起伏qǐfú。

② 温度,湿度,圧力などの数値が高い状態。

連体修飾語 ¶高い温度▶高温

述語 ¶気温が高い▶气温高。¶血圧が高い▶血压高。¶日本の夏は湿度が高く,むし暑い▶日本的夏天〔湿度很高/很潮湿〕,非常闷热。¶熱が高く,39度も出て二日間寝込んでしまった▶我发了高烧,有三十九度,躺了两天。¶知能指数が高い子が成績がよいとは限らない▶智(力)商(数)高的孩子不一定都学习好。

③ 声や音が大きい,または周波数が高い状態。

連体修飾語 ¶そんな高い声でいわなくても聞こえます▶您不用那么大嗓门儿说,我也听得见。¶夜道にかん高い叫び声がした▶夜里的路上忽然响起了尖尖的叫喊声。

述語 ¶彼女は声が高く,ソプラノを歌う▶她嗓门儿高,唱高音。¶少し声が高い,もっと小声で。人に聞かれてしまいます▶声音有点儿大,再低一点儿！让别人听见了。¶夜通し波の音が高くて寝つけなかった▶大浪哗哗地响了一夜,弄得我没睡好。

④ 物の価格,代価が高い状態。

連体修飾語 ¶これは高い値段をつけても売れる▶这个东西能高价卖出。¶私は高い代償を払うはめになった▶我终于不得不bùdébù付出很多钱来赔偿péicháng。¶この古い辞典はかなり高い値で入手した▶这部旧辞典是花了大价钱买来的。

述語 ¶最近はまた物価が高くなった▶最近物价又涨zhǎng了。¶このコートは高いですねぇ。手が出ません▶这件外衣价钱可真贵！我买不起。

連用修飾語 ¶私に頼むと高くつきますよ▶托我办,要多花钱。

⑤身分,教養,社会的評価が高い状態。

連体修飾語 ¶『紅楼夢』は文学史上高い価値をもつ▶《红楼梦》在文学史上具有很高的价值。¶彼は高い教養をそなえた人物です▶他是一位〔很有文化的/很有教养的〕人士。¶彼の小説は高い評価を得た▶他的小说得到了很高的评价。

述語 ¶身分が高い▶身分高贵。¶地位が高いからといって威張るのはよくない▶虽说地位高,但摆架子就不好。¶連続テレビドラマ『三国志』は中国で人気が高い▶《三国志》在中国很受欢迎的电视连续剧。¶あの議員は次期大統領の呼び声(要望)が高い▶那位议员做下届总统的呼声很高。

⑥精神的価値への要求度や評価が高い状態。

述語 ¶その女性は気位が高い▶这位女人〔很傲气àoqì/很傲慢/派头pàitóu大/架子大〕。¶彼は政治に対する見識が高い▶他对政治有深刻的认识。他在政治方面很有远见。注中国語の"见识"は「見聞(を広める)」という知識量を表し,日本語の「見識」とは異なる。"长zhǎng见识""见识不少"というように使う。

連用修飾語 ¶理想を高くもつのはよいことだ▶理想越高越好。理想高是好事。

慣用的表現 ¶息子が大企業に入社できて,私も鼻が高いよ▶我儿子能在大公司找到工作,我也得意déyì着呢zhene。¶あなたは目が高いから,結婚する気にならないのでしょう?▶你因为眼光太高,所以不想结婚吧?

たくましい【逞しい】

①身体が立派であるありさま。

連体修飾語 ¶たくましい父の後ろ姿▶父亲那〔高大魁梧kuíwú的/强壮高大的〕背影 ¶彼は筋骨たくましい若者に成長した▶他长成了一个〔身强力壮的/筋肉jīnròu强壮的/身材魁梧的〕小伙子。¶彼はたくましい腕で私を支えてくれた▶他用坚实的臂膀bìbǎng架住jiàzhù了我。

述語 ¶体つきがたくましい▶身体强壮高大。身量很魁梧。

②欲望,精神力,生命力が盛んで,逆境を乗りこえていく状態。

連体修飾語 ¶たくましい自然界の力▶永远不衰的自然界的力量 ¶たくましい商魂を発揮する▶发挥〔旺盛wàngshèng的/不屈不挠bùqūbùnáo的〕经商精神。¶たくましい生命力がある▶具有旺盛的生命力。

述語 ¶彼の食欲はたくましい▶他的食欲很旺盛。¶彼女の生活力のたくましいのには驚いた▶没想到她的生活能力那么强。¶彼は想像力がたくましい▶他想像力很丰富。

連用修飾語 ¶山火事に遭った樹木が今はたくましく若芽を吹いている(擬人法)▶曾经遭受zāoshòu山火灾害的树木,如今又发出了茁壮zhuózhuàng的嫩芽。注"茁壮"は生命体の成長の様子を表す。¶彼は雑草のようにたくましく一生を過ごした▶他像野草那样顽强地奋斗了一生。¶あの子は幼い時両親を失ったが,周囲の暖かい目に守られてたくましく育った▶那个孩子虽说小时候死了双亲,但在周围人们的亲切关怀下,已经顽强地长大了。¶男の子はたくましく

育てたいものだ▶男孩子要培养得有坚强的性格。

たくましくする ¶想像をたくましくする▶发挥丰富的想像力。异想天开。[注]"异想天开",通常は実現するはずのない妄想という貶義。

たしかだ【確かだ】

① 誤りのない情報として信用できる状態。

連体修飾語 ¶確かな事だけを報告する▶只报告〔确实的/可靠的〕情况。¶これがその確かな証拠です▶这就是那〔确凿quèzáo的/可靠的〕证据。¶これは確かな筋から得た情報なので信用してよい▶因为这消息来源可靠,所以可以相信。¶そちらの確かな返事がいただきたい▶我想得到您的准话。

② 機能を十分働かせて、役にたつ状態。

述語 ¶この時計は確かですか▶这个钟准吗？¶九十歳になりますが母は目も耳もまだ確かです▶我母亲已经到了九十岁,她眼睛耳朵还好使hǎoshǐ。¶仕事の腕はまだ確かだ▶手艺还可靠。技术还〔过硬/经得住考验〕。¶足腰はまだ確かです▶我手脚还灵。¶彼の書を見る目は確かだ▶他鉴定书法的眼力很可靠。¶彼の運転なら確かだ▶要是他开车,〔靠得住/肯定保险〕。

③ 話し手が事実であることを保証して述べる様子。

連用修飾語 ¶お手紙確かに受け取りました▶您的来信确实收到了。¶確かにお返ししましたよ▶确实还给您了。¶確かに相違ありません〔确实/的确〕没错。¶確かに私が悪かったです▶确实是我的不好。[注]"是~的"構文の"是"の前に"实在"を用いると、相手に反駁する態度を表すことになる。¶なるほど、いわれてみれば確かにその通りです▶可不是,听您这么一说,我也觉得〔确实/的确〕如此。

♣類義語

的确：「話し手が自分は本当にこう考えていると保証する意志」を表す副詞。

实在：①うそやごまかしを含まない、本心や事実そのものの状態。②「話し手が自分に関わる情報について事実であると保証する意志」を表す。

确实：①確実に実現するであろうこと、または真理に合致することについて、確証のある状態。②「話し手が現実または真理であると確認する意志」を表す。

文型

的确：連用修飾語の用法がほとんどである。文頭に置くこともできる。

典型例（形容詞として）

实在：①◇实实在在的内容 ◇为人很~。◇心眼儿~。(心が誠実である)◇他很~地接待我们。

确实：①◇~的消息 ◇~的证据

《共通》連用修飾語の場合

◇这件事,我确实不知道。◇看来,他的确不知道日本夏天这么热。◇你们别再问了,我实在是不知道。[注]単文内の要素で使いわけがある。

◇~是这样。◇~走不动了。◇~很难治。[注]述語が出来事ではなく判断を表す表現である場合,それぞれ使いやすい文脈（単文外）には違いがあるものの、"的确""实在""确

実"はすべて使うことができる。

慣用表現 記憶をたどり，話し手が思い出して語る。(確か～) ¶このレインコートは確か2万円でした▶我记得这件雨衣是两万日元。¶事件が起こったのは確か1週間前のことです▶记得事件是一个星期前发生的。¶入荷は確か明後日のはずです▶进货是定在后天。

ただしい【正しい】

① あるべき基準に合致している状態。[→正確だ]

連体修飾語 ¶正しい解答はどれですか▶正确的答案是哪个？¶私たちは毎日規則正しい生活をしましょう▶我们每天生活要有规律。我们每天要过有规律的生活。¶正しい姿勢で勉強しなさい▶你要端正姿势看书。

述語 ¶彼の発音は正しくない▶他发音〔不正确/不准确〕。¶この作文の内容は正しい▶这造句〔写得正确/写得对〕。

連用修飾語 ¶漢字の書き方を正しく覚えなさい▶你要正确地掌握汉字的写法。¶実験器具は使ったら元の場所に正しく返しておくこと▶实验器具用完后,要准确无误地放回原处。

② 正義や真理にかない，評価されるべき状態。

連体修飾語 ¶正しい行いでもむくわれるとは限らない▶即使是处事公正chǔshìgōngzhèng,也不一定就会得到好报。

述語 ¶あなたの意見は正しい▶您的意见〔有道理/很对〕。¶彼は自分のすることはいつも正しいと思っている▶他总以为自己做得〔都正确/都对/绝对没错〕。¶彼女は礼儀正しい▶她很有礼貌。她懂礼貌。

附 せいとうだ【正当だ】

□ 誰もが納得して正しいと認める内容をもっている状態。

連体修飾語 ¶正当な目的を掲げてはいるが，やりかたにどうも無理がある▶虽然打出的旗子qízi是正当zhèngdàng的,但在作法上还是有些无理。¶労働者の労働時間短縮は正当な要求である▶劳动人民要求缩短suōduǎn劳动时间,是正当合理的。（主述構造）

たどたどしい

① 足どりが確かでない状態。

連体修飾語 ¶たどたどしい歩き方をする▶迈着màizhe蹣跚pánshān的步子。注"迈着～步子"は褒義でのみ使われる。¶酔っぱらってたどたどしい千鳥足で歩く▶喝醉了,走路都晃晃悠悠的。

述語 ¶この子はまだ歩き方がたどたどしい▶这个孩子走路走得还不稳。

② 話し方，文章など，表現が幼稚でスムーズではない状態。

連体修飾語 ¶私はたどたどしい中国語で研究発表をした▶我用〔很笨拙的/生硬的〕中国话做了研究报告。

述語 ¶たどたどしいが，一応中国語で話せるようになった▶尽管还说得不太流利,但已经基本上会说中国话了。¶うちの子は言葉がまだたどたどしい▶我的孩子刚会说话,还说不清楚。¶筆跡がたどたどしいので，一見して子供からの手紙だとわかった▶字写得歪歪扭扭wāiwāiniǔniǔ的,我一看就知道是小

孩子寄来的。¶文章がたどたどしいので，外国人が書いた文章かと思った▶文章写得很不通顺，我想是不是外国人写的。

附 しどろもどろだ 未どもっている
□(話し手自身も)何をいっているのかわからないほど混乱している状態。
述語 ¶彼に突然質問されて，私はしどろもどろ，答えにつまった▶他突然提问我，问得我结结巴巴jiējiebābā一时答不上来。¶話しているうちに，その子は急にしどろもどろになった▶说到这儿，这个孩子突然结结巴巴起来。

たのしい【楽しい】
①精神的に満たされた心地よい感情。
連体修飾語 ¶楽しい思い出▶[愉快的/让人快乐的]回忆 ¶楽しい１日を過ごした▶过了[快乐的/愉快的]一天。¶１ヶ月楽しい夏休みを過ごした▶愉快地度过了一个月的暑假。¶私たちは親子水入らずで食卓を囲み楽しいひとときを過ごした▶我们夫妇和孩子围着餐桌一起吃饭，度过了一个美好愉快的时刻。¶厳しい訓練を当時は辛く感じたが，今は楽しい思い出になった▶严格的训练，在当时我感到很难以忍受，可现在回忆起来却很愉快。
述語 ¶このバス旅行はとても楽しくて満足しました▶这次汽车旅行非常愉快，使我非常满意。¶父は庭の手入れをしている時が一番楽しそうだ▶我父亲在修整xiūzhěng庭院时，显得最愉快。

♣類義語

快乐：ある環境・状況の中に一定期間いて，心が明るく満たされる感情，またその感情を生じさせる状態。
愉快：何かをする時，そのことによって心がはずみ満たされた感情，またその感情を生み出す状態。
文型 お祝いの言葉として"生日快乐！节日快乐！"と使うが動詞"过"はつけない。なお，"过得[很快乐／很愉快]"は普通の描写表現。
典型例
快乐：他～地过生日。
愉快：◇他要我这样做，我～地答应了。[→たのしい③]

②気持ちがはずんでうきうきしている気持ち。
連用修飾語 ¶あの２人は楽しげに語り合っているが，恋人同士かな▶他们俩高高兴兴地说笑着，是不是一对情侣qínglǚ？¶うきうき楽しくダンスを踊る▶高高兴兴地跳舞。¶子供らと１日楽しく遊んだ▶跟孩子们一起高高兴兴地玩儿了一天。¶子供らは楽しそうに遠足に出かけた▶孩子们[兴高采烈xìnggāocǎiliè地／欢欢喜喜地]去郊游。¶人々は楽しくにぎやかに国慶節を過ごした▶人们兴高采烈地欢度huāndù国庆节。¶今度の日曜日は思いっきり楽しく遊ぼう▶这个星期日一定要玩个痛快。¶クリスマスパーティーは楽しく騒ぎまくった▶圣诞节晚会过得热热闹闹。
③精神的に満足を与えてくれる状態。

連体修飾語 ¶子供たちに教えるのは楽しい職業である►教小孩子们是一项〔很有意思的/很有意义的/很愉快的〕工作。¶人生はバラ色のように美しく楽しいことばかりではなく、時には嵐にもあうものだ►人生并非会像玫瑰色méiguisè一般美好,有时也会遇到风浪。

たのもしい【頼もしい】

1 いつも味方として頼れる様子。

連体修飾語 ¶彼は誠実で頼もしい友人です►他是个又诚实又可靠的朋友。¶彼は将来きっと頼もしい味方になってくれるだろう►他将来一定会成为一个挚友zhìyǒu的。

2 将来的に見こみがあるありさま。

連体修飾語 ¶彼は前途頼もしい人材だ►他是个〔有前途的/有出息的〕人材。

述語 ¶彼は立派な若者になって末頼もしい►他已经成长为一个有出息的青年,将来前途不可估量gūliáng。

だらしない

1 性格が意気地がなくて、あてにできないありさま。

連体修飾語 ¶彼はだらしない性格だ►他不争气bùzhēngqì。他性格散漫sǎnmàn。他做事马马虎虎。

述語 ¶このくらいのことでへこたれるなんてだらしない►为这么点儿事就气〔馁qìněi,〔太不争气了/太没出息了〕。¶こんな成績をとるとはだらしない►就得这么几分也〔太不争气了/太没出息了〕。

2 物事に対していい加減に対処していることが窺われる状態。

連体修飾語 ¶彼はだらしない服装でどこにでも出かけます►他穿着一身不整齐的衣服,什么地方都去。¶暑いのでこんなだらしない格好で失礼します►因为天气太热,我穿得很随便,请不要见怪。

述語 ¶彼の生活はだらしない►我生活〔马马虎虎/没规律/没谱儿〕。¶あの人は金銭にだらしない►他那个人在钱上很马虎。¶彼はお酒を飲むと女性にだらしなくなる►他一喝醉了,就〔对女人没规矩了/在女人面前管不住自己了〕。

連用修飾語 ¶室内はだらしなく散らかっている►屋里乱七八糟。屋里乱得不像样儿。

だるい

□身体が重い感じで、動くのが少しつらい感覚。

述語 ¶足腰がだるい►腰酸腿疼。¶風邪で熱があり体がだるい►感冒了有点儿发烧,所以浑身〔没劲儿/无力/酸懒〕。¶久しぶりに運動したので足がだるくなった►好久不运动了,突然一运动,觉得腰酸腿疼/腿脚疼酸疼的。¶重い物を提げたので腕がどうもだるい►提了很重的东西,胳膊有点儿酸疼。

たんきだ【短気だ】

□性格的に忍耐強くなく、腹をたてやすいありさま。

連体修飾語 ¶短気なことはするな►別急躁jízào! ¶短気な性質は改めたほうがいい►急躁的性情改一改才好。

述語 ¶父は短気で、よくかんしゃくを

起こす▶父亲〔是个急性子/脾气急躁〕,爱发脾气。¶短気だと損する▶急性子会吃亏。

たんじゅんだ【単純だ】→かんたんだ
①しくみが簡単でシンプルな状態。
連体修飾語 ¶単純な構造の機械▶构造简单的机器(主述構造)¶単純な構造の文章▶结构简单的句子(主述構造)¶これは単純な計算なので5分もあればできます▶这是简单的计算,有五分钟就能算出来。¶あなたは単純な人だ▶您真是个头脑简单的人!
述語 ¶考え方が単純すぎる▶想得太简单了。¶この汚職事件はそう単純ではない▶这贪污tānwū事件简单。¶事は単純だ▶事情很简单。¶話の筋は単純です▶故事情节qíngjié很简单。¶この料理の作り方は単純です▶这个菜做法很简单。
連用修飾語 ¶他人の言葉を単純に信じてはいけない▶不要〔简单地/轻率地〕听信tīngxìn别人的话。
②シンプルすぎて単調な状態。
述語 ¶色あいが単純である▶色彩单调dāndiào。

ち

ちいさい【小さい】←→おおきい
①形,面積が大きくない。
連体修飾語 ¶小さい体の人▶小个子,小个儿,瘦小的个子¶小さな手▶小手,娇小jiāoxiǎo的手 注 "娇小"は華奢な柔らしさを伴う。¶小さな木▶小树
述語 ¶この子は病気がちで体も小さい▶这孩子常常生病,个儿也小。¶私の家は小さいが、庭は広い▶我住的房子虽然窄小,但庭院却还宽敞kuānchǎng。¶セーターを水洗いしたら縮んで小さくなってしまった▶这毛衣用水洗了以后,缩水suōshuǐ变小了。
連用修飾語 ¶野菜を小さく切る▶把菜〔切细些/切碎些〕。
②年齢が低い。
連体修飾語 ¶この子は小さいころよく泣いた▶这孩子小时候老爱哭。¶あの人は小さいころから利口だった▶他〔小时候/从小〕就很聪明。¶あなたがこんな小さい時から育ててやった▶从你这么大我就开始养育你了。 注 年齢の大小を代表し、かつ尋ねるときに用いられるのは"大"。例;你多大了?(子供にきく場合)¶1,000円札を小さいお金に換えたい▶我想把面值一千日元的钞票chāopiào换成零钱。
述語 ¶私は兄より2歳小さい▶我比哥哥小两岁。
③規模,値打ちが大きくない状態。
連体修飾語 ¶小さな事にこだわっていると、大きな仕事はできない▶只拘泥于jūnìyú琐碎suǒsuì的小事儿,就干不了gànbùliǎo大的事业。

述語 ¶損害は思ったより小さかった►損失比想像的要小。¶夜もふけていますからテレビの音を小さくして下さい►夜深了,请把电视机的声音关小一些。

4 小心で度量がせまい状態。

述語 ¶私は気が小さくて、人前に出るとすぐ顔が赤くなります►我这个人胆子小,一到人前,就脸红。注"脸红"は主述構造の離合詞。¶彼のように人物の小さい人には、こんな大勢の人たちをまとめて引っぱってゆくことはできない►像他那么器量小的人,是不能把这么多人组织起来领导他们的。¶課長に叱られて私は小さくなった►我被科长训了一顿,竟抬不起táibuqǐ头tóu来。

ちかい【近い】↔とおい

1 距離が離れていない。

述語 ¶私たちの大学は駅から近い►我们的大学离车站〔很近／不远〕。¶学校にはこの道を行く方が近い►上学校从这条路走比较近。

近く:名詞用法 ¶近くの町►附近的城镇 ¶10メートル近くまで寄って発砲した►一直靠近到离目标十米远的地方才开枪kāiqiāng。¶私は最近あなたの近くに越して来ました。►我最近搬到您家的附近来了。

2 時のへだたりが少ない状態。

連体修飾語 ¶近い将来彼はきっと学長になる►不远的将来他一定会当校长。¶近いうちにまたうかがいます►过两天我再来。

述語 ¶私たちが着いたのはもう夜の10時に近かった►我们到的时候已经将近晚上十点了。¶彼はもう還暦に近いが, ずっと若く見える►他年近花甲huājiǎ,但却显得年轻得多。¶彼ら2人は年齢が近い►他们俩年龄相近。

3 関係が深い状態。文型 ~に近い

述語 ¶黒に近い紺色►近似黑色的藏青zàngqīng ¶それは詐欺に近い行為といえよう►可以说那是〔近乎于／近似于〕诈骗zhàpiàn的行为。¶彼はどちらかといえば主流派に近い►说起来,他还是接近于主流派。¶猿は人間に近い動物である►猴儿是一种近似于人的动物。¶政府当局に近い筋の情報だから確かであろう►那是政府当局知情zhīqíng人士提供的情报,准确可靠吧。

ちがっている【違っている】↔おなじだ

□他の事物との共通点がない状態。

連体修飾語 ¶毎回違ったお土産を買ってくる►每次买来不同的礼物。¶違うところに住んでいる►住在不同的地方。¶違う日に生まれた►不是同一天生的。

述語 ¶名前は違っているが、どうも同じ人間らしい►名字〔不同／不一样〕,但好像是个同一人。¶彼の住所は以前と違っている►他的住址zhùzhǐ跟以前的不一样了。

ちからづよい【力強い】

1 (動作主の)気迫のこもっていることがわかる状態。

連体修飾語 ¶観客席から力強い応援の声が聞こえてきた►观众席上响起了强有力的助威声zhùwēi shēng。¶彼女は力強い足どりで歩き出した►她迈着强有力的步伐走起来了。

述語 ¶筆使いが力強い▶笔势很有劲儿。¶今日彼女のリンクでの滑り方はとても力強い▶今天她在冰上滑得非常有劲儿。
連用修飾語 ¶今選手宣誓が力強く行われている▶运动员正在庄重zhuāngzhòng有力地宣誓xuānshì。
② 心丈夫になる感覚。
述語 ¶彼はいつでも私の相談にのってくれるので力強い▶他什么时候都可以帮助我出主意,使我感到安心。¶こんなにたくさんの方が助けに来て下さり、とても力強いです▶这么多人特意赶来帮助我,〔给我增添了很大的力量／使我感到有信心了〕。

つ

つかれている【疲れている】 未くたびれる

① 肉体的,精神的にくたびれている感覚、またそう感じているありさま。
連体修飾語 ¶夜八時を過ぎて、私はやっと疲れた足を引きずって帰宅した▶过了晚上八点,我才拖着tuōzhe疲惫píbèi的身体回家。¶これは神経の疲れる仕事だ▶这是件劳神的工作。[注]"劳神"：気骨が折れ、精神的にまいること(離合詞)。"劳累"：働きづめで疲れるという過程を指し、主に、肉体を酷使する仕事をしている場面で使う。¶疲れ過ぎて病気になった▶劳累过度,所以病倒了。¶彼女は毎日遅くまで働いているが、疲れた様子も見せない▶她即使每天工作到很晚,也不让人看到〔倦容juànróng(書き言葉)／疲劳的样子〕。
述語 ¶このごろどうも疲れやすい▶最近非常容易感到疲劳。¶1日4コマの授業で、へとへとに疲れてしまった▶一天上了四堂课,我〔觉得精疲力竭jīngpílìjié／累得筋疲力尽〕。¶長時間本を読んでいたので目が疲れた▶我看了很长时间的书,眼睛累了。¶あの先生の講義はわかりにくくて、聞いているうちに疲れてくる▶那位老师的课很难懂,听着听着我就觉得累了。

附 くたびれている
□ 服装品が古びている状態。
連体修飾語 ¶その男の人はくたびれたスーツを着ていた▶那个男人穿着一身破旧的西服。

つかれている―つめたい

述語 ¶この靴はだいぶくたびれてきた▶这双皮鞋穿旧chuānjiù了。

つつましい

①ひかえめで地味な生活をしているありさま。

連体修飾語 ¶老夫婦は年金でつつましい生活を送っている▶老两口儿靠着养老金,〔过着省吃俭用shěngchījiǎnyòng的生活／生活很俭朴jiǎnpǔ〕。

②(女性の)態度がひかえめでおとなしいありさま。

連体修飾語 ¶彼女はつつましいレディである▶她是个彬彬有礼bīnbīn yǒulǐ的妇女。她是个通情达理tōngqíngdálǐ,温柔的女人。

述語 ¶態度がつつましい▶态度很有礼貌。态度很谦虚。

つまらない

①無意味で興味を感じられない感覚,またそう感じさせる状態。[→退屈だ]

連体修飾語 ¶つまらない小説▶〔枯燥kūzào无味的／无聊的〕小说 ¶つまらない試合▶〔没劲儿的／毫不精彩的〕比赛 ¶せっかく見に行ったのに,つまらない映画でがっかりした▶特意去看,结果那电影〔没意思／不好看〕,扫兴sǎoxìng极了。¶つまらない仕事なのですぐ飽きてしまった▶无聊的工作,很快就使我厌烦了。¶そんなつまらないことばかりしていないで,少し勉強しなさい▶别尽干那样无聊的事了,该念点儿书了!

述語 ¶話があまりつまらないので,あくびばかり出た▶由于话讲得〔太没意思／太没趣味／枯燥〕,尽打dǎ哈欠hāqian了。¶そんなにあくせくしても家一軒買えるわけでなし,つまらないよ▶那么辛辛苦苦地工作也赚不了zhuànbuliǎo多少钱,连一所房子都买不起,真没意思!

連用修飾語 ¶彼はつまらなそうに私の話を聞いていた▶他不耐烦地听着我的话。他做出不感兴趣的样子听着我的话。

②価値が低くて軽蔑したくなるような状態。

連体修飾語 ¶つまらない用事で半日無駄にした▶为了小小的事情浪费了半天。¶そんなつまらない事にお金を使ってはいけない▶不要为这样〔的小事／鸡毛蒜皮suànpí的事／屁大pìdà的事／没用的事〕花费钱。¶あの人はよくつまらない事に尾ひれをつけて話す▶他那个人常常把屁大点儿的事添枝加叶tiānzhījiāyè地说得有声有色。¶これはだれにでもできるつまらない仕事だ▶这是谁都会干的单调的工作。

③謙譲表現。(中国の「敬意を表す表現方法」とは合致しない)

連体修飾語 ¶つまらない物ですが,どうぞお収め下さい▶不是什么好东西,请您笑纳xiàonà! ¶つまらない物ですが,私が作ったので召し上がって下さい▶虽不是什么好吃的东西,但是我特意做的,请吃点儿吧!

つめたい【冷たい】

①温度が低い感覚,またそう感じさせる状態。

連体修飾語 ¶冷たい水▶冷水,凉水 注 "冷水"は温度が低い水。"凉水"は「沸かしていない」という意味がある。さめた

湯は(水)は"凉开水"。¶冷たい水で顔を洗う▶用凉水洗脸。¶暑いので氷を入れた冷たいものが飲みたい▶天太热了,想喝点儿放冰块bīngkuài的冷饮。¶室内が暑いので,冷たい外気にふれたい▶屋里太热了,想到外边去吹吹凉风。¶冷たい風の中を歩いたので,みな鼻先が真っ赤だ▶冒着寒风走了半天,大家鼻子尖儿都冻红了。¶外は冷たい北風が吹いている▶外边儿刮着冷飕飕lěngsōusōu的北风。¶クーラーの冷たい風に当たってほっと一息ついた▶吹着空调的冷气,歇了一会儿。

述語 ¶寒くて足先が凍りそうに冷たい▶冷得脚指头jiǎozhǐtou冰凉冰凉的,好像冻了似的。¶山の朝の空気は刺すように冷たかった▶山上早晨的空气凉得刺骨cìgǔ。

2 他人に不親切なありさま。[㊅冷淡だ]

連体修飾語 ¶冷たい人▶冷漠lěngmò的人,无情的人,冷酷的人 ¶冷たい態度だ▶态度很冷淡。¶あなたは冷たい人ね▶你心肠太狠hěn。¶そう冷たいことをいわないで▶说话别那么冷淡! ¶彼は冷たい感じがして近づきにくい▶他显得有点儿冷淡,使人难以接近。¶私は人から冷たい目で見られるようなことはしていない▶我从来没有做被人冷眼看待kàndài的事。注抽象的な意味では,ほとんど連体修飾構造を使わない。

述語 ¶彼女は心はそれほど冷たくないのですが,言葉が厳しいので,冷たい人と思われやすい▶她心里并不那么冷酷,可是说话尖刻,所以容易被人当成dāngchéng是个无情的人。¶彼は自分に関係しない問題にはいつも冷たい▶他对于跟自己没有关系的问题总是很冷漠lěngmò。¶彼女は最近私に冷たくなった▶她最近待我冷淡了。

連用修飾語 ¶能力のない部下であっても,あまり冷たく当たらないように▶即使是无能的部下,也尽量不要太冷淡。¶伯父に借金を頼んだが,冷たく鼻先であしらわれた▶我要跟伯父借钱,结果遭到了他的拒绝。

冷たくする ¶彼にあんなに冷たくされれば,私が彼を恨むのは当然でしょう▶受到那样的冷遇,我记恨jìhèn他是理所当然的。

♣類義語

冷酷:人にむごい残酷なことをしても平気でいるありさま,その結果の状態。

冷淡:①人の気持ちを無視して,親しくつきあおうとしないありさま。②商売,交渉が成立しない状態。

典型例

冷酷:◇〈~无情〉◇~的△现实

冷淡:①◇反应~。◇表现得十分~。注程度副詞としては"十分"が結びつきやすい。[→充分だ]"相当"はプラスの意味と結びつきやすく,使いにくい。②◇市场~。(購買力が低下している)

つよい【強い】 ↔よわい

1 物が丈夫,または材料にこしがあり壊れにくい状態。

述語 ¶和紙はこしがあって強い▶日本的"和纸"〔结实/有劲儿〕。¶強力粉はこしが強い▶强力面粉有劲儿。¶この

つよい

糸は強い▶这种线结实。¶この布地は丈夫で強そうだ▶这布料显得很结实。

2 人物や組織の力がしっかりして，耐久力がある状態。

連体修飾語 ¶強い人▶强人，有力量的人 ¶強い力▶强力，强大的力量，巨大的力量 ¶彼は強いアメリカを代表する大統領だ▶他是代表强大的美国的总统。

述語 ¶彼は体が大きく力も強い▶他个子大,〔力量／力气〕也大。¶経済的基盤が強い▶经济基础雄厚xiónghòu。¶地盤が強い▶地盘坚固。

附 ねづよい【根強い】

□ (考え方や好みが)簡単に変わったり，くずれたりしない状態。

連体修飾語 ¶この地方には根強い偏見が残っている▶这地方还残留着〔顽固的／根深蒂固gēnshēndìgù的〕偏见。¶彼はこの地域に根強い支持勢力(人気)がある▶他在这一地区有着强大的支持势力(声望)。¶演歌にはまだ根強い人気がある▶"演歌"的魅力mèilì使得shǐde它至今还有不少爱好者。

3 体が壮健である，または身体部位に力がよくはいるありさま。

述語 ¶私は体が強いので少しぐらいの労働にはへこたれない▶我身体结实，即使做点儿吃力的工作也不会累坏的。我身体壮，干点儿重活儿也累不坏的。¶父はあまり体が強い方ではない▶父亲身体不那么结实。¶心も体も強い子に育てたい▶我希望把孩子培养成一个健康坚强的人。¶彼は腕力が強くて腕相撲にはいつも勝つ▶他有腕力，掰腕子bāiwànzi总是赢yíng。¶彼女の足は

バネが強い▶她的腿很有弹性tánxìng。

連用修飾語 ¶彼女は泣く子を強く抱きしめた▶她紧紧抱住了正在哭着的孩子。

4 性格や精神活動が活発で，人を威圧する力がある状態。

連体修飾語 ¶強い意志▶坚强的意志 ¶強い精神▶坚强不屈的精神 ¶強い口調で話す▶以严厉的语调说。¶父の強いすすめで大学受験を断念し，家業を継いだ▶在父亲的强力规劝guīquàn下，我放弃fàngqì了报考大学的机会，继承了家业。

述語 ¶彼は個性の強い人だ▶他是个个性很强的人。¶彼女は心臓が相当強い▶她胆子大。¶彼は気の強い人なので，どんな困難にも負けない▶他因为是个坚强的人，所以遇到任何困难也不会屈服的。 ¶意志が強くなければ成功しない▶意志不坚强就不能成功。

連用修飾語 ¶超高層ビル建設に住民は強く反対している▶居民强烈反对建筑高层大楼。¶私は強く生きてゆこうと決意した▶我下了决心要坚强地活下去。¶私は母に強く叱られた▶我被母亲狠狠地骂了一顿。

慣用的表現 ¶私たち2人は運命の糸によって強く結ばれているから誰も切り離すことはできない▶我们两个的命运已紧紧地连在一起，任何人也无法将我们拆散chāisàn。

5 (自然現象や刺激などの)波及力，影響力が大きい。

連体修飾語 ¶強い雨▶大雨,暴雨 ¶強い風▶大风,强风,暴风 ¶強い電圧▶高电压 ¶強い紫外線▶强烈的紫外线 ¶強火で煮る▶用武火wǔhuǒ。¶そんな強い酒を一気にあおったら悪酔いする▶如

果把那么烈性的酒一口气儿地喝下去,就会醉坏的。
述語 ¶日差しが強いのでサングラスをかける▶因为光线刺眼睛,所以带墨镜。¶この薬は副作用が強い▶这药副作用〔很大／很厉害〕。
強くする ¶もう少し火力を強くしなさい▶把火再弄大一点儿吧。¶酸味を強くしすぎないように▶不要酸味儿太冲。
6(個々の事柄について)才能,技能がすぐれているありさま。
述語 ¶うちのクラスは語学に強い人が多い▶我们班擅长外语的学生比较多。¶私は数学には弱いが,英語には強いつもりだ▶我虽然数学差一点儿,但是自己感觉英语相当好。¶うちの学校はサッカーが強い▶我校足球队比较强。¶彼は将棋がますます強くなった▶他棋术越来越高哪。¶あなたはますますマージャンが強くなってきた▶你的麻将májiàng打得越来越好了。

つらい【辛い】→くるしい
1 肉体的に苦しい思いをする感覚,またそう感じさせる状態。[→きつい]
連体修飾語 ¶つらい仕事▶艰苦的工作 ¶これはつらい練習に耐えぬいて得た勝利である▶这是经受jīngshòu艰苦锻炼后获得的胜利。¶彼はつらい境遇にある▶他处境chǔjìng很困难。
述語 ¶仕事はつらいが生活のためにはしかたがない▶活儿虽然累,可是为了生活不得不干。¶慣れない仕事でつらい▶没做过的工作,感到很吃力。¶慣れない環境での生活はつらいはずだ▶在不习惯的环境里生活是会有困难的。¶咳がひどくてつらい▶咳嗽很厉害,难受极了。
2 精神的に苦しく,悲しい気持ち。
連体修飾語 ¶つらい思いをしている▶很难受。¶数々のつらい思いをしたが,何とか私は耐えてきた▶虽然受到很多折磨zhémo,但我还是经受住了。注"困难""挫折cuōzhé"などを使うと,日本語の「つらい目にあう」の意味。¶考えればつらい思い出ばかりだ▶回想起来,都是些辛酸xīnsuān的往事。
述語 ¶別れるのがとてもつらい▶舍不得shěbude离开。分别很难过。难分难舍。
慣用的表現 ¶再婚相手の子供につらく当たってはいけない▶不能虐待nüèdài再婚对方带来的孩子。

て

てあつい【手厚い】
① 世話がゆきとどいている様子。

連体修飾語 ¶手厚い看護のかいもなく，父は昨日亡くなりました▶虽然受到〔细心周到的看护/无微不至的护理〕，也未能奏效zòuxiào，父亲昨天不幸地去世了。

連用修飾語 ¶父の遺骨は息子らによって故郷に手厚く葬られた▶父亲的骨灰gǔhuī在他的故乡由孩子们郑重zhèngzhòng地安葬ānzàng了。

② 接待に真心がこもっている様子。

連体修飾語 ¶手厚いおもてなしを受け，感謝申し上げます▶受到你们热情款待，我表示由衷的感谢。

連用修飾語 ¶会社の大事なお客なので私たちは手厚くもてなした▶因为是公司的重要顾客，所以我们热情款待了他们。

ていたい【手痛い】 厞重大だ
□ 立ち直れないほどの打撃の程度。

連体修飾語 ¶手痛いミスをする▶造成严重失误shīwù。犯严重错误。¶昨日の国語の試験では手痛いミスをしてしまった▶昨天语文考试，我出了大错儿。[注]個人的なミスの場合，"犯错误"では表現が大げさである。¶バブル経済の破綻で，我が社も手痛い損失をこうむった▶泡沫式pàomòshì的经济成为泡影，我们公司蒙受méngshòu了重大损失。¶株価暴落で彼は手痛い損をした▶股票暴跌bàodiē，他受到严重损失。¶集中豪雨で稲の作柄に手痛い損害をもたらした▶由于连续不断的大雨,给水稻shuǐdào收成shōucheng带来了严重的损失。¶うちの工場も第２次オイルショックで手痛い打撃を受けた▶我们厂也因第二次石油危机而受到〔严重的/沉重的/极大的〕打击。

慣用的表現 ¶あいつを手痛い目にあわせてやる▶要叫那个家伙尝尝厉害。

ていねいだ【丁寧だ】
① 礼儀正しいありさま。

述語 ¶言葉遣いが丁寧だ▶说话很有礼貌。¶ご丁寧に，ありがとうございました(贈り物の礼)▶太客气了,不敢当。¶あなたの態度はばか丁寧だ▶您对人的礼节lǐjié太过头了。

連体修飾語 ¶彼女は私に向かって丁寧におじぎをした▶她恭敬gōngjìng地向我行了一个礼。¶丁寧に挨拶をかわす▶恭恭敬敬地互相问好。有礼貌地互相行礼。

② 仕事ぶりが細かくゆきとどいている状態。

連体修飾語 ¶彼はとても丁寧な仕事をする▶他工作非常〔仔细/细心〕。

述語 ¶注釈がたいへん丁寧だ▶注解〔仔细得很/详细得很〕。[→詳しい]¶この工務店は仕事が丁寧です▶这个建筑公司活儿干得细致xìzhì。[注]仕事ぶりについて客観的評価を下す場合，"细致"が一番使いやすい。

連用修飾語 ¶道を聞くと，あのおばさんが丁寧に教えてくれた▶一问怎么走，那个阿姨就详详细细地告诉我。¶丁寧に扱って下さい▶要〔小心/细心〕操作。¶ひと針ひと針丁寧に縫う▶一针一针密密地缝。¶字は丁寧に書きなさ

い▶字写得整齐点儿。

てきかくだ【的確だ】

①判断・方法が的を得ている状態。[→せいかくだ]

連体修飾語 ¶的確な数を出す▶算出准确的数目。¶日米間の外交摩擦について的確な分析をする▶对于日美外交上的矛盾，加以准确的分析。¶落ちこむ景気に対して的確な経済政策を打ち出す必要がある▶对于日落西山的经济滑坡，需要拿出稳妥 wěntuǒ 的经济政策。
注 "稳妥"には「妥当な線である」という他に、「安全性が高い」という意味がある。

述語 ¶この一件に関しては彼の判断は実に的確だった▶关于这件事，他的判断真是太正确了。

連用修飾語 ¶情況を的確にとらえる▶〔准确地／正确地〕掌握情况。

②表現がぴったり対応して、よくあてはまる状態。[㊤適切だ]

連体修飾語 ¶的確な注釈である▶是恰当 qiàdàng 的词句注解。¶この単語の的確な訳語が思いつかない▶这个词想不出恰当的译文。¶的確な表現でニュースを伝える▶用恰当的语言报道新闻消息。

てごろだ【手頃だ】

□使用条件や、人の能力にちょうど合っている状態。

連体修飾語 ¶このコートは私に手頃なサイズだ▶这件大衣大小对我合适。这件大衣穿着大小合适。¶手頃な価格だ▶价钱〔合适／不太贵〕。

述語 ¶3DKのこのマンションは親子3人家族が住むには手頃です▶三间房间和厨房，这公寓正适合 shìhé 一家三口(人)居住。

と

とうとい【貴い・尊い】

1 (いろいろな意味で)値打ちがあり，尊重されるべきだという評価。[→大切だ]

連体修飾語 ¶貴い命►宝贵的生命 ¶貴い文化遺産►珍贵的文化遗产 ¶たった1ヶ月の海外留学だったが，学生にとって貴い体験だった►虽说只是一个月的海外留学，但对学生来说却是一次〔宝贵的/难得的〕经验。

述語 ¶人の命は何よりも貴い►人的生命是比什么东西都宝贵的。人的生命是最宝贵的，什么东西也比不了bǐbuliǎo。

2 身分，人格が高いありさま。

連体修飾語 ¶あの方は尊い身分の人だ►那位是身份shēnfen高贵的人。

とおい【遠い】 ↔ちかい

1 距離がある。

連体修飾語 ¶遠くの山を眺める►眺望tiàowàng远山。¶遠くの空に雲が浮かんでいる►在远处的天空漂着piāozhe一朵云彩yúncai。¶私はどこか遠いところに行きたい►我想找一个远地方去。¶遠いところわざわざおいでいただきありがとう存じます►老远的路您特意来看我,真是过意不去。

述語 ¶遠いから私は自転車で行く►路远,我骑自行车去。¶港がしだいに遠くなる►码头mǎtóu渐渐远去。

慣用的表現 ¶現実と理想は遠くかけはなれている►现实和理想距离太远。

2 時間が隔たっている状態。

連体修飾語 ¶遠い未来►遥远的▲未来 ¶遠い昔►很久以前

述語 ¶橋の工事が完成するのも，そう遠くない►建桥工程也不久就可以完工。

慣用的表現 ¶遠い親戚(血縁がうすい)より近くの他人►远亲不如近邻。

3 人の感覚器官の機能が低下している状態。

連体修飾語 ¶耳が遠い►耳朵背。¶目が遠い►眼花了。¶突然気が遠くなった►忽然我昏过去了。

慣用的表現 ¶気が遠くなるような大金だ►简直是一笔吓人xiàrén的巨款。

とくいだ【得意だ】

1 (ある人にとって)他のことより上手にできる状態。

連体修飾語 ¶得意な学科►拿手功课 ¶得意料理►拿手菜 ¶彼の得意なスポーツは何ですか►他的〔拿手的/擅长的〕体育运动是什么? ¶彼の得意種目は陸上です►他〔拿手/擅长〕项目是田径tiánjìng。

述語 ¶彼は音楽が得意ですかそれともスポーツが得意ですか►他擅长(于)音乐还是体育? ¶彼は陸上が得意です►他擅长田径项目。注応答文以外の平叙文では"擅长"の後には，具体的な名詞をおかなければいけない。つまり"体育"のようにスポーツすべてを表す名詞を使わずに，"田径项目"のように個別の種目を表す名詞を使わなければいけない。¶あなたはどの学科が得意ですか►你哪门功课最好?

2 自分(の身内)の成功を喜び，誇らしそうなありさま。

述語 ¶彼は1回の受験で車の免許がと

れたので，とても得意そうだった▶他只考了一次就取得了驾驶执照，所以显得很得意。

慣用的表現 ¶得意満面だ▶扬扬得意。得意扬扬。满面春风。

連用修飾語 ¶彼は得意そうに合格通知状を取り出して見せてくれた▶他很得意地拿出录取通知书让我看。¶彼は買ったばかりの車を得意そうに乗りまわしている▶他得意地开着刚买来的新车到处转zhuàn。

とくだ【得だ】⟷そんだ

□(ある人にとって)利益をもたらす性質を備えている状態。

連体修飾語 ¶この子は誰にでも好かれる得な性格です▶这孩子,谁都喜欢,真有福气。

述語 ¶どうせ買うならこの方が得だ▶一定要买的话,还是买这个〔合算/实惠 shíhuì〕。注"合算"は北方で，"实惠"は南方で好んで使われていた。"合算"は具体的な行為と結びつけて使う。"实惠"は名詞として"得到实惠"(得をする)"给实惠"(得をさせる)のようにも使う。¶安物を買ってすぐあきるより,少し高くても気に入った物を買って長く使う方が得だ▶与其买便宜货很快就用腻yòngnì了,不如多花点儿钱买喜欢的,用的时间长一点儿倒合算。¶あなたは年より若く見えるから得ですね▶你比实际年龄显得年轻,〔很占便宜zhàn piányi/很有利〕呀!

慣用的表現 ¶早起きは三文の得▶早起三分利。

とぼしい【乏しい】

□分量がきわめて少なくて，不足しがちな状態。

連体修飾語 ¶乏しい食糧をみなで分けあって生活する▶大家分吃仅有的一点儿粮食度日。¶乏しい資源を活用する▶有效地利用仅有的资源。¶私の乏しい知識ではとうてい理解できない▶凭píng我这点少得可怜shǎode kělián的知识怎么也理解不了。注"贫乏的知识"は書き言葉。¶私の乏しい語学力で何とか話を通じさせた▶凭着我这不怎么样的外语,总算让对方听懂了。

述語 ¶経験が乏しい▶经验〔不丰富/不足〕。¶小遣いが乏しいので大切に使わなくては▶手里零用钱不多,要节省着jiéshěngzhe花。¶テレビ番組はどれも同じようで,新味に乏しい▶电台节目千篇一律,毫无新颖xīnyǐng之处。

な

ながい【長い】 ↔みじかい

1 物の長さ，物が移動する距離が大きい。

連体修飾語 ¶長い髪▶长头发,长发 ¶長い手紙を書く▶写一封长信。¶長い道のりを歩く▶走远路。走很远的路程；长途跋涉báshè。注旅の苦労を意味する慣用表現。¶長い旅に出る▶去长途旅行。

述語 ¶髪が長くなる▶头发长了。

長くする ¶ズボン丈を長くする▶放长裤子。

慣用的表現 ¶首を長くして待っている▶翘首qiáoshǒu盼望。

2 ある時期にいたるまでにかかる時間量・分量が多い。

連体修飾語 ¶長い夜▶漫长的▲夜晚,长夜漫漫（書き言葉）¶長い年月▶漫长的岁月 ¶長い歴史▶悠久的历史 ¶長い伝統▶古老的传统 ¶長い冬の季節がやっと終わろうとしている▶〔漫长的/很长的〕冬天现在终于要过去了。¶80年という長い人生でいろいろな経験をしてきた▶在八十年的漫长人生中,我经历了种种事情。¶彼とは長いつきあいだ▶我跟他有多年的交往。¶長いことお待たせしました▶让您久等了。¶だいぶ長いこと待ったが，彼はとうとう現れなかった▶我等了〔好久/半天/很长的时间〕,但他终于没来。¶一生懸命勉強した英語も長い間使わなかったので，さびついてしまった▶曾经下过工夫的英语,由于〔长时间/好久〕不用,现在不会说了。

述語 ¶夏は日が長い▶夏天白天长。¶話せば長くなります▶说起来,话多起来。¶年々日本人の寿命が長くなる▶日本人的寿命一年比一年长。¶病人はもうそう長くはないでしょう▶看来,病人活不长了。

慣用的表現 ¶長い目で物事を見る▶从长远眼光看。注"长远"は未来に限って使う。¶あの子のことは長い目で見てやってください▶请用发展的眼光看。¶彼女は気が長い▶她性子慢。¶長いものにはまかれろ▶胳膊gēbo扭不过niǔbuguò大腿。

なごやかだ【和やかだ】

□人間関係が友好的で親しみやすい状態。

連体修飾語 ¶会議は和やかな雰囲気のうちに行われた▶会议在友好和睦hémù的气氛中进行。¶和やかな家庭が子供にとって一番大切なものだ▶对孩子们来说,家庭和睦是最重要的。

述語 ¶会場の雰囲気はとても和やかだった▶会场的气氛是友好和睦的。

連用修飾語 ¶一家そろって和やかに食事をとった▶一家人亲亲热热地坐在一起进餐jìncān。¶和やかに団欒のひとときを過ごしましょう▶让我们在一起和和睦睦地呆一会儿吧。

なさけない【情けない】

1 「道理にはずれている」と人を嘆かせる状態。

連体修飾語 ¶情けない料簡▶〔无耻的/可耻的〕念头

述語 ¶本を万引きするとは情けない▶在书店偷了书,真〔可耻/无耻/丢人〕!

¶要職にある貴方が不正を働くとは、なんと情けない►你身居shēnjū要职yàozhí竟然〔搞不正之风/行为不端〕,简直是〔不像话/不成体统bùchéng títǒng〕! ¶数人の学生がカンニングをした、実に情けないことだ►有几个学生考试〔弄鬼/作弊zuòbì〕,真是不像话!

[2] 惨めで悲しい気持ち、または人をそういう気持ちにさせる状態。

連体修飾語 ¶情けない姿►可怜的样子,寒酸相hánsuānxiàng(贫乏くさい見かけのこと)。¶情けない一生►〔可怜的/窝窝脓脓的/没出息的〕一辈子 [注]"可怜"は哀れで同情を誘う状態。"窝脓wōnóng"はうじうじして不甲斐ないと判断される状態。"窝囊wōnang"とも言う。[→悔しい]"没出息"は他人から見て本人の将来に見込みがない状態。¶彼は情けない奴だ►他是个〔窝囊废/没骨气的人/没出息的人〕。¶そんな情けない話は、もう聞きたくない►那种〔窝脓话/丧气的话〕,已经不愿意听了。

述語 ¶(私は)いくら練習してもピアノが上手にならない、まったく情けない►不管我怎么练,钢琴还是弹不好tánbuhǎo,可真泄气xièqì! ¶せっかく実った作物が洪水でダメになった、ああ情けない►好容易成熟了的庄稼zhuāngjia,遭到水灾都糟蹋zāota了,可真够呛gòuqiàng! [注]"够呛"は述語では「ひどく悪い」という程度、様態補語では「〜でたまらない」という苦痛、を表す表現になる。

慣用的表現 (情けない目にあう) ¶山道で日は暮れるし、雨は降り出すし、情けない目にあった►走在山路上,天黑了又下起雨来,真是倒透了dǎotòule霉méi了!

なだらかだ

□傾斜が緩やかな状態。

連体修飾語 ¶なだらかな坂道►缓坡huǎnpō,慢坡(↔陡坡dǒupō) ¶なだらかな肩(なで肩)►溜肩膀liūjiānbǎng ¶なだらかな山道が山頂まで続く►平缓的山路直通向山顶。

述語 ¶傾斜がなだらかだ►坡度pōdù平缓。

なつかしい【懐かしい】

□以前見知った人や場所、物事などを思い出して、心地よくなる気持ち、または人をそういう気持ちにさせる状態。

連体修飾語 ¶懐かしい思い出►令人怀念的往事wǎngshì,值得怀念的〔旧事〕¶懐かしい故郷►令人依恋的故乡。¶今日懐かしい人に会った►今天碰见了一个旧友。¶この絵葉書の風景は見慣れた懐かしいものだ►这张美术明信片的风景是曾经看惯了的。

述語 ¶古い写真を見ると昔が懐かしくなる►一看老照片,就〔怀念起/想起〕过去。¶外国に長く滞在すると、家族が懐かしくてたまらなくなる►在国外逗留dòuliú好久,想家人想得要命。¶外国で同郷人に出会うと、妙に懐かしくなる►在国外遇见同乡,就觉得分外亲近。

連用修飾語 ¶お手紙をいただき、あなたのことを懐かしく思い出しました►接到您的信,分外fēnwài〔想念/思念〕您。¶年をとると、誰でも昔を懐かしく思

うようになる►上了年纪,谁都〔回忆/回想〕往事。
慣用的表現 ¶久しぶりに懐かしいおふくろの味が味わえて,本当に嬉しい►好久没吃到的母亲做的菜,今天又尝到了,那吃惯了的味道使人高兴极了。

なまいきだ【生意気だ】
□分不相応な言動をして,人からは威張っているように感じられるありさま。
連体修飾語 ¶身の程知らずの生意気な奴►夜郎Yèláng自大注"夜郎自大",漢代の出来事とされる故事に由来する成語。辺境の小国である夜郎国が漢からの使者を迎えた時,その国王が自分の国と漢とどちらが大きいかと尋ねた。「身の程知らず」のこと。¶あの人はなんでも知ったかぶりをする生意気な人だ►那个人什么都不懂装懂,〔是个够牛气的人/太自大了〕。
述語 ¶小学生のくせにこんな難しい本を読むなんて,生意気だ►小学生读那么难的书,可真△够牛气niúqi的。¶こいつは横柄で生意気だ►这个家伙△太横了 ¶彼は職場に入ったばかりなのに,いろいろ発言して生意気だ►他刚来单位就常常发言,太骄傲jiāo'ào了。
慣用的表現(謙譲表現) ¶生意気かもしれませんが,お金もないのに車だけは買いました(分不相応なことをしました)►或是由于逞强chěngqiáng,我没有钱,偏买piānmǎi了一辆汽车呢。

なまなましい【生々しい】
□(昔のことや別の場所でおこったことなど)直前の出来事のように感じさせる状態。
述語 ¶記憶が生々しい►记忆犹新yóuxīn。¶腕の傷跡が生々しい►胳膊上的伤痕shānghén历历可见lìlìkějiàn。
連用修飾語 ¶事件を生々しく描写する►生动shēngdòng地描写那个事情。

なれなれしい【馴れ馴れしい】
□一方的に親しげにふるまい,遠慮がなさすぎるありさま。
連体修飾語 ¶彼女は上司に対しても馴れ馴れしい口調で話をする►他对上司一点儿也不客气,说话时口气很亲腻qīnnì。
述語 ¶彼は馴れ馴れしい►他〔过于亲密/很狎昵xiánì〕。¶彼はだれにでも馴れ馴れしい►他跟谁都〔那么见面熟jiànmiàn shóu/一见面就很近乎jìnhu〕。
連用修飾語 ¶初対面の人にそんなに馴れ馴れしく話しかけてはいけない►跟生人不能那么嘻皮笑脸地搭话dāhuà。¶上司に馴れ馴れしくとりいる►跟上司套tào近乎。

に

にえきらない【煮え切らない】附あいまいだ

□言葉や態度がどっちつかずで，結論がはっきりわからない状態。

連体修飾語 ¶彼は煮え切らない人だ▶他是个〔优柔寡断yōuróuguǎduàn的／没干劲儿gànjìnr的〕人。他态度优柔寡断。

述語 ¶口調が煮え切らない▶说话〔含胡／不干脆bù gāncuì〕。¶彼に何度も尋ねたが，その都度返事が煮え切らない▶问了他好几次，每次回答都是〔含含糊糊的／不干脆〕。

にがい【苦い】

① 味が苦い。

連体修飾語 ¶苦い味▶苦味儿▶苦味儿¶苦い薬▶苦药

述語 ¶このきゅうりは苦くてまずい▶这黄瓜苦，不好吃。

慣用的表現 ¶良薬は口に苦し▶良药苦口。

② 精神的に，思い出したくないほどつらい気持ち。

連体修飾語 ¶苦い経験をした▶经历了〔痛苦的／不愉快的〕体验。尝过chángguo了苦头儿。¶私には苦い思い出しかない▶我只有〔痛苦的／不愉快的▲〕回忆。

慣用的表現 ¶そのことを持ち出されるたびに，彼は苦い顔をする▶每当提到那件事，他总是露出满脸〔不高兴的样子／不快的神色〕。

にがにがしい【苦々しい】附

□文句をつけたくてたまらないほど，不愉快な気持ち，またはそれが表れた状態。

連体修飾語 ¶子供が口答えするので，父親は苦々しい顔つきで叱りつけた▶孩子顶嘴，爸爸就板起bǎnqǐ面孔miànkǒng训了他一顿。

連用修飾語 ¶彼女は苦々しげに部屋を出て行った▶他满脸不高兴地从屋里走出去。¶彼女のわがままぶりは，私も苦々しく思っている▶对她的任性，我也觉得〔不痛快／讨厌〕。

にぎやかだ【賑やかだ】

① (人が多くて)人声や物音がさかんに聞こえてくる状態。

連体修飾語 ¶賑やかな表通り▶热热闹闹的大街¶賑やかなホール▶嘈杂cáozá的大厅¶賑やかな笑い声が聞こえてくる▶传来闹哄哄的说笑声。¶賑やかなパレードが行われた▶举行了热闹的游行活动。¶賑やかな連中が集まって一杯飲んだ▶爱热闹的朋友们聚在一起喝了几杯。注 "热闹""吵闹"はともに人間の声や行為が関係する。"嘈杂"は人間が関わらなくてもよい。

述語 ¶外が賑やかだ▶外面〔△很热闹／△很吵闹〕。¶最近このあたりも賑やかになった▶最近这一带也变热闹了。

連用修飾語 ¶子供たちが賑やかに歌ったり踊ったりしている▶孩子们欢欢喜喜地唱着，跳着。

② もてなしのための造作が華やかな状態。

述語 ¶今日の食卓は賑やかですね▶今

天桌上饭菜很丰盛。
連用修飾語 ¶町中が造花で賑やかに飾り立ててある►街上都用假花装饰得花花绿绿的。

にくい【憎い】
①自分(の身内)に痛手を与えた相手を憎む気持ち，または何かが癪にさわってたまらない気持ち。
連体修飾語 ¶彼は父の憎い仇だ►他是我父亲的可恶kěwù的〔▲仇敵chóudí/对头duìtou〕。
述語 ¶私はあなたが憎い►我恨你。¶あの敵どもが憎い►那些敌人太可恨。¶上司にひきたてられている同僚が憎くてたまらない►同事被上司宠信chǒngxìn,实在可恨。
慣用的表現 ¶可愛さ余って憎さ百倍►爱之深而恨之切qiè。¶彼はつねづねあなたのことを憎からず思っている►他心里总是喜欢你。
②人に癪に思わせるほど見事な効果をあげる属性。
連体修飾語 ¶君はなかなか憎いことを〔する/いう〕►看你〔做得/说得〕真棒!

にくらしい【憎らしい】
①他人に憎まれるような，人のありさま。
連体修飾語 ¶憎らしい人►讨厌鬼,令人讨厌的人 ¶子供のくせに憎らしいことばかりいう►这个小孩子尽说让人讨厌的话。这个小孩子说话可真气人。
述語 ¶彼女に恋人を横取りされた，本当に憎らしい►被她夺走了duózǒule心上的人,我真恨死她了。

連用修飾語 ¶彼は憎らしげに私をにらんだ►他恨恨地瞪了我一眼。
②優れた性質が，人を癪に思わせる程度に達している状態。
連体修飾語 ¶彼女は憎らしいほどの美人だ►她漂亮得简直令人嫉妒jídù。¶彼は憎らしいほど落ち着いている►他那沉着chénzhuó劲儿简直令人可恨。**注**"劲儿"が人間の精神性をあらわす表現には他に"高兴劲儿""认真劲儿""疯狂劲儿"などがある。

にこやかだ
□にこにこして優しそうなありさま。
連体修飾語 ¶彼女はにこやかな笑顔で挨拶をした►她面带笑容地进行了问候。¶彼女はいつもにこやかな笑みを浮かべている►她脸上老是挂着微笑。
連用修飾語 ¶にこやかに話しかける►和和气气地跟人打招呼。

にぶい【鈍い】 ↔するどい
①頭の回転や反応が遅いありさま。
述語 ¶反応が鈍い►反应〔慢/△迟钝chídùn〕。¶感覚が鈍い►感觉迟钝。¶頭の働きが鈍い►头脑〔△笨/迟钝/不灵/不灵活〕。¶動作が鈍い►动作〔不灵活/笨拙bènzhuō〕。¶年を取って動きが鈍くなった►由于上了年纪,手脚〔不灵活/不好使〕。¶彼は運動神経が鈍い►他运动神经不发达。
②(刃物の切れ味，光線が)スローで重い感じを与える状態。
連体修飾語 ¶街灯の鈍い光が道を照らしていた►〔昏暗的/暗淡的〕路灯照在街面上。
述語 ¶このナイフは切れ味が鈍くなっ

た▶这小刀子不快了。
慣用的表現 ¶私は急に胸に鈍い痛みを感じた(はっきりしない)▶我胸部突然感到隐隐yīnyǐn作疼。

ぬ

ぬるい
□(液体が)充分な熱さには達していない状態。
連体修飾語 ¶ぬるいお湯▶温水¶ぬるいお茶▶温吞wēntūn的茶水¶このお湯はお茶を入れるにはぬるい▶这水沏qī茶,不够热。
述語 ¶お風呂がぬるくて,風邪を引きそうだ▶洗澡水不热,要着凉zháoliáng了。¶春になって小川の水がぬるんだ▶春天到了,小河的流水也不那么凉了。

附 てぬるい【手緩い】
□人への処遇が寛大すぎて良い結果が出せない状態。
連体修飾語 ¶そんな手ぬるいやり方では,この問題は解決できない▶那样不够彻底的处理方法,使这个问题难以解决。
述語 ¶そんな処罰では手ぬるい▶那种处分chǔfèn过分宽大kuāndà了。

附 なまぬるい【生ぬるい】
1 温度がぬるい。
連体修飾語 ¶こんな生ぬるいお茶はおいしくない▶〔这么乌涂wūtu的茶/这茶乌涂〕,喝着不香。
2 厳しく対処すべきであることを,いいかげんな方法や態度を取ったという評価。
連体修飾語 ¶生ぬるいやり方だ▶〔做得/解决得〕不彻底。
述語 ¶そんな処置では生ぬるい▶那样处理还是太宽容。¶子供のしつけ

が生ぬるい▶对孩子管得不严。

ね

ねたましい【妬ましい】
□他人をうらやみ，にくらしく思う気持ち。

述語 ¶彼女は母が弟を可愛がるのを見ると，ねたましかった▶她看到母亲偏爱piān'ài弟弟,总觉得忌妒jídù。¶彼女は隣の女の子がいつもきれいな服を着ているのが，ねたましくてたまらなかった▶她看见邻居家的女孩儿总穿好看的衣服,眼红得yǎnhóngde要死。¶彼は他人の出世がねたましくてたまらない▶他看到别人发迹fājì,嫉妒得jídùde要死。

ねっしんだ【熱心だ】
□あることに情熱を注ぎ，努力するありさま。

連体修飾語 ¶彼は熱心なクリスチャンだ▶他是个虔诚qiánchéng的基督教徒。注"虔敬"と"诚实"を合わせた表現。¶彼は知事候補○○氏の熱心な支持者だ▶他是知事候选人某氏的一个热情的拥护者yōnghùzhě。¶私は京劇の熱心なファンです▶我是个热情的京剧迷。

述語 ¶彼は仕事熱心で，ずっと無遅刻無欠勤だ▶他对工作很热心,从来不迟到也不旷工kuànggōng。¶彼は金もうけに熱心すぎる▶他对赚钱zhuànqián太热心了。¶彼は練習にあまり熱心でない▶他对练习不够〔热情/热心〕。¶彼女は息子の教育に熱心だ▶她热心于儿子的教育。注"热情"は精神的，内面的な熱意があることであり，"热心"は具体的にいろいろ行動することで熱意

を示していること。[→親切だ]

連用修飾語 ¶私たちは夜遅くまで熱心に語りあった►我们热情地交谈到深夜。¶同級生たちは球場の観客席で熱心に応援した►同学们都坐在球场观看席上,一个劲儿地yígejìnrde热烈声援shēngyuán。¶先生の講義を熱心に聞いて,ノートを取る►一边儿认真倾听老师讲课,一边儿记jì笔记bǐjì。

ねむい【眠い】

□眠気が強くて,眠ってしまいたい感覚。

連体修飾語 ¶眠そうな顔をして,部屋から出て来た►满脸困倦kùnjuàn地从屋里出来。¶子供たちはよく遊んだせいか,もう眠そうな目になっている►孩子们可能因为玩儿得尽情,已经困得kùnde眼睛都睁不开zhēngbukāi了。

述語 ¶今朝早く起きたので,眠くてたまらない►今天起得太早,简直困得不得了bùdéliǎo。¶おなかが一杯になったら,眠くてまぶたがくっつきそうになった►肚子一填饱tiánbǎo,就困得眼皮都睁不开了。¶あの教授の講義は眠くなる►那个教授的课让人发困fākùn。

の

のぞましい【望ましい】

□そうあってほしい状態。

連体修飾語 ¶望ましからぬことが起きた►发生了一件不称心bú chènxīn的事情。¶これは大変望ましい人選(候補者)だ►这个人选rénxuǎn很理想。

述語 ¶期日より早めに完成することが望ましい►最好是提前完成。希望能提前完成。¶話し合いで解決するのが望ましい►最好是通过tōngguò协商xiéshāng来解决。

のろい

1 物体の動く速度が,いらついてくるほど遅い状態。

述語 ¶バスがのろい►公共汽车开得很慢。¶足がのろい►步子很慢。走得很慢。

2 動作,行動がいらつくほど遅い状態。

述語 ¶彼は仕事がのろい►他做事〔慢腾腾的màntēngtēngde/慢吞吞的màntūntūnde〕。¶彼は何をやってものろい►他做什么事都〔慢手慢脚的/慢吞吞的〕。

のんきだ【呑気だ】

1 気が長く,楽天的なありさま。

連体修飾語 ¶呑気な人►慢性子,不爱着急的人 ¶彼は根っからの呑気者だ►他天生tiānshēng无忧无虑。(主述構造)

2 心配ごともなく,ゆったり時間が使える状態。

述語 ¶独身生活は人がいうほど,呑気ではない►单身生活并不像人们所说的

那么悠闲yōuxián自在zìzài。¶あくせくせず呑気にやろう►用不着那么忙碌,我们悠着yōuzhe来吧。¶主任をやっている以上, そう呑気にしてもいられない►既然作主任,我就不能那么清闲。

連用修飾語 ¶田舎で呑気に暮らしたい►我希望在乡下〔悠闲自在地／无忧无虑地〕生活。

③物事を軽く見すぎて, 時間を浪費しているありさま。

連体修飾語 ¶呑気なことをいっていないで, さっさと出かけなさい►别说废话了,快出去吧。

呑気にする ¶明日は試験でしょう, そんなに呑気にしていていいのですか►明天不是要考试吗? 您却这么〔满不在乎／不慌不忙／从容不迫cóngróng búpò〕,没问题吗?

は

はかない【儚い】

□長く続かず, 実(好ましい結果)も生じない状態。

連体修飾語 ¶はかない夢►一场yìcháng梦幻mènghuàn,一枕黄粱yìzhěn huángliáng(文学的表現;「黄粱の夢」という故事に基づく。)¶はかない望みを抱く►怀着渺茫miǎománg的希望。注"幻想"は実現の見込みがない望み。"怀"を組み合わせると貶義になる。¶はかない望みが消えた►幻想破灭pòmiè了。¶はかない一生►短暂duǎnzàn的一生。

述語 ¶人生ははかないものだ►人生如梦。

連用修飾語 ¶今度の戦争では, 多くの若者の命が, はかなく散って行った►在这场战争中,众多的年轻人被夺去了那短暂的生命。

ばかばかしい【馬鹿馬鹿しい】

①理屈に合わず無視すべきだという判断。

連体修飾語 ¶ばかばかしい値段►不合理的价格¶その絵は4億というばかばかしい高値で落札された►那张画竟以四亿的不合理的高价中标zhòngbiāo。¶彼の話はありもしないばかばかしいことを並べてたもので, 聞いていられない►他的话全是〔胡说八道／胡编乱造〕,真叫人听不下去。¶賃金は少ないし, 身体は疲れるし, こんなばかばかしい仕事はない►工资少,活儿累,没有这么不合算的工作。

述語 ¶なんてばかばかしい！►岂有此

理！qǐyǒucǐlǐ。¶ばかばかしい！苦労してやっと作ったプランが採用されなかったなんて▶费了半天劲儿好不容易做的计划结果却没被采用,岂有此理!¶そんなことはばかばかしくて出来ない▶那种事〔划不来huábulái/不合算〕,不能做。
② 価値が低くて、人をつまらなくさせる状態、またはつまらない気持ち。
連体修飾語 ¶そんなばかばかしい話を,よく聞いてられますね▶你真行! 那么无聊的话,竟能听得那么认真!

はがゆい【歯がゆい】
□「もう少しなんとかならないか」と,人をじれったくさせる状態、またはじれったい気持ち。
述語 ¶彼女は仕事がのろいので,いっしょに働いていると歯がゆい▶她干活儿磨磨蹭蹭mómócèngcèng,跟他一起干活儿,真〔让人不耐烦bù nàifán/急死人〕。¶こんな易しい計算もわからないとは,この子は歯がゆいね▶这孩子连这么简单的算术也算不出来呀,你可真叫人着急。¶彼の煮え切らない態度には,私は本当に歯がゆい▶他那犹犹豫豫yóuyóuyùyù的态度,简直〔急死人/急死我〕了。

はげしい【激しい】
① 自然現象の勢いが大変強い程度を示している状態。
連体修飾語 ¶激しい雨が一晩降り続いた▶下了一夜〔大雨/暴雨〕。**注**"大雨"は雨の量が多いことに重点があり,"暴雨"は降り方の激しさに重点がある。
述語 ¶嵐がしだいに激しくなった▶狂风kuángfēng暴雨越来越大了。¶朝晩の気温の変化が激しいので身体に注意して下さい▶早晚气温变化很大,请小心身体。¶道路のいたみが激しいので,補修工事をせねばならない▶马路的破损pòsǔn太厉害,应该修补xiūbǔ。¶火の勢いが激しい▶火势很猛烈。熊熊地xióngxióngde燃烧。(書き言葉)
② 人の気性や感情の高まり方がきつい状態。
連体修飾語 ¶激しい気性(の人)▶烈性子 ¶気性の激しい男性▶烈性汉子
述語 ¶彼女は気性が激しくて,よく大声で怒る▶她是个烈性子,常爱发脾气。¶彼女の怒りは激しかった▶她的怒气nùqì大着呢。她那脾气发得可是够厉害的。¶彼女は喜怒哀楽が激しい▶她非常好hào冲动chōngdòng。¶私は怒りのあまり,息づかいも激しくなった▶我气得呼吸也急促jícù起来了。
連用修飾語 ¶激しく泣いた▶哭得很厉害。赤ん坊が火のついたように激しく泣き出した▶娃娃像被火烧了屁股似地大哭起来。
③ 人の動作,行為のやり方が通常より強い程度を示している状態。
連体修飾語 ¶激しい戦闘が二日間続いた▶进行了两天激战。¶彼は激しい口調で私につめよった▶他厉声逼问bīwèn我。¶その問題をめぐって激しい論争が行われた▶围绕wéirào那个问题,大家进行了激烈的争论。¶激しい入札競争の結果,〇〇の車が教習車として採用された▶经过激烈的投标tóubiāo竞争,某某汽车被选为教练车jiàoliànchē。¶若いころには激しい労働をしたので,身体のあちこちに故障が出て来た

▶由于年轻时从事剧烈的▲体力劳动,现在身体到处都是毛病。¶家族の激しい反対にあい,二人の愛情はかえって燃え上がった▶〔遭到家里人的强烈反对(意志)/家里人激烈反对这件事(情绪)〕,他俩的爱情之火却反而燃烧起来了。¶私は社会の激しい変化について行けない▶我跟不上社会状况的剧烈变化。

述語 ¶彼の演説は私たちを興奮させるほどに激しかった▶他的演讲激烈得让我们兴奋。

連用修飾語 ¶村民は新飛行場建設に激しく反対した▶村民们强烈地反对建设新机场。

♣類義語

激烈:競争が白熱していたり,攻撃(言葉も含む)が鋭い状態。

剧烈:①変化のスピードが速い。②人の肉体へ与える苦痛がひどい状態。◇运动剧烈。◇咳嗽剧烈。

强烈:①行動に意欲がしみでている。②感覚(特に視覚)に強い刺激を与える状態。

組み合わせ一覧表
左=連体修飾構造　右=主述構造

	战斗[1])	争论	活儿[2])	变化	反对	光线
激烈	○	○	○		△	×
剧烈		○	×	○	○	
强烈					○	○

空欄は組み合わさらないことを表す。

1)"战争"だけでは抽象的で,「はげしい」とは組み合わさらない。

2)"劳动"だけでは抽象的で,「はげしい」とは組み合わさりにくい。

はずかしい【恥ずかしい】

[1](性格や、失敗したことが原因で)対人関係に臆病になり、遠慮がちになる気持ち。

連体修飾語 ¶注中国語の文法構造としては連体修飾語"~的"の形をとるものが極めて少ない。¶彼女の恥ずかしそうな様子を見てごらん▶你看,她那羞搭搭的样子。¶彼は初対面の人の前では、いつも恥ずかしそうな顔をする▶他在生人面前,总是害羞脸红。¶彼は恥ずかしがり屋で、人と会うとすぐ顔が真っ赤になる▶他很腼腆miǎntian,一见了人就脸红。注"腼腆"は性格的に内気すぎるための恥ずかしさをさす。"腼"の声調が本来3声であるので、実際の発音は"miántian"となる。

述語 ¶彼は女性の前では恥ずかしがって何もいえない▶他在女性面前,总是羞得说不出话来。¶あんな負け方をして恥ずかしい▶输得那么惨cǎn,实在丢人。¶落選したので、恥ずかしくて人に会いたくない▶由于落选,觉得有点儿丢人,不愿意见人。注"丢人"は面目がつぶれたための恥ずかしさ(恥をかく)を表す。¶舞台でセリフを間違え、恥ずかしくて赤くなった▶在舞台上说错了台词,羞得我面红耳赤。¶あんなことをしでかして、恥ずかしくないのですか▶你竟能做出那样的事,不害臊hàisào吗?注"害羞"も"害臊"も離合詞。「恥ずかしがることはない」の訳語としての"害什么羞?!"は「内気すぎてはいけない」の意味が強く、"害什么臊?!"は「体面を気にしすぎるな」の意味が強い。また"害臊"は"害羞"に比べて、より口語的。

はずかしい—はっきりしている

② 基準や道理にはずれている状態、またはそのように感じて引け目を覚える気持ち。

連体修飾語 ¶さすが大学生として恥ずかしくない行為である▶不愧是大学生的行为。¶あんな恥ずかしいことがよくできますね▶你竟能做出〔那样可耻的／那么恬不知耻tiánbùzhīchǐ的〕事来。¶他人の陰口をいうのは恥ずかしいことです▶背地里说人家的坏话，那是可耻的。

述語 ¶急に意見を変えることになり、いささか恥ずかしい▶突然改变意见，脸上△有些磨不开mòbukāi。¶面と向かって彼を叱る気でいたのだが、彼も恥ずかしいだろうし…▶本想当面dāngmiàn说他两句，又怕他脸上△磨不开。注"磨不开"は"他脸上"など必ず具体的人物の「顔」と組み合わさって「どうしてよいかわからず、決まりが悪い」という感覚を表す口語。例："他磨不开〔我的／这个〕面子。"（彼は私に恥をかかせた）

慣用的表現 ¶お恥ずかしいところをお見せしました／します▶我这是献丑xiànchǒu了。注行動しおわった後でも、始める前でも使える。

③ 晴れがましい立場に気後れする気持ち。

述語 ¶私のような者がみなさんの前でお話しするのは、ちょっとお恥ずかしいのですが▶像我这样的人在大家面前讲话，有点儿〔难为情／不好意思〕。¶こんなにおほめいただいては、とても恥ずかしくなります▶你们太过奖了，〔怪不好意思的／我实在不敢当〕。¶そんな上席につくのは、どうも恥ずかしい▶坐上席，实在有点儿不好意思。¶結婚式だとはいえ、みなの前でキスして見せるのは、やはり恥ずかしい▶虽说是结婚仪式，但在那么多人的面前接吻，也是很难为情的。¶こんなに派手な服は、外に着て出るのが恥ずかしい▶这衣服太扎眼，不好意思穿出去。

連用修飾語 ¶その子供は歌い終わると、恥ずかしそうにおじぎをした▶那个孩子唱完后，就羞答答地xiūdādāde鞠了一躬。¶彼女はいつも恥ずかしそうに、受付に座っている▶她总是羞答答地坐在传达室。

はっきりしている ⟷ぼんやりしている

① 感覚的にほかのものとの境界が鮮やかに区別できる状態。

連体修飾語 ¶はっきりした〔色彩／音色／コピー〕▶清楚的〔色彩／音色／复印〕

述語 ¶現地報道の映像がはっきりしない▶当地报导的映象放得不清楚。

連用修飾語 ¶今日は富士山がはっきり見える▶今天富士山〔看清楚／看得很清楚〕。¶先生の声がはっきり聞こえない▶老师的声音〔听／听得〕不清楚。¶彼にあったことがあるかないか、はっきり覚えていない▶到底是见过他没有，我没记清楚。

② 人の態度や意見が他人にも正確にわかるようになっているありさま。

連体修飾語 ¶彼ははっきりした意見の持ち主だ▶他的意见老是〔很明确／很明白〕。

述語 ¶私の立場ははっきりしています，変えるつもりはありません▶我的立场〔很明确／很清楚〕，一点儿也不会改。¶両国の対立点ははっきりしている▶

両国対立的论点〔很清楚/很明白〕。
連用修飾語 ¶口頭試問にはっきり答えられた►考面试时,能回答得很明确。¶はっきりお尋ねさせていただきますから、あなたもはっきりお答えください►我很清楚地问一问,请您也明确回我。¶あなたの質問の意味がわかりません、もっとはっきり質問してください►我不明白您的问题是什么意思,请您问得更清楚点儿。¶この草案は要点がはっきり書かれている►这部草稿要点写得〔很明确/很清楚〕。
はっきりする ¶じれったいね!はっきりさせなさい►真的急死了! 快〔搞清楚了/明确了〕吧。

♣類義語

清楚:①物の輪郭や事柄の区別がはっきりついている状態。②内容がすみずみまで理解できているありさま。動詞としては「はっきりした情報を持っている」意味を表す。

明確:物事の筋道が確認されている状態。動詞としては「(自分が決定権を握れること、意見や計画などを)はっきりと確定する」という意味を表す。

明白:①物事の実態が解き明かされた状態。②疑問点に対してすべて回答を得られたありさま。動詞としては「悟っている」という意味を表す。

《共通》動詞用法の場合。

¶我〔清楚了/明白了/*明确了〕对面是谁家的院子►向かいが誰の家の庭なのか〔わかっています/わかりました〕¶我〔清楚了/明白了/明确了〕这次任务的目的是什么►今度の任务の目的がなんなのか〔わかっています/わかりました/決定しました〕

はなやかだ【華やかだ】

1 (色どり、模様など)美しくて人目をひく状態。

連体修飾語 ¶華やかな模様►〔鲜艳的/华丽的〕花纹¶絨毯の色は、地味なものの方が華やかなものより、落ち着いて見える►地毯的颜色还是素雅sùyǎ的比华丽的要好,看着舒服。¶着飾った美しい女性が集まり、会場は華やかな雰囲気に包まれた►盛装打扮的漂亮女士们聚集在一起,使会场沉浸在chénjìnzài艳丽华美的气氛中。注「包まれた」を直訳できる中国語動詞はない。

2 活躍ぶりが目立ち、人の心をひきつけるありさま。

連体修飾語 ¶華やかな生涯を送る►度过〔辉煌huīhuáng的/光辉的〕一生。¶カーレースでは彼は華やかな存在だ►在汽车大赛中,他的存在是非常引人注目的。

連用修飾語 ¶彼女は社交界の女王として、華やかに生涯を過ごした►她作为社交界的女王,辉煌阔气地kuòqide过了一辈子。

3 社会的勢力、または行事が盛んである状態。

連体修飾語 ¶ウーマンリブの華やかなころ►在妇女解放运动兴盛xīngshèng的时期¶マルクス主義華やかなりしころに、ソ連と中国の関係はもう悪くなった►还在马克思主义全盛时期,苏联和中国的关系就开始不好了。¶たくさん

のお客を招き，華やかな結婚式にするつもりです▶我准备多请一些客人，办一个隆重lóngzhòng阔气的婚礼。
- 述語　¶彼女は有名な女優なので，生活も華やかだ▶她是个很著名的女演员，生活也〔很阔气／很浮华fúhuá〕。注"阔气"は羽振りがよいことで，善悪については中立。"浮华"は派手や華美を表し，貶義である。
- 連用修飾語　¶出版記念パーティーを華やかに開く▶召开了盛大的出版纪念会。

はやい【早い】⇔おそい①②

① 定刻まで時間がある。

- 述語　¶夏は日の出が早い▶夏天太阳出来得早。夏天天亮得早。夏天日出早。¶就職もしないうちに結婚するのは，まだ早い▶还没工作就要结婚，那还太早。
- 連用修飾語　¶私より兄の方が一時間早く起きた▶哥哥比我早起一个小时。¶予定より一日早く帰国した▶提前了一天回国。¶出かけるので，早めに昼食をすませます▶我要早点儿吃完午饭，好hǎo出去。¶早めに来て待っていて下さい▶早一点儿来等我，好吗？¶早めに来られたのですか▶您是提早〔来的／到的〕吗？注疑問文である場合，"早一点儿来"も"早来一会儿"も使わない。¶もう少し早く来ればよかった。切符が売り切れてしまった▶如果早来一会儿就好了，现在票已经卖完了。
- 慣用的表現　¶彼は早くに両親を亡くし，伯父夫婦に育てられた▶他小时候就失去了双亲，是伯父夫妻把他养大的。

② より簡単に決着がつけられるという判断。

- 述語　¶あなたが直接彼女に会って話す方が早い▶你最好直接和她谈谈。还是你直接和她〔说／谈〕省事shěngshì。¶話を聞くより見る方が早い▶听人说不如自己看省事。¶人にしてもらうより，自分でする方が早い▶让人做不如自己做省事。

はやい【速い】⇔おそい③

□スピードがある，または経過時間が短い。

- 述語　¶彼は足が速い▶他走路走得很快。他跑得很快。他腿快。¶話し方が速すぎます，もう少しゆっくり話して下さい▶您话说得太快了，请慢点儿说吧。¶あなたは何でもすることが速い▶您干什么都〔挺快／麻利máli〕呀！¶呼吸が速い▶呼吸急促。¶流れが速くて，子供を助けられなかった▶水流得〔太快了／太急了〕，我们没能救出沟里的孩子。¶彼は頭の回転が速い▶他脑子很灵活。他反应很灵敏。
- 連用修飾語　¶はやく出かけないと間にあいません，急いで下さい▶不赶紧走事〔来不及办了／时间来不及了〕，快点儿。注動作行為の着手をはやめるには"赶紧"を使う。また「はやく，はやく」と，動詞を用いないで，人をせきたてる場合，"快，快(一点儿)！"を使う。¶もう少しはやく歩いて下さい▶请再走快一点儿！¶彼はあんなにはやく二級を取ったのに，なかなか一級が取れない(ぐずぐずして)▶他虽然很快就取得了二级，但一级却迟迟chíchí拿不到。
- 慣用的表現　¶彼は口も速いが手も速い▶他吵架也快，动手也急。¶早い者勝ち

▶捷足jiézú先登。先下手为强。

はらだたしい【腹立たしい】
①癪にさわって，怒鳴りつけたい気持ち，または人をそういう気持ちにさせる状態。

連体修飾語 ¶最近日本の政治は腹立たしいことばかりだ▶最近的日本政治尽是些使人气愤qìfèn的事。¶腹立たしいことが起きた▶发生了一件〔气人的/气死人的/使人气愤的〕事。

述語 ¶彼の話を聞いているうちに，私は腹立たしくなってきた▶听着他的话,〔我不由得火了起来/我越来越觉得气愤〕。他的话我听着听着,就火起来了。

はれやかだ【晴れやかだ】
①天気が晴れわたっている状態。

連体修飾語 ¶晴れやかな空▶晴朗的天空 ¶晴れやかな秋の日▶晴朗的▲秋天,秋高气爽

②気がかりなことがなく，気持ちが伸び伸びしている感覚，またそれが現れた状態(一過性でも，恒常的でも可)。
[→明るい③][→さわやかだ]

連体修飾語 ¶今日その嬉しい知らせを聞いて，彼の家族はみな晴れやかな笑顔になった▶今天听到这个好消息,他一家人脸上都是喜气洋洋的。¶彼女は晴れやかな笑い声をあげた▶她发出了爽朗的笑声。¶合格発表を見に行った兄が晴れやかな顔で帰ってきた▶去看发榜fābǎng的哥哥带着满脸的喜悦xǐyuè来了。¶あの先生はいつも晴れやかな表情をしていて，学生たちに人気がある▶那位老师总是表情开朗,所以很受学生们的欢迎。

述語 ¶心が晴れやかだ▶心情很舒畅。¶気持ちが晴れやかになった▶心里变得敞亮chǎngliàng了。心绪好起来了。（書き言葉）

連用修飾語 ¶四年間の大学生活を終え，学生はみな心も晴れやかに卒業式に出席した▶结束了四年的大学学业,学生们都兴高采烈xìnggāocǎiliè地参加了毕业〔仪式/典礼〕。

はんたいだ【反対だ】
①物事の順序や組み合わさり方が逆になっている状態。

述語 ¶それでは順序が反対だ▶那样，次序可就颠倒diāndǎo了。¶前後が反対だ▶前后颠倒了。¶師弟の関係が反対になる▶师徒关系颠倒了。¶ページの並び方が反対になっている▶页数顺序颠倒了。**注**"次序"には，あるべき秩序や手順という抽象的な意味も含まれる。"顺序"は多くの場合，具体的な並べ方を表す。"按～顺序"の表現がよく使われる。¶テレビを見る前に宿題をしなさい。おまえはいつもすることが反対だ▶不要先看电视,应该先做作业,你做事总是〔前后/本末/先后/轻重〕〔颠倒diāndǎo/倒置dàozhì〕。

反対にする ¶順序を反対にして下さい▶请把次序颠倒过来。

②方向が本来の方向と逆である，または意見が対立して逆のことを主張している状態。

連体修飾語 ¶反対の意見▶相反的意见 ¶B先生はA先生と反対の学説を打ち出した▶B先生发表了和A先生相反的学说。

述語 ¶事実はまったく反対である▶事実完全相反。¶話が反対になった▶话说反了。¶表裏が反対だ▶表里biǎolǐ相反。¶乗った電車の方向が反対だった▶电车坐反了。¶着物の前あわせが反対になっている▶衣服的前襟qiánjīn压反了。

連用修飾語 ¶服を反対に着ていますよ▶你把衣服穿反了。¶靴を反対にはいていますよ▶你把鞋穿反了。¶母にほめられるつもりが反対に叱られた▶我以为母亲会夸奖kuājiǎng我,结果反被母亲骂了一顿。注"反"は"却""倒"と言いかえても意味が通じるが,この文脈では"反"が最もふさわしい。

ひ

ひくい【低い】

1 (温度,高度,音程など)程度をはかる数値が基準より小さい。

連体修飾語 ¶低い温度▶低温¶低い音▶低音¶彼は低い声で語り出した▶他压低声音说了起来。他小声地讲起来。

述語 ¶血圧が少し低い。上が100,下が60だ▶血压有点儿低。高压是一百,低压是六十。¶電圧(水圧)が低い▶电压(水压)低。¶この数日は初夏というのに気温が低い▶虽说已到了初夏,可这几天气温却有点儿低。

連用修飾語 ¶頭を低く垂れる▶低头。低低地垂下chuíxià头。¶もっと声を低くして下さい▶请再压低yādī点儿声音。¶飛行機が低く飛んでいる▶飞机飞得很低。

慣用的表現 ¶水は低きに流れる▶水往低处流。

2 人や物の背丈が小さい。

連体修飾語 ¶低い木▶矮树,小树¶低い塀▶矮墙¶低いテーブル▶矮桌(子)¶低い建物が道の両側に立ち並んでいる▶道路两旁排列着很多矮小的房屋。注"矮小"だと「小さい」意味の方に重点がある。¶低い木立を抜けると農家が一軒あった▶穿过不太高的树丛shùcóng,眼前出现一所农家。

述語 ¶彼は背が低い▶他个子〔小/矮〕。¶私は妹より背が少し低い▶我比妹妹个子矮一点儿。¶この子は鼻が低い▶这个孩子鼻子〔矮/塌tā〕。注"塌"は,"塌鼻梁儿bíliángr"でだんご鼻(中心がへこんだ感じ)を表す。

③社会活動，精神活動のレベルが劣っている状態。

述語 ¶教養が低い►文化水平很低。没有文化。教养差一点儿。¶中国語の水準が低いので，あなたは公費留学は無理でしょう►您中文水平比较差,公费留学大概有困难吧。¶知能が低い►〔智能/智力〕〔很低/不高〕。

慣用的表現 ¶彼は腰の低い人だ(褒義)►他为人很谦和qiānhé。

ひつようだ【必要だ】

□何かをするためには，ある物やある条件がいる状態。

連体修飾語 ¶生活に必要な品物を揃える►购买gòumǎi生活上的〔必需品/需要的东西〕。¶仕事上必要な物は全部ある►工作上所需要的用品都具备。工作必需的▲用品都有。

述語 ¶お金を銀行から借りるには，担保が必要だ►要银行贷款,需要抵押dǐyā。¶この一件を解決するには時間が必要だ►解决这个问题需要一些时间。注「～する必要がある」「～する必要はない」は，中国語ではともに能願動詞を使い，目的語として動詞フレーズ(～する)をとる。前者は"需要~"後者は"没必要~""用不着~"を使う。¶この品は今ちょうど私の部門で必要だ►这个东西现在我们单位正需要。注"需要"が単独で述語になるには，～～の条件のもとで必要だという「条件を表す文脈」が必要である。

ひどい

① 情理にかなわず，残酷な様相を示している状態。

連体修飾語 ¶幼児を誘拐するとはひどい話だ►拐骗guǎipiàn幼儿〔太无情了/岂有此理〕。¶子供同士でいじめあうとは，ひどい話だ►小孩儿互相欺负,太不像话了。¶また灰色政治家の秘書が自殺した。ひどい話だ►又一个"灰色"政治家的秘书自杀了,〔这太惨cǎn了/太可怜了〕! ¶この子は継母からひどい仕打ちを受けている►这孩子遭受继母残酷无情的▲虐待nüèdài。¶あなたの言葉はひどい皮肉だ►你太会说讽刺话了。

② 病状が重い状態。

連体修飾語 ¶この戦闘で，私はひどい傷を負った►这次战斗,我受了重伤。¶昨夜ひどい熱で一晩苦しんだ►昨天晚上发高烧,难受了一夜。

述語 ¶下痢がひどくて数日悩まされた►由于泻xiè肚子dùzi泻得厉害,我躺了好几天。¶年とともに持病の頭痛がひどくなった►随着年龄的增长zēngzhǎng,头疼的老病又厉害了。¶年のせいか，肩こりがひどい►可能由于年纪的关系吧,肩酸jiānsuān硬得厉害。¶咳がひどくて，とてもつらい►咳嗽得厉害,很难受。

③ (自然現象，生理現象など)嘆かわしいほどに勢いが激しい程度。

連体修飾語 ¶なんてひどい暑さだ►热得好厉害! 这个热劲儿rèjìnr真够受的!

述語 ¶今日は風がひどい►今天的风够厉害的。¶霧がひどくて，50メートル先が見えない►雾很大,50米前都看不清楚。注"50米前都"は50メートル以上遠方を表し，"50米之内"で50メートル未満の距離を表す。

連用修飾語 ¶屋内がひどく暑い►屋里热

得要命。¶彼女は体をふるわせて(ひどく)泣いた▶她哭得身子直颤抖chàndǒu。

4 (見た目,音,においなど)人に強い不快感を与えるほど,質が悪い状態。

連体修飾語 ¶彼はひどい顔つきで私を訪ねて来た。事業に失敗したらしい▶他带着一副狼狈相lángbèixiàng来找我。看样子是事业失败了。¶彼はよほどお金に困っているらしく,ひどい身なりをしている▶他好像实在是没钱,穿得破破烂烂pòpòlànlàn的。¶そんなひどい発音で,あなたの中国語はよく通じますね▶你汉语那么〔不好/差〕,想不到还真能让人听懂。¶だれかが下痢をしたらしく,トイレでひどいにおいがした▶好像有人拉肚子了,厕所里味儿很大。

ひとしい【等しい】

□価値や性質,形状が他のものと同じだという判断。

連体修飾語 ¶等しい数▶相同的数字,相等的数量

述語 ¶AとBの数(量)は等しい▶A和B〔数目/数量〕相等。¶彼の意見は私の意見と完全に等しい▶他的意见跟我的意见完全〔相同/一样/一致〕。¶人が守らない規則はないに等しい▶没人遵守的规定有和没有一样。¶彼はここでは偶像に等しかったが,少しも役には立たない▶他在这里简直和木偶mù'ǒu一样,没有一点儿用处。¶犬畜生に等しい,卑劣な行いだ▶这是和畜生chùsheng一样的卑劣行为。

連用修飾語 ¶その法案には全員等しく反対だ▶大家全都反对那种规定。

等しくする ¶めかたを等しく(同じに)して下さい▶请使分量fènliang相等。注 "相等"は具体的に数値で表せる量が同じであることを表す。"相同"は抽象的な共通点(形状,考え方など)があることを表す。"和…一样"は「…に等しい」の文型で,たとえを用いることを表す。

ひややかだ【冷ややかだ】

1 思いやりが少しもなく,冷淡に対応するありさま。

連体修飾語 ¶彼は冷ややかな顔をして,私の依頼を拒絶した▶他面孔冷冰冰地拒绝了我的请求。

述語 ¶彼女の態度はしだいに冷ややかになった▶她对我越来越冷淡了。

連用修飾語 ¶冷ややかに断る▶冷言冷语地拒绝。

2 第三者的立場から冷静に判断している様子。

連用修飾語 ¶冷ややかに情勢を観察する▶冷静地观察〔形势/情况〕。¶小泉八雲は日本の富国強兵政策を冷ややかに受けとめていた▶小泉八云对当时的日本富国强兵政策持chí冷漠lěngmò的态度。注 "冷漠"は軽蔑の意味に重点があり,"冷淡"は"不热情"に重点がある。¶彼女はボーイフレンドを冷ややかにじっと見つめていた▶她冷眼盯着她的男朋友。¶戦中世代は近ごろの大げさな結婚式を冷ややかに見ている▶从艰难的战争岁月过来的一代人们都冷眼相看近来那样的盛大的结婚典礼。

ひらたい【平たい】

□形状にあまり厚みや深みがなく,平面

的な状態。

連体修飾語 ¶平たい石►扁biǎn石头¶平たいお碗►浅碗¶平たいくぼみ►浅坑kēngr。¶平たい鍋で煮込んだ煮物はおいしい►用平锅炖dùn出来的菜很好吃。

連用修飾語 ¶板をけずって平たくする►把木板刨平bàopíng。¶小麦粉をこねて平たくのばす►将面粉和好huòhǎo，擀平gǎnpíng。

ひろい【広い】 ↔せまい

1 (境界が物理的に存在しない)面積が大きい。

連体修飾語 ¶広い海►辽阔liáokuò的海洋¶広い大地►辽阔的大地 注 "辽阔"には，"辽远""はるかな"に通じる，「見渡す限りの広さ」というニュアンスがある。¶広い田畑と野原►广阔的田野¶モンゴルには広い大草原がある►蒙古有〔广阔的/辽阔的〕大草原。¶広く果てしない宇宙には，人間以外の生命体がいるかもしれない►在广阔无垠wúyín的宇宙yǔzhòu中，说不定除了人类以外，还有别的生命体什么的。

述語 ¶視界が広い►眼界开阔。 注 "眼界"は具体的な視界，"视野"は抽象的な見識も表せるためか，文語的ニュアンスが出る。¶山頂に上がると視界が広がった►爬到山顶上，视野变得开阔起来。 注 "开阔"には「広がっていく」という，動的な感覚が含まれる。抽象的用法の"心胸～""度量がひろい"の他に，動詞としての用法もある。

2 (境界が物理的に存在する)面積が大きい。

連体修飾語 ¶広い部屋►大房间，大屋子，宽敞的屋子¶広い庭►大大的院子，宽敞的院子 注 "宽敞"は「しきられてはいるが，空間に余裕があって広々とした印象を与える」ニュアンスが含まれる。¶あの高校には広いグランドがある►那所高中有一个很大的运动场。

述語 ¶私の部屋は明るくて広い►我的房间宽敞明亮。

連用修飾語 ¶収納家具を使って，部屋を広く使おう►充分利用家具收藏柜shōucángguì，尽量使房间的空间大一点儿。

広くする ¶子供が大きくなったので，子供部屋を改築して広くした►因为孩子大了，所以把原来孩子住的房间改修了一下，屋里变得宽敞了。

3 平面で幅がゆったりしている状態。

連体修飾語

述語 ¶彼は肩幅が広く，がっしりした体格である►他肩膀jiānbǎng宽，身材魁伟kuíwěi。¶黄河は対岸が見えないほど広い►黄河宽得看不见对岸。

広くする ¶せまい道を広くした►修宽xiūkuān了狭窄的道路。

4 勢力の及ぶ範囲が大きい，また物の使用範囲が多方面にわたっている状態。

述語 ¶彼は知識が広い(博学だ)►他知识渊博yuānbó。¶用途が広い►用途△广。¶李さんは顔(つきあい)が広い►小李交际△非常广。¶大きな事業をやり遂げるためには，視野が広くなくてはならない►要想成就大事业，必须要有广阔的视野。

連用修飾語 ¶広く応募者を募る►广泛募集mùjí报名参加者。¶この新しい教育方針を広くゆきわたらせる必要がある►这个新的教育方针，有必要广泛普及pǔjí。¶あの人はアマチュアNo.1の柔

道家として，広く知られている▶那个人作为头号的业余柔道家róudàojiā，广为人知。注"广为人知"の反義語は"鲜xiǎn为人知"。¶この枕は幼児からお年寄りまで，広く愛用されている▶这种枕头，从幼儿到老人，都爱用。

5 ものの考え方，見方が寛容で，許容力があるありさま。

述語 ¶度量の広い人はけんかしない▶〔气量大的/胸襟xiōngjīn宽大的〕人不争吵zhēngchǎo。¶彼は心の広い人だから，そんな細かいことにはこだわらないだろう▶他是个宽宏kuānhóng大量的人，不会拘泥jūní于那么细小的事情。

連用修飾語 ¶心を広くもって，細かい事にはこだわらないようにしなさい▶把心胸〔放宽些/放宽阔些〕，不要计较jìjiào一些小事。

びんしょうだ【敏捷だ】

□動作がすばやいありさま。

述語 ¶動作が敏捷でなければ，体操選手には向いていない▶动作不灵活的话，就不适于当体操运动员。

連用修飾語 ¶販売部門は，お客の要求に対して敏捷に応じなければならない▶销售部门必须能够对顾客的要求灵活对待。¶卓球がうまくなるには，敏捷に反応できなければならない▶要想打好乒乓球，就必须反应敏捷mǐnjié。

ふ

ふかい【深い】↔あさい

1 〔表面／入口〕から〔底／奥〕までの隔たりが大きい。

連体修飾語 ¶深い皿▶深▲碟¶深い川▶深河¶そこには昔，さして深くない川が流れていた▶那里过去流淌着liútǎngzhe的是一条不怎么深的河。¶深い雪をかきわけて歩く▶一边扒开bākāi厚厚的雪一边向前走。

述語 ¶底が深い▶底儿很深。¶傷が深い▶伤口很深。¶この池はとても深い▶这个池子很深。¶大陸棚を離れたとたん，海は急に深くなる▶一离开大陆架lùjià，海突然一下子就变深了。

連用修飾語 ¶外は一晩で雪が深く積もった▶外边儿下了一夜雪，积得很深。¶井戸を深く掘る▶深挖井。¶刃物で深くえぐる▶用刀子深挖。¶深く腰かける▶告着椅背yǐbèi坐下。

2 気体や色彩などが濃くて，奥行きを感じさせる状態。¶会場に深い沈黙がひろがった▶整个会场都硝陷入xiànrù了深深的沉默chénmò。

連体修飾語 ¶深い色▶深色，深颜色¶森に深い霧がたちこめている▶浓雾笼罩着lǒngzhàozhe树林。注"弥漫着mímànzhe"(書き言葉)は広がっていく動きを示す"烟雾"を形容する。とどまっていて濃い気体なら"笼罩着(場所)"の形式で表現する。

述語 ¶ロンドンは霧が深いので有名だ▶伦敦城Lúndūnchéng以雾浓而闻名。¶秋の色が深まった(詩的表現)▶秋色渐浓。

③(眠り・傷など)生理現象の重い程度。
連体修飾語 ¶深い傷を負った►受了重伤。
述語 ¶眠りが深い►睡得很〔深／香／甜〕。
④人間関係やある個人に対して抱く強い感情の程度。
連体修飾語 ¶あなた方の深い友情に感謝します►非常感谢你们的深情厚谊shēnqíng hòuyì。¶私は彼にはひどい批判を受けたことがあり、深い恨みがある►我曾受到了他无情的批判,对此〔深深怀恨huáihèn在心／怀着深仇大恨〕。¶深い恨みをはらす►报仇雪恨bàochóu xuě hèn。¶いつの間にか、二人は深い仲になっていた►不知从什么时候起,两个人的关系已亲密无间了。
述語 ¶彼ら二人の感情のもつれは深い►他们俩感情上的隔阂géhé已经不是一天两天的事了。
連用修飾語 ¶彼女は子供たちを深く愛している►她深深地爱着孩子们。她从心里热爱孩子。¶信者たちは教祖の予言を深く信じ込んでいる►信徒们虔诚qiánchéng地相信着教祖jiàozǔ的预言。
⑤(人の行為や作品に)その考え方や能力が充分発揮されている状態。
連体修飾語 ¶それは私が深い考えもなしにいったことである►那话是我〔不假／未经〕思索地说出来的。¶この文章は深い意味を持っている►这篇文章〔寓意yùyì深刻／寓有深意〕。¶これには深いわけがある►这里边有很复杂的原因。
述語 ¶あなたはとても思慮深い方ですね►您真是个〔深思熟虑的／用意深长shēncháng的〕人啊! ¶彼女は欲が深い

►她很贪心tānxīn。¶彼はとても遠慮深い►他很爱客气。他为人很客气。¶あの先生は西洋史に造詣が深い►那位先生对西洋史造诣zàoyì很深。
連用修飾語 ¶この問題はもっと深く追求すべきだ►这个问题应该进一步探究。¶公害摘発の集会に参加して、私たちは深く考えさせられた►参加了揭发jiēfā公害的群众大会,使我们深受教育。注"教育"は、教訓や啓発も表す。¶彼女は彼の性格を深く理解している►她很理解他的性格。她对他的性格很了解。

ふくざつだ【複雑だ】↔かんたんだ
□いろいろな事が関係したり、構造がこみ入って、実体がわかりにくい状態。
連体修飾語 ¶複雑な手続き►〔复杂的／繁杂fánzá的〕手续。¶複雑な事件のようだ►好像是复杂的事件。¶私は今、複雑な気持ちだ►我现在心里△很复杂。¶実に複雑な話だ(細かすぎて)►可真是烦琐fánsuǒ的话。¶彼はスキーで複雑骨折をした►他去滑雪时,闹了个开放性骨折gǔzhé。
述語 ¶ストーリーが複雑だ►情节很复杂。¶この事件の背景は少し複雑だ►这事的背景有点儿复杂。¶親が出しゃばったので、かえって事が複雑になった►由于父母乱管闲事luànguǎn xiánshì,反倒使事情更〔麻烦了／复杂了〕。
連用修飾語 ¶この事件は複雑に入り組んでいる►这个事件头绪纷繁tóuxù fēnfán。

ふさわしい
①具体的な人間のありさまに釣り合った

所有物・属性だという判断。

連体修飾語 ¶彼はあなたにふさわしいご主人だ►你丈夫跟你很般配bānpèi。¶60点なんてあなたにふさわしくない成績だ►60分的成績可和你太不相配了。

述語 ¶こんな高級時計は私にふさわしくない►这么高级的手表,我〔不配带/配不上〕。注"不配"は通常,動詞目的語をとる。"配不上"はそれだけでいい切るのが通常の用法。¶あの娘さんならちょうど彼にふさわしい►那个姑娘倒是和他正般配。¶彼こそ賞を取るにふさわしい►正是他才配得奖déjiǎng。

2 物事の実態が、ある基準を充分に満たしている状態。

連体修飾語 ¶私はやっと自分にふさわしい職業を見つけた►我才找到了〔适合于自己的／对自己合适的(口語)〕工作。¶もう少し年齢にふさわしい考えをして下さい►请考虑问题时,再和自己的年龄相称xiāngchèn点儿。¶この小説は芥川賞にふさわしい作品だ►这部小说不愧búkuì是荣获rónghuò芥川奖的作品。

述語 ¶このような行為は教師の立場にあるものにふさわしくない►这种行为和教师的身份不相称。¶彼は詩人という名にふさわしい►他是名符其实míngfúqíshí的诗人。¶あの先生なら学生部長にふさわしい►那位先生作为学生部长很合适。

ふしぎだ【不思議だ】

1 予想もしなかったと感嘆したり、疑う感情。

連体修飾語 ¶中国語にこんな表現があるなんて不思議な気がする►汉语里有这样的说法,我真觉得有点不可思议。¶こんなところでお会いするとは,不思議なめぐりあわせですね►能在这样的地方相会,真不知是个什么缘分。¶不思議なことに,その時みながいっせいに同じ事を考えていた►真是不可思议,就在那时,大家不约而同bùyuēértóng地都在考虑同一个问题。

述語 ¶なぜ彼が心変わりしたのか,不思議でしかたがない►不知他为什么变卦biànguà了,真不可思议。

連用修飾語 ¶彼の占いは不思議によく当たる►他算命不知为什么算得特别准。¶彼は不思議そうに「どうして」と尋ねた►他不解地问道,"为什么呢？"¶彼は不思議そうに首をかしげて,ひとりごとをいった。「おかしいな,そんなはずはないのに」►他费解地歪着头,自言自语地说,►"真是怪了,不会有那样的事啊！"¶子供が不思議そうに手品を見ている►小孩子用〔好奇的／☆惊奇的〕眼光看着戏法。

2 実際にはありそうにもないほど奇妙な状態。[→奇妙だ]

連体修飾語 ¶ヨーロッパの古城では,ときおり不思議な現象が起こるという►据说在欧洲的古城堡里,有时发生一些怪现象。¶それは別に不思議なことではない►那不足为奇。

述語 ¶それは少しも不思議ではない►那毫不奇怪。

ふつうだ【普通だ】

1 他の物事と同じで、平均的な状態。

連体修飾語 ¶普通の人►一般人,普通人 ¶彼のドイツ語は普通(のレベル)以下です►他的德语在一般水平以下。¶彼

は普通(のレベル)以上の知識を持っている▶他具有超过一般的知识。
述語 ¶この寒さは普通ではない▶这个冷劲儿非同一般。
連用修飾語 ¶中国では普通，朝八時出勤です▶在中国，一般早上八点上班。
②ある物事がいつも通りに進んでいる状態。
連体修飾語 ¶ダイヤが普通(の状態)に戻った▶时刻表恢复正常。
述語 ¶彼が黙っているとは普通ではない▶他不说话是不正常的。¶日本人にはこれが普通だ▶对日本人来说，这是常事。¶この寒さは普通ではない▶这个冷劲儿有些反常 fǎncháng。
連用修飾語 ¶ここから東京まで，普通二時間かかる▶从这儿到东京，〔通常／平常〕需要两个小时。

♣類義語

通常：①ある事柄や方法が，世間でよく見られるパターンになっている。(否定形がない。連体修飾語としてのみ使う)②その状態を，世間でよく見られるパターンとみなす。(連用修飾語として使う)

平常：①特色がなく，同じようなパターンが多くて普通である。②その行為を，日常的ないつもの状態とみなす。(="平时")

一般：①他と比べて平均値のパターンであり，悪くも良くも無い。②その行為が何にでも共通して行われているとみなす。(連用修飾語)

組み合わせ一覧表

	~的慣例	~的手段	~的做法	做法~	样子~
通常		○	○		
平常	△		○	○	○
一般	○		○	○	○

	~的干部	~是这样的	~地说	写得~
通常		○		
平常	△1)	○		△1)
一般	○	○	○	

1)前に副詞"很"をつける。

ふとい【太い】 ↔ほそい

①円柱状のものの断面，線状のものの幅が大きい。

連体修飾語 ¶太い〔足／腕／首〕▶粗〔腿／胳膊 gēbo／脖子 bózi〕¶太い〔糸／ひも〕▶粗〔线／绳子〕¶太いベルト▶宽皮带，粗腰带 注 "皮带"は西洋式のベルト。"腰带"は伝統的な布製のものを多く指す。¶太い線▶粗线条¶太い文字▶粗体字¶太い柱を一本立てる▶立起一根粗柱子。¶ズボンの足の部分がどうも太い(だぶついている)▶裤腿儿有点儿肥。

連用修飾語 ¶参考書の重要箇所に太く赤線を引く▶在参考书的重要部位，粗粗地画上红线。

太くする ¶ズボンの裾はどれくらい太くしますか▶裤脚儿要多宽？

慣用的表現 ¶太い声をしている▶嗓门儿 sǎngménr 很粗。

②精神的に強く，めげないありさま。

連用修飾語 ¶彼は神経が太く，小さいことにこだわらない▶他胆子大，什么都不在乎。

ふとっている【太っている】 ↔やせている

□人間や動物の体重が重く，見た目もふくぶくしい状態。

連体修飾語 ¶まるまると太った赤ん坊►胖乎乎pànghūhū的娃娃 注"胖乎乎的"は，柔らかくふわふわした手ざわりを含む。"小狗，小猫"の他，身体部位の"手，脚，脸"などを可愛らしいものとしてとらえて形容する。述語として使う場合も"的"をつける。

述語 ¶去年よりずいぶん太った►比去年胖多了。¶近ごろ3キロばかり太った►最近胖了三公斤左右。¶あなたは太られましたね►您发福了啊! ¶今年は豚がよく太った►今年，猪〔养得／长得〕很肥。注人間については"胖"，家畜については"肥"を使う。

ふるい【古い】 ↔あたらしい

1 事物が成立してから長い時間がたっている状態。

連体修飾語 ¶古い雑誌►旧杂志，破杂志 ¶古い服►旧衣服，破衣服，破旧的衣服 ¶古い家►旧房子，破旧的房子，老房子 注"旧~"は昔作られた「昔の~」。"破(旧的)~"は，もう役に立たなくなった「ボロボロの~」。「老房子」は「使い古した家」。それぞれ意味の重点が異なる。¶古いお酒►陈酒chénjiǔ,老窖lǎo jiào 注"老酒"はもともと"黄酒"（=もち米を原料とした醸造酒）の俗称であった。¶古い友人►旧▲友，老▲朋友 ¶古い町►古▲城，古老的城市 ¶古い文化►古老的文化 ¶古い思想►旧思想，老▲思想 注"八十年代的老思想"のように限定をつけて使う。¶古い家柄►老門第méndì古い値段のまま，すえおく►维持原价格。旧价格不变。¶この会社では，私は古い方(のメンバー)です►在这个公司我算是老人儿。

述語 ¶葡萄酒は古いほど値段も高くなります►葡萄酒存放时间越长越贵。注放置した時間の経過を述語として表す場合，"老""旧"は使わない。¶中国国家は歴史が古い►中国历史悠久。¶この肉は古い►这块肉不新鲜。注"这块肉很老"は料理法について，固く作りすぎたことをいう。¶どんなに高い肉でも，古くなるとおいしくない►不管多贵的肉放的时间一长了就不好吃了。

2 行動様式が時代に遅れている状態。

述語 ¶おじいさんは頭が古い►爷爷是老脑筋。爷爷脑筋旧。爷爷思想落后luòhòu。¶あなたの考え方はもう古い►您的〔思想／想法〕已经〔跟不上时代了／太落后了〕! ¶その手はもう古い►那种手法已经〔过时了／吃不开了／不通行〕。注"吃不开了"は人間のすることについて(例えば技能ややり方)，役に立たなくなったことをいう。

へ

へいぼんだ【平凡だ】
⓪他の物事に比べ，よくも悪くもなく，ありふれた状態。

連体修飾語 ¶彼は平凡な人物で，これという特長もありません►〔他是个很普通的人/他为人平淡píngdàn无奇〕,并没有什么特长。¶これはごく平凡なできごとです►这是件很普通的事。¶私の家は平凡な中流家庭です►我的家是很普通的中等家庭。¶父は銀行マンとして，平凡な一生を終えた►我父亲作为银行职员,〔度过了平凡的一生/平平凡凡地过了一辈子〕。我父亲当了一辈子普通的银行职员。注"普通的一生"とは，通常いわない。"一生"は文体的にも"平凡"とならつりあいがとれる。¶この小説は平凡な作品だ►这是一部平淡无味的小说。

連用修飾語 ¶学生時代は平凡に過ぎっった►学生时代平凡地过去了。¶ごく平凡に暮らしてゆければ，それでよい►能平常地生活下去就很好了。

♣類義語
平凡：人物の生活や業績にこれといった長所がない。(否定形は褒義を含む)

普通：一番よく見られる平均的なレベルを示している。(否定形がない)

[典型例]
平凡：◇那个人样子不~。◇~的岗位 ◇~的主妇

普通：◇~大学 ◇小花园普普通通的。◇这个道理很~。

へただ【下手だ】 ↔上手だ

①技術的に劣り，できばえも悪い状態。

連体修飾語 ¶へたな英語だが，何とか通じました►我虽说英语〔说得不好/很差〕,但总算通了。¶へたな字で恥ずかしい►我字写得拙劣zhuōliè,很害羞。我字写得〔不好/不成样儿〕,很不好意思让人看。(「お恥ずかしい」と人前でいう表現)(述補構造)

述語 ¶私は口が下手で，うまく話せません►我〔嘴笨/笨嘴笨舌/口齿kǒuchǐ拙笨〕,总是讲不好。注「口が上手」は"口齿伶俐língli"¶彼女は料理がとても下手だ►她简直不会做菜。她做菜简直不行。¶彼は客あしらいが下手だ►他不会应酬yìngchou客人。¶この絵はずいぶん下手だ►这张画儿画得简直不像样儿。¶しばらく話さなかったので，中国語が下手になった►由于好久不说汉语,我的汉语退步tuìbù了。

慣用的表現 ¶下手の横好き►做得不好,却喜欢做。搞不好,却偏要搞。注何をするかによって，"做""搞"を他の動詞に入れかえる。¶彼のゴルフは下手の横好きだ►他打不好高尔夫球,偏爱玩儿。¶下手な鉄砲も数打ち当たる►枪手不怕笨,多射也中靶zhòngbǎ。勤能qínnéng补拙bǔzhuō。

②やらない方がよいことを不注意にやってしまい，悪い結果を招きそうな様子。

連体修飾語 ¶彼女は口が軽いから，へたな話はできない►她嘴不严,不能随便跟她说。¶夫婦喧嘩は犬も食わないというから，へたな口出しはやめなさい►俗语说,两口子liǎngkǒuzi吵架没人理,用不着不知趣zhīqù去劝解。注"不知

趣"は「気がきかない」。
- **連用修飾語** ¶へたに口出しをすると、問題がかえって複雑になる►冒冒失失màoshī地插嘴,反倒fǎndào会把问题弄复杂的。注"冒失"は「そそっかしい」。¶へたに動かない方がよい。事と次第でこちらがかえって怪しまれる►不可轻举妄动wàngdòng,搞不好我们反倒会被人怀疑。
- **慣用的表現** ¶アルバイトした方が、へたなサラリーマンよりたくさん稼ぐことがある►做临时工有时比不怎么样的公司职员赚的钱还要多。

べんりだ【便利だ】
□何かをするのに役立ち、都合がよい状態。
- **連体修飾語** ¶便利な品物►方便的东西
- **述語** ¶ここは交通が便利だ►这里交通方便。¶電話があれば便利なのだが►要是有电话,就方便了。¶この辞典は携帯に便利だ►这本辞典〔携带xiédài方便/便于biànyú携带〕。¶クレジットカードは外国で買物をするのにも便利だ►用信用卡在国外买东西也很方便。

附 ふべんだ【不便だ】
- **述語** ¶バスの便が少なくて、通勤通学にとても不便だ►公共汽车班次bāncì小,上班上学非常不方便。
- **慣用的表現** ¶不便をかこつ►抱怨bàoyuàn不方便。

ほ

ほがらかだ【朗らかだ】→あかるい
1 気持ちが明るく機嫌のよい様子でいるありさま。
- **連体修飾語** ¶彼は本当に朗らかな人だ►他真是一个〔开朗的/快活的〕人。¶彼女は朗らかな性格だ►她性格开朗。
- **述語** ¶彼女はいつも朗らかで、クラスの人気者です►她总是很开朗,在班里很受同学的欢迎。
- **連用修飾語** ¶彼は朗らかに笑った►他快活地笑了。注"开朗"は人の内面からにじみ出る、開放的な明るさを表し、声は形容しない。"快活"はその時々のふるまいに表れる楽しげな明るさを表し、声のたて方とも結びつけられる。¶バスガイドになりたいのなら、どんな人にも朗らかに応対できなければならない►要想成为游览汽车的导游员,必须对什么人都〔愉快地/快活地〕接待。注"愉快地"はその時々に心がのびのびとしていて人にも好感を持たれる様子を表す。"快活地"は本人の楽しげな様子に重点があり、人に応対する態度としてはうわべの軽い印象を与える。
2 人の声が快活で明るい印象を与える状態。[→あかるい3]
- **連体修飾語** ¶娘たちが朗らかな笑い声をあげた►姑娘们发出爽朗的笑声。
- **連用修飾語** ¶彼は朗らかに笑った►他爽朗地大笑起来。注"爽朗"は人の様子を形容する時、性格の明るさが話し方や声に表れることを重点的に表す。

ほそい【細い】

1 円柱状のものの断面，線状のものの幅が小さい。[↔ふとい]

連体修飾語 ¶細い首►细脖子 ¶細い指►细手指,很细的指头 ¶細い糸►细线 ¶細いベルト►窄腰带,细腰带,细皮带（婦人）¶細い線►细线条 ¶おばあさんは細い目をいっそう細めて笑った►老太太眯mī着一对本来就细长的眼睛笑了。

2 幅が小さい。[→せまい][↔ひろい]

連体修飾語 ¶細い道►小路,窄路

述語 ¶30分も登ると，道が急に細くなった►大约走了三十分钟的坡路,路突然变窄了。

3 精神的に弱く，くよくよするありさま。

述語 ¶彼女は神経が細いので，傷つきやすい►她太神经质了,所以很容易受刺激。

慣用的表現 ¶声が細い►嗓音细。¶声を細めて話す►压低声音说。¶ガスの火を細める►把煤气炉的火苗儿huǒmiáor弄小。

ほどよい ㊔適当だ

□ ある必要を満たすのにちょうどよい（適当な）状態。

連体修飾語 ¶ほどよい大きさだ►大小〔合适/适当shìdàng〕。（主述構造）¶ほどよい湯加減だ►洗澡水温度正合适。¶ほどよい間隔に苗木を植える►以适当的间隔,种树苗。¶ほどよい時を見計らって再開する►看准时候再开始。

述語 ¶ひとしきり働いては，ほどよく休憩をとる►干一阵,就适当地休息一会儿。¶ほどよく燗がついている►酒烫得正好。

ほほえましい【微笑ましい】

□ 見る人を思わずほほえませるほどに，幸せそうな状態。

述語 ¶その光景は実にほほえましかった►那个情景实在令人欣慰xīnwèi。¶このクラスの子供は下級生の世話をしながら遊んでやっている，なんとほほえましいことだろう►这个班的孩子们一边儿照顾低年级的小同学,一边儿一块儿玩儿,真让人感到温暖

ほんきだ【本気だ】

1 心から偽りなく目的を達成しようとする気持ち。

述語 ¶本気になれば，あんな奴を負かすのは何でもない►如果认真起来,要打败那样的家伙也算不了什么

連用修飾語 ¶本気で仕事をする►认真工作。¶あなたはそれを本気でいってるのですか？►您这是真心话吗？

2 本当のことだと思い込む気持ち。

本気にする ¶私が冗談でいったことを，彼は本気にした►他把我开玩笑的话当真dàngzhēn了。

ほんとうだ【本当だ】 ↔うそだ

1 事実通りであり，偽りがない状態。

連体修飾語 ¶それは本当のことですか►那是真的吗？¶本当のことをいうと，私も行きたい►说真的,我也想去。¶本当（のところ）はどうだったのですか►事实是怎样的呢？¶本当（のところ）は，彼は病気などではない►其实,他并没有什么病。¶まるで本当の花のようだ►好像真花儿似的。¶彼の本当の

力を見抜けない▶看不出他的真本領。¶あれは本当の(本物の)唐三彩ではない▶那个马不是真的唐三彩。¶本当のお年はいくつですか▶实际多大岁数了？请告诉我您真实的年龄。

述語 ¶本当だと思っていたのに，嘘だった▶我以为是真的，实际都是假的。¶あなたがどういおうと，私はそれを本当だとは思えない▶不管您怎么说，我也不相信那是真的。

連用修飾語 ¶彼が本当にそんなことをいったのですか▶他真的说了那样的话了吗？

2 話し手が心の底からそう考えている様子。

連用修飾語 ¶本当にすみません▶真对不起。¶いや，本当に驚いた▶哎呀！可真吓死我了！注"可～了"が話し手の主観的思い入れを表す。¶本当に可哀相だ〔实在～真〕可怜！¶本当にしようのない子だ〔实在是／真是／简直是〕个不听话的孩子！¶あの人のすることはいい加減で，本当にあてにならない▶他做事很不认真，〔实在是／真是／简直是〕靠不住。注慨嘆する重点の置きどころが異なっている。"实在"は話し手が自分の意見として「事実どおりである」と断定すること，"真"は話し手が客観性を主張すること，"简直"は程度が極限に達していると認めること。

3 (現状とは異なっているが，)本来そうあるべき正常な状態であるという評価。

述語 ¶そうするのが本当だ▶那样做是应该的。应该那样做。¶彼女の体はまだ本当ではない▶她身体还没恢复正常。¶本当ならきちんと筆で書かなくてはいけません▶本来是该用毛笔写的。¶本当ならもっとやっかいなのだが▶本来比这还要麻烦的。

ぼんやりしている⇔はっきりしている

1 感覚的に他のものとの境界線が曖昧である状態。

連体修飾語 ¶朝もやのなかのぼんやりした風景▶在早晨薄雾báowù中的模糊的风景 ¶ぼんやりした記憶しか残っていない▶现在只留着模糊的记忆。

述語 ¶写真を大きく引き伸ばしたのでかえってぼんやりしてしまった▶放大了照片，洗得却更模糊了。¶涙で目がくもって，相手の顔がぼんやりしてきた▶眼泪掉得眼睛看不清楚了，对方的脸也就变得模模糊胡了。

連体修飾語 ¶遠くの山がぼんやり見えている▶远处的山峰shānfēng看得〔不清楚／很模糊／模糊糊的〕。¶霧が晴れてきて遠くの山がぼんやり見えてきた▶渐渐地雾散了，远处的山峰〔隐约可见／逐渐看清楚了／越来越不模糊了〕。

2 人の意識があいまいで確かでないありさま。

連体修飾語 ¶ぼんやりした顔つき▶昏沉沉hūnchénchén的脸

述語 ¶二日酔いで朝から頭がぼんやりしている▶醉到第二天、从早晨〔就昏头昏脑／头就昏沉沉的／脑袋就模糊不清。¶船酔いがひどくて意識がぼんやりしてきた▶晕船yùnchuán晕得不得了、头不清醒了。

連体修飾語 ¶ぼんやり歩いていると危ないですよ▶你这么〔愣愣地／呆呆地／发呆地／心不在焉xīnbùzài yān地〕走着、太

危险。¶窓の外をぼんやりながめている▶呆呆地看望着窗外。

3 なにもしないで時間をすごすありさま。

述語 ¶ぼんやりしていないで，手伝いなさい▶你别这么〔胡里胡涂／老发呆／无所事事wúsuǒ shìshì〕,尽快去邦助一下。¶昨日の日曜日は一日中ぼんやりしていた▶昨天星期天我〔整天过得胡里胡涂的／无所事事地过了一整天〕。

ま

まがっている【曲がっている】↔まっすぐだ

1 円柱状，棒状，線状のものがカーブを描いている状態。

連体修飾語 ¶曲がった針金▶弯曲wānqū的铁丝tiěsī。¶曲がった針▶用弯了的针。¶道が直角に曲がっている▶路拐了个直弯儿。¶あの老人は腰が曲がっている▶那个老人〔腰弯了／背驼tuó了〕。¶足が少し曲がっている▶腿有点儿弯。脚不太直。

2 直線状のものの一端が正しい位置からずれている状態。

述語 ¶電柱が曲がっている▶电线杆歪了wāile。¶ネクタイが曲がっています。なおしなさい▶你的领带系歪jiwāi了,正过来吧。¶机の向きがちょっと曲がっている▶桌子摆得有点儿斜。¶列の並び方が少し曲がっている▶队站歪zhànwāi了。

3 不正に通ずることをしたり，素直でない反応をしたりする状態。

連体修飾語 ¶曲がったことをしてはいけない▶不能走邪门歪道xiémén wāidào。

述語 ¶彼は根性が曲がっている(つむじ曲がりだ)▶他性情乖僻guāipì。¶彼女は心根(心がけ)が曲がっている▶她心术不正。她心眼儿不好。

まぎらわしい【紛らわしい】

□ よく似ているので，取り違えやすい状態。

連体修飾語 ¶紛らわしい名称▶容易混淆hùnxiáo的名称 ¶紛らわしいいい方は

避けて下さい▶你不要讲容易混淆的说法。你不要说容易使人误解的话。
述語 ¶嘘か本当か,紛らわしい▶是真的还是假的,搞不清。¶噴火の煙か雲なのか,見分けがつかないほど紛らわしい▶模模糊糊mómohūhū根本分不出fēnbuchū,那是喷火pēnhuǒ的烟雾还是云彩。

まじめだ【真面目だ】

1 性質が正直で,他人のことをも信じやすいありさま。[←正直だ]

連体修飾語 ¶まじめな人物▶老实(的)人。注何にでも真剣になる生真面目な人のニュアンスは,"正经人""正派的人"の方がふさわしい。¶彼はまじめな人だ▶他为人诚实。他是个老实人。

述語 ¶なんて(くそ)まじめなの！▶你可太老实了。¶このお嬢さんはまじめで素直だ▶这姑娘又老实又温柔。¶彼女はまじめだから,何でも間にうける▶她直性子,所以什么都当真。

♣類義語

誠実：性格,品性が誠実で,言行が一致しているありさま。

老実：(口語) ①指示や規則をよく守り,人に従順なありさま。②心や,話す言葉に嘘偽りがなくありのままでいる様子。

典型例

誠実：◇〈～可靠〉◇〉为人～。◇装出一副～的面孔。(ほとんど述語として用いる)

老実：①◇〈忠誠～〉◇〈～厚道〉◇〈～规矩〉②◇～话。◇～说。(連用修飾語として常用される)

2 物事に取り組む姿勢が真剣なありさま。[→真剣だ]

連体修飾語 ¶彼はまじめな学生です▶他是个认真的学生。注"学生"に"老实"を使うと,「おとなしい」の方に意味の重点がかかる。¶この言葉を聞くと,彼は急にまじめな顔つきになった▶一听到这句话,他的表情突然认真起来了。¶まじめすぎる人は,冗談が通じない▶过于认真的人不懂得开玩笑。

連用修飾語 ¶彼は帰国後,まじめに働いた▶他回国后,工作得很认真。¶みな,まじめに勉強しなさい▶大家都要认真学习啊！¶冗談ですよ,まじめにとらないで下さい▶这是开玩笑,你可别当真。

3 ふざけていない,正当な内容を備えている状態。

連体修飾語 ¶昔は自堕落な生活をしていたが,今はまじめな生活をしている▶过去我过的是放荡fàngdàng的生活,但现在却过着正经的生活。¶まじめな話ですからみなさん,よくお聞き下さい▶我要说的都是正经话,请大家好好儿听。¶茶化してばかりいないで,まじめなことを話しましょう▶别尽取笑,我们谈点儿正经的吧！¶彼はまじめな好青年です▶他是个〔作风／为人〕正派zhèngpài的好青年。¶彼はまじめな顔をして冗談をいう▶他〔一本正经yī běn zhèng jīng地／一脸严肃地〕开玩笑。注"一本正经"は表情や素振りに現れるまじめらしいありさま。褒義貶義とは無関係

連用修飾語 ¶少しはまじめに就職のことを考えなさい▶你还是正正经经地考虑一下就职的事吧。

まずい

1 味がよくない。[↔おいしい]

連体修飾語 ¶まずい料理►〔不好吃的/难吃的/味道不好的〕菜

述語 ¶この料理は味がまずくて食べられない►这个菜味道不好,咽不下去。¶こんなコーヒーまずくて飲めない►这样的咖啡真难喝。

2 見た感じや印象がよくない状態。

連体修飾語 ¶高い料金で,まずい演技を見せられてはたまらない►票价昂贵ángguì,却让人看拙劣zhuōliè的的演技,真受不了。

述語 ¶顔はまずいが、気立てはやさしい►长得虽然难看,可心肠xīncháng却好。

3 不都合不利益を生じさせるという判断。

連体修飾語 ¶まずいことになった►糟糕Zāogāo! 情况不妙。¶まずいことが起きたので、あなたはしばらく表に出ない方がよい►发生了糟糕难办的事情,你最好先不要露头lòutóu。¶人に聞かれてまずいことはいわないように►让人听了丢丑diūchǒu的事,不要谈。不要讲让人听了对你不利的事。¶まずいところをお見せしてしまった►我真是〔出丑/丢丑/丢脸〕了。

述語 ¶君の打った手はまずかった►你手腕太拙劣zhuōliè了。¶今あなたが出て行くのはまずい►现在你出面不合适。

まずしい【貧しい】

1 経済的に苦しい状態。

連体修飾語 ¶貧しい人►穷人 ¶貧しい暮らし►穷苦的生活 ¶貧しい家庭►〔穷苦的/贫穷的/贫困的〕家庭 ¶彼は貧しい家の出だ►他出身于穷苦家庭。

述語 ¶国の財政が貧しい►国家的财政穷困。

2 精神的に深みがない状態。

連体修飾語 ¶心の貧しい人►浅薄的人

述語 ¶生活がいくら苦しくても、心まで貧しくなってはいけない►生活不管多么困苦,精神上也不能贫困。

まちがっている【間違っている】

↔正しい

1 正義や真理にかなわず、否定されるべきだという判断。

連体修飾語 ¶間違った教育方針は子供を傷つける►〔错误的/不对的/不合理的〕教育方针使得孩子们的精神受伤。

述語 ¶あなたの意見は間違っている►你的意见〔不对/没有道理〕。¶政府の外交政策は間違っている,将来戦争を引き起こしかねない►政府的外交政策是〔错误的/不对的〕,将来恐怕会引起战争。

2 あるべき基準に合致していない状態。
注 日本語では動詞表現になるが、中国語では動詞補語構造内で形容詞を使う。

連体修飾語 ¶間違った方針►搞错的方针 ¶間違った縫い方をした►缝错了。缝得不对。

述語 ¶番地が書き間違っている►〔门牌ménpái/住址〕写错了。¶道を間違えて、遠回りをしてしまった►走错了路,结果绕远了。

連用修飾語 ¶しまった、人の靴を間違って履いてきた►糟糕! 穿错了别人的鞋回来。¶間違えて薬を多く飲んでし

まった▶误吃了过多的药。

まっすぐだ ↔曲がっている

① 形状，または動線が直線状になっている状態。

連体修飾語 ¶まっすぐな線▶直线 ¶まっすぐな大通り▶笔直bǐzhí的马路 ¶まっすぐな線を引く▶画笔直的线。

述語 ¶ここから駅までまっすぐです，迷うはずはありません▶从这儿一直走，就到车站了，绝不会迷路的。

連用修飾語 ¶彼は背筋をまっすぐに伸ばして，立ち上がった▶他挺直身子站了起来。¶彼は毎日まっすぐに家に帰る▶他每天总是直接回去。注 看板をまっすぐに立てなさい▶你在那儿立一块广告牌。

② 心に迷いがないありさま。

連体修飾語 ¶心のまっすぐな人▶〔耿直gěngzhí的/正直的〕人，直性子

述語 ¶彼は心がまっすぐだ▶他〔很耿直/很正直〕。他心眼儿直。他〔心情/为人〕耿直。靠虑的不是很多。

まぶしい【眩しい】

□ 強い光線が目にあたり，見ていられなくなる。

連体修飾語 ¶まぶしい日の光▶耀眼yàoyǎn的阳光 ¶まぶしい金色▶耀眼的金色 ¶まぶしいほどの黄金の仏像が飾られている▶那里立着金光闪闪的佛像。

述語 ¶夜のネオンがまぶしい▶晚上的霓虹灯níhóngdēng耀眼。¶一面の青菜が目にまぶしい▶一片青菜翠绿cuìlǜ耀眼。

連用修飾語 ¶日の光を浴びて，湖面がまぶしく光っている▶在阳光的照射下，湖面上泛着fànzhe耀眼的银光。

まるい【丸い】

① 形状，または動線が円状である。

連体修飾語 ¶まるいアンパン▶夹心jiāxīn圆面包，圆的豆沙馅儿面包 ¶まるいおにぎり▶圆饭团 ¶まるい柱▶圆柱 ¶まるいお月様▶圆圆的月亮 ¶地面にまるい円をかいた▶我在地上画了一个圆圈yuánquān。¶わたしたちは芝生にまるい輪になって座っていた▶我们在草坪上围成wéichéng圆圈yuánquān坐下来了。

述語 ¶けしゴムがまるくなった▶橡皮用圆了。¶鉛筆の先がまるくなった▶铅笔尖н秃了。¶彼は背中がまるくなっている▶他是个驼背tuóbèi。

② 人間関係を円満に結んでいけるありさま。

連体修飾語 ¶彼はまるい人柄だ▶他为人很圆通yuántōng。他是个成熟老练的人。

述語 ¶彼は人間がまるくなった▶他变得〔成熟老练了/圆滑了〕。

連用修飾語 ¶彼は事態をまるくおさめた▶他把问题圆满地解决了。

まろやかだ

□ 味覚への刺激が豊潤で口当たりのよい状態。

連体修飾語 ¶まろやかな味▶醇香chúnxiāng可口的味道 ¶まろやかな味と香りのブランデー▶味道香醇的白兰地

述語 ¶この葡萄酒はとてもまろやかですね▶这个葡萄酒△很醇香。

まんぞくだ【満足だ】

1 望みや自尊心が満たされたよい感覚、またはそう感じさせる状態。

連体修飾語 ¶満足な絵がなかなか描けない▶怎么画也不如意。¶今回の公演は、満足な出来だったとはいえない▶此次公演不能说是取得了满意的▲成果。¶部長からは満足な回答が得られなかった▶没有从部长那儿得到满意的▲回答。

述語 ¶私は今の生活に満足だ▶我对现在的生活〔心满意足／感到满意／称心如意〕。

満足する ¶私は妻との家庭生活に満足していない▶我对和妻子在一起的家庭生活感到不满。¶今回の舞踊コンクールで三位になれたので、自分の踊りに満足している▶这次舞蹈比赛得到了第三名，我对自己的水平感到满意。¶彼はそれぐらいの成績には満足していない▶他对自己现有的成绩并不满足。注目標や条件が明確に設定されている文脈や場面では、"満意"よりも"満足"の方がふさわしい。¶彼は野心家だから、今の地位に満足できるはずがない▶他有野心，不会满足(于)现在的地位。

連用修飾語 ¶彼は満足そうに微笑んだ▶他满意地笑了。

♣**類義語**

満意：(对～(感到)满意) ある事態や他人が、自分の希望を満たしていると感じて嬉しく思う感情、また、そう感じさせる状態。

満足：(满足于～)(以～为满足)①自分自身に対して認定した条件が満たされると認め、嬉しく思う。(心理動詞)②必要とされた条件をすべて備えることができる。(行為動詞)

典型例

満意：◇～的答复◇～的微笑◇～的工作◇～地说。◇～地点头。◇看得～。◇覚得～。◇画得～。

満足：①◇他的愿望得到了～。(名詞用法)

②◇～要求。◇～愿望。◇不～(于)公司的现状。

---

2 事物が典型としての基準を満たしている状態。[→完全だ]

連体修飾語 ¶私は家が貧しかったので満足な教育も受けていない▶由于家境贫寒，我没受到完整的教育。¶田舎のホテルには満足な設備がない▶乡间的饭店里没有完善的设备。¶家の中には満足なものは何一つない▶家里没有一件完好的东西。

連用修飾語 ¶家が貧しくて、小学校にも満足に行けなかった▶家里穷得连小学也没能好好儿上完。¶彼は手紙ひとつ満足に書けない▶他连一封信也写不好。¶解放前はごはんも満足に食べられない生活だった▶解放前过的是连顿饱饭都吃不上的生活。

♣**類義語**

完好：全体が完成され、よく機能が果たせる状態。

完整：備えるべき一連の条件を一つ残らず満たしている状態。

完善：難点のつけられない見事さで、必要条件を満たしている状態。"措施、制度"など構成のはっきりしているものを形容する。

組み合わせ一覧表
連体修飾構造・主述構造・連用修飾構造

	〈～如新〉	〈～无缺〉	～的东西/形象	保存～
完好	○	○	○	○
完整		○	○	△
完善				

	领土～	设备～	情节～	自我～	～地阐明
完好		○			
完整	○	○	○		○
完善		○		○(動詞)	

み

みぐるしい【見苦しい】

1 見た目が人に不快感を与える状態。

連体修飾語 ¶見苦しい格好(姿)►〔难看的／寒酸的〕样子¶見苦しい格好を見られてしまいましたね►让你们看到了我这个寒酸相hánsuānxiàng。

述語 ¶そんな座り方は見苦しいですよ►您看,那样坐多难看呀！¶髪がボサボサで見苦しい►乱蓬蓬luànpēngpēng的头发很难看。

2 体面がよくない(恥ずかしいことだ)という評価。

連体修飾語 ¶見苦しいことは慎みなさい►別做〔丢脸的／不光彩bùguāng cǎi的〕事。¶見苦しい負け方をする►输得〔不体面／脸上不光彩〕。¶お見苦しいところをお見せしました。お許し下さい►在您面前丢丑了,请原谅。

述語 ¶いまさら弁解とは見苦しい►事到如今还要辩解,真不像话！¶さっきはあんな大声で怒ったりして、見苦しかったでしょう(相手に聞く表現)►刚才那样大声发火,叫人看着多丢人啊！

みごとだ【見事だ】

1 見た目がすばらしいと賞賛できる状態。

述語／連体修飾語 ¶桜が見事ですね！►櫻花开得真好看！¶この絵は生き生きとしていて、〔見事／見事なできばえ〕ですね！►这张画画得栩栩如生xǔxǔ-rúshēng,真棒！¶この茶碗は形も色も〔見事／見事な焼き上がり〕だ►这个茶碗形状和颜色都烧得漂亮。

② 物を作ったり，目標を達成することを，あざやかにやり遂げたと賞賛できる状態。[→すばらしい][→あざやかだ]

連体修飾語 ¶彼の腕前は見事なものだ▶他的技能很高。¶今年私たちの会社は見事な発展を遂げた▶今年我们公司的事业得到了大发展。

述語 ¶きのうの彼の演技は実に見事だった▶昨天他〔表演/演得〕〔非常精彩/真够水平/真棒〕。¶この彫刻の細工は実に見事だ▶这雕刻刻得真精巧! ¶お見事！▶真棒! 了不起!

連用修飾語 ¶だれも手をつけなかった難しい仕事を彼は見事にやりとげた▶谁都没法插手的老大难工作,他竟然出色地完成了。注文脈の中で他人と比べてずっと優れていると評価する場合は"出色地"がふさわしい。¶難しい試験に彼は見事に1回で合格した▶这样难的考试,他一次就合格了。注文脈の中で「たった1回で」という成功の称え方をする場合"一次就～了"で，充分その意味が表せる。

③ 失敗の仕振りがあまりにもひどい様子。

連用修飾語 ¶見事に失敗した▶完全失败了。一败涂地yī bài tú dì。¶期待は見事にはずれた▶希望〔完全/彻底〕落空luòkōng了。¶スケートリンクの上で見事にころんだ▶在滑冰场上摔shuāile了个大跤dàjiāo。

みじかい【短い】↔ながい

① 物の長さ，物が移動する距離が小さい。

連体修飾語 ¶短い髪▶短(头)发。¶短い

ひも▶短线,短绳。¶短い鉛筆▶短铅笔,很短的铅笔。¶短い(ミニ)スカート▶迷你裙,超短裙

述語 ¶このスカートは丈が少し短いので裾を3cm出した▶这条裙子有点儿短,放出了3公分来。

② ある時期にいたるまでにかかる時間量・分量が少ない。

連体修飾語 ¶短い命▶短命 ¶短い期間▶〔很短的/短暂的〕时间 ¶短い手紙▶短信,简短的信 ¶短い間でしたが大変お世話になりました▶时间虽然〔很短/短怎〕,但我们受到您们多方照顾,谢谢你们了。

述語 ¶説明が短かったので少々わかりにくい▶解释得太简短,所以有点儿不易听明白。

附 **きみじかだ【気短だ】**→たんきだ
述語 ¶彼は気短だ▶他性子很急。他是个急性子。

みすぼらしい

□ 外見が貧乏そうでみっともない状態。

連体修飾語 ¶みすぼらしいカバン▶破旧的书包 ¶村はずれにみすぼらしい家が一軒あった▶村边儿有一所〔破陋pòlòu的▲(书き言葉)/破旧的〕房子。¶久しぶりに会った彼は，みすぼらしい身なりをしていた▶过了好久以后又看到了他时,只见他衣着yīzhuó又寒酸hánsuān又难看。

述語 ¶この洋服はみすぼらしくなったから，新しいのを一着買おう▶这件西服破旧了,要买新的。¶どうしてそんなみすぼらしい格好をしているのですか？▶你怎么这么副寒酸相? 你怎么穿

得那么寒酸?

みずみずしい【瑞々しい】
①とれたての果実や花草が生命力を感じさせる状態。

連体修飾語 ¶みずみずしい果物▶新鮮的水果¶みずみずしい若葉▶水灵灵的嫩叶子

述語 ¶この桃はとてもみずみずしい▶这桃儿真〔水灵/新鲜〕。

②人の感性や肌に若々しさが溢れている状態。

連体修飾語 ¶彼はみずみずしい感覚を持っている▶他有着新颖锐敏的感觉。

述語 ¶彼女の顔の肌は,とてもみずみずしい▶她脸上的皮肤长得滋润润zīrùnrùn的。

みっともない →はずかしい →みぐるしい
□人に見せられないほど体裁が悪いありさま。

連体修飾語 ¶あなた,そんなみっともない座り方をして▶你坐得太难看了。你坐的样子太难看了。¶彼はみっともない身なりをしている▶他的穿着chuānzhuó不像样子。

述語 ¶あの娘さんはまた大学受験に失敗したそうだ,みっともない▶听说那个姑娘又没考上大学了,〔太丢人了/太丢脸了〕。

みにくい【醜い】→みぐるしい
①容姿が整っていないため不快な感覚を与える状態。

連体修飾語 ¶醜い姿(格好)▶难看的〔样子/姿势〕¶醜いアヒルの子▶丑小鸭¶彼女は醜い顔をしている▶她是个丑八怪。她长得难看。

述語 ¶彼の顔は醜くなってしまった▶他的脸变丑了。

②道理にはずれた汚い欲望がむき出しになっている状態。

連体修飾語 ¶醜い行為▶〔丑陋chǒulòu的/可耻的〕行为¶醜いエゴイズム▶〔丑恶chǒu'è的/卑鄙的〕利己主义¶ねたむことは醜いことだ▶妒嫉人是可耻的行为。¶遺産をめぐって醜い争いが起きた▶围绕着遗产分别发生了一场丑陋的▲争夺。

述語 ¶骨肉の争いは醜い▶〔骨肉gǔròu/兄弟〕相残xiāng cán实在是有伤体面。

む

むずかしい【難しい】↔やさしい

1 難度が高かったり複雑な内容で理解しにくい状態。

連体修飾語 ¶彼は難しい技術をマスターした►他掌握了复杂的技术。¶彼は難しい文章ばかり書く►他尽写些难的文章。¶今度の期末試験は難しい問題が多かった►这次的期末考试难题很多。

述語 ¶製造技術がしだいに複雑で難しくなった►生产技术渐渐变得复杂,难度大起来了。

連用修飾語 ¶そう難しく考えないで下さい►别想得那么复杂。

2 ある目的や課題を達成しにくい状態。

連体修飾語 ¶この町に鉄道を敷くには、難しい問題をたくさん解決せねばならない►这个城镇要修铁路,得解决不少难题。

述語 ¶この計画を実現するのは難しい►要实现这个计划很困难。¶全日本大会で優勝するのは難しい►要在日本全国比赛获胜〔并非易事/并不是容易的事〕。¶帰国の手続きはそう難しくない►回国手续并不那么难办。

3 (好みや性質など)他人が対応しにくいありさま。

連体修飾語 ¶あのお年寄りは難しい人だ►那个老人〔很难对付/脾气很怪〕。¶そんな難しい顔をして、どうかしたのですか►看你那不高兴的样子,出了什么事了?

述語 ¶あの人は食物の好みが難しい►他对食物爱挑剔。他的口味很难对付。

むだだ【無駄だ】

1 何かをしても、それが役に立たない状態。

連体修飾語 ¶無駄骨を折る►白费力气。¶無駄話をする►说闲话。聊天儿。闲聊。¶無駄足を踏んだ►白跑了一趟。¶私は無駄な仕事はしたくない►我不想做徒劳无益túláo wú yì的事。

述語 ¶忠告しても無駄だ►好言相劝hǎo yán xiāng quàn也没用。劝告也是白费。¶彼には何をいっても無駄だ►跟他说什么也〔没用/白搭báidā/是白费工夫〕。注"白搭"は口語でよく使われる。¶そんな本は見るだけ時間の無駄だ►看那种书纯粹是浪费时间。

2 余分で、なくてもよい状態。

連体修飾語 ¶無駄な物は節約して買わない►我要省钱,不买没用的东西。¶こうすれば無駄な手間暇が省ける►这样做,可以省工省时。

め

めずらしい【珍しい】
1 物の個数,事柄の回数が少ない状態。
連体修飾語 ¶珍しい品種▶罕见hǎnjiàn的品种
述語 ¶これはお珍しい,お久しぶりです▶哎呀,久违jiǔwéi,久违。好久不见了。注"久违"はあいさつ用語で多用される。"少见"を人に使うと大変失礼なことになる。¶この地方では3月に雪が降るのは珍しい▶这个地方三月份下雪,可真是〔少有/少见〕。这个地方三月份很少下雪。
連用修飾語 ¶今朝は珍しく電車がこまなかった▶今天早晨电车不挤,这〔可是难得的/可真新鲜/可真是少有/可真是少见〕。注"难得"では喜びのニュアンス,"新鲜"には驚きのニュアンスが加わる。
慣用的表現 ¶お珍しくもありませんが,お一つどうぞ▶也不是什么新鲜东西,请来一个吧。

2 普通と変わっていて,稀少価値がある状態。
連体修飾語 ¶珍しいお客が見えた▶来了稀客。¶珍しいおもちゃを集める▶收集珍奇罕见的玩具。¶動物園にはいろいろ珍しい動物がいる▶动物园里有各种珍奇的动物。¶あの時計店では珍しい形の置き時計をつくって売っている▶那个钟表店制作〔样式新颖xīnyǐng奇特qítè的/形状新奇xīnqí的〕座钟zuòzhōng出售。¶"奇特"は常軌を逸すること,"新奇"は意外性の強調が含まれている。

めまぐるしい【目まぐるしい】
□次々に変化が起こり,あわただしい状態。
連体修飾語 ¶目まぐるしい変化をする▶千变万化。瞬息shùnxī万变wànbiàn。
述語 ¶なんて目まぐるしい▶真让人眼花yǎnhuā缭乱liáoluàn!
連用修飾語 ¶情勢が目まぐるしく変わる▶形势瞬息万变。

も

もったいない

1 人の分につりあわないほどすばらしすぎる状態。

連体修飾語 ¶もったいないお言葉です►您过奖了! ¶これは私にはもったいない地位だ►这对我来说是个过分的地位。这个地位对我来说是太高了。¶この仕事は私にはもったいないお話です►让我承担这项工作,真是不敢当! 这项工作,我不配!

述語 ¶この仕事は彼にはもったいない。他の人にやらせなさい►〔他不配做这个工作/这个工作他不胜任〕,让别人做吧! ¶こんな上等な服は私にはもったいない►这么高级的衣服我配不上pèibushàng。¶こんなに親切にしていただいては,もったいないです►承蒙您这样亲切相待,真是不敢当

2 より有効な使い方があるのに,無駄になっているのが惜しい状態。

述語 ¶まだ使えるのに捨ててはもったいない►还能用就扔掉了,〔太可惜了/太浪费了〕。¶お金を出してこんな物を買うのは,もったいない►花钱买这种东西,太不值bùzhí了。¶この時期に何もしないで暮らすのは,もったいない►在这样时期,什么也不干呆着真是太可惜了。¶こんなにのんびりやっていては,時間がもったいない►〔这样慢腾腾地干/这样悠着干〕,〔太浪费时间了/时间太可惜了〕。¶この奥さんが彼のものとは,もったいないことだ►这个媳妇xífù给他,可真是白瞎báixiā了。(口語)

もろい【脆い】

1 固いが,くずれやすい状態。

連体修飾語 ¶脆い岩►很脆cuì的岩石

述語 ¶年を取ると骨が脆くなる►上了年纪,骨头就变脆了。¶刀の刃はもろくて,すぐ欠ける►因刀刃dāorèn钢脆,容易缺口。

2 精神的に動揺しやすく,持ちこたえる気力に乏しい状態。

述語 ¶彼女は情にもろい►她这个人〔心肠很软/感情脆弱cuìruò〕。

連用修飾語 ¶相手チームはもろくもくずれさった►对手队不堪一击,一下就败下阵去了。

や

やさしい【優しい】

①性格が穏やかで争いを好まないありさま。

連体修飾語 ¶心の優しい人►善良的人，心地善良的人 ¶あの子は優しい子なので飼い犬が死んだ時には悲しんで寝こむほどだった►他是个善良的孩子,养的狗死的时候,他甚至难过得躺倒了。

述語 ¶彼は気が優しくて，戦争映画など見たことがない►他心地善良,从来没看过描写战争的电影。¶あの子は優しすぎて，いつもいじめられている►那个孩子太善良,总是受欺负。

②表情，物腰，声などに愛情がにじみ出ている状態。

連体修飾語 ¶優しい気立ての娘さん►秉性bǐngxìng和善的姑娘 ¶彼女は顔に似合わず，優しい声の人だ►与相貌xiàngmào相反,她是个声音很柔和的人。¶母親は砂場で遊ぶ子供たちを優しいまなざしで見つめていた►母亲用慈祥cíxiáng的目光凝视着níngshìzhe在沙坑里shākēnglǐ玩耍wánshuǎ的孩子。

述語 ¶ふと，彼女のまなざしが優しくなった►忽然,她的眼神柔和了。¶彼女の話しぶりはとても優しい►她说话语气很和善。

連用修飾語 ¶子供の顔を優しくなででやった►我慈爱地抚摩了一下孩子的头。¶母はいつも優しく微笑みかけてくれた►母亲脸上总是布满着bùmǎnzhe慈祥的微笑。

③人に対する対応が思いやり深いありさま。[→しんせつだ][↔いじわるだ]

連体修飾語 ¶優しい心づかいを受けて感激しました►受到亲切关怀,我很感动。¶あの先生は学生たちの優しい相談相手だ►那位老师,〔对学生很体贴/非常平易近人〕,学生有什么事都可以和他商量。注"体贴"是「他人の身になっていっしょに心配する」という親身な行動をとることを表す。"对~体贴"の形式の他に他動詞用法"体贴~"もよく使われる。"平易近人"は「上位の者が下位の者にやさしくする」こと。¶優しい一声が人の気持ちをほぐすこともある►一句温和体贴的话,有时会使人心情开朗起来。

述語 ¶あの先生は学生に優しくて，よく補習をしてくれます►那位老师很体贴学生,常常给他们辅导。那位老师很平易近人,常常给学生辅导。¶あの先生は優しいので，学生に人気がある►那位老师和蔼可亲,很受学生的欢迎。¶彼は身内には優しいが他人には厳しい►他虽然对家里人温和,但对外人却很严格。¶彼は他人には優しいが自分には厳しい►他对人宽,对己严。¶子供に優しすぎるのはよくない►对孩子太宠爱chǒng'ài了不好。注"宠爱"は度を過ぎた可愛がり方をすること。

連用修飾語 ¶彼女は私を優しく慰めてくれた►她亲切地安慰了我。¶子供は優しく見守ってやるべきだ►应该时刻〔关心/关注〕孩子。注"关注"は演説用用語。"关注下一代"のように使うのが普通。

優しくする ¶人には優しくしなさい►要待人亲切。要诚恳待人。

やさしい―やすらかだ

やさしい【易しい】↔むずかしい

① 簡単で処理しやすい状態。[→かんたんだ]

連体修飾語 ¶初心者は易しい練習から始めます▶初学的人可以从简单的练习开始。¶私は易しい英語しかわかりません▶我只懂一点儿简单的英语。¶こんなに易しい問題ばかりでは、学生の実力がわからない▶如果都是这么简单的考题,学生的实际水平是掌握不了的。¶易しい仕事を選ぶ▶挑选容易的工作。

述語 ¶いうのは易しいが、行うのは難しい▶说起来容易,干起来难。注"简单"の反義語は"复杂","容易"の反義語は"难"。日本語「易しい」の語義の両面(処理対象の構造の単純さ→人の側の処理がしやすい)のうち、文脈で重点のあてられている方をそれぞれ分担して表す。¶このテキストは易しすぎて、実力がつかない▶这本教材太简单了,水平提高不了。

連用修飾語 ¶易しく易しくいい聞かせて、子供たちにやっと理解させた▶用〔简单得不能再简单的/简单易懂的〕语言讲给孩子们听,好容易才让他们理解了。

② 表現が平凡でだれにとってもわかりやすい状態。

連体修飾語 ¶易しい言葉で説明する▶用〔浅显qiǎnxiǎn易懂的/通俗tōngsú的〕语言说明一下。¶易しい言葉で高尚なことを話す▶用浅显的语言说出很深的道理来。深入浅出地讲解。¶寝る前にいつも易しい推理小説を読みます▶每天晚上睡觉前,我总要看几页通俗推理小说。

連用修飾語 ¶この子にはもっと易しく説明して下さい▶请给这个孩子再解释得简单一点儿。注子供にとっては"通俗"であっても、わかりにくいことがありうる。¶難しい理論でもよく理解している人ほど、易しく説明することができる▶即使是深奥shēn'ào难懂的理论,对其有深刻理解的人,也能解释得通俗易懂。

やすい【安い】↔たかい ④

□ 価格、金額が低い状態。

連体修飾語 ¶安い給料でこき使われた▶不但工资低、活儿也累死人。

述語 ¶価格が安い▶价格便宜。¶給料が安い▶工资〔很低/很少〕。¶値段が安いからといってとびついて買ってはいけない▶再便宜也不要跑去就买。¶給料が低いわりに、仕事がきつい▶虽然工资低,可工作却〔很累人/是个累活儿/不那么好干〕。注「高給をとれる仕事、イコールきつい仕事である」という論理を下敷きにした上での接続表現。

やすらかだ【安らかだ】

□ 心配事がなく、心身が穏やかなありさま。

連体修飾語 ¶子供たちの安らかな寝顔を見ると、一日の疲れがとれる▶一看到孩子们的那〔熟睡shúshuì的小脸/安静的睡脸〕,一天的疲劳就都解除了。¶赤ちゃんがベッドで安らかな寝息をたてている▶婴儿在小床里呼呼地熟睡着。

述語 ¶母の死に顔はとても安らかだった▶母亲去世时的面容miànróng,显得很安祥ān xiáng。注"安祥"は老人の表

情や"睡脸"の形容にふさわしい。また，"长相"は生まれつきの顔つきのことなので一時的な変化を表す文脈では使わない。

連用修飾語 ¶友よ，安らかに眠れ▶朋友,安息吧!

やせている【痩せている】↔ふとっている

1 人間や動物の身体の肉が落ちて体重が減っている状態。

連体修飾語 ¶痩せて背の高い人▶瘦高〔个子/个儿〕¶痩せて小さい身体▶瘦小的身材 注 日本語では動詞だが，中国語では形容詞。ただし「痩せる方法」は意図的に望ましいことをする方法なので，中国語でも動詞表現"减肥的方法"を使う。¶私は子供のことで痩せる思いをした▶我为孩子操心,〔人都术瘦了/肉都掉下几斤来了〕。

述語 ¶あなたは痩せていますね▶您很瘦啊! 您身材苗条miáotiao啊!(「スマートだ」)¶最近痩せましたね▶您最近瘦了吧。¶夏になるといつも少し痩せます▶一到夏天总要瘦一点儿。¶彼は病気ですっかり痩せてしまった▶他病得瘦多了。¶馬が痩せた▶马掉膘diàobiāo了。注 人について使うと冗談になる。家畜については，"瘦"も"胖"も使わない。

2 土地の養分が少なく，作物が育ちにくい状態。

連体修飾語 ¶やせた土地▶瘦田,没劲儿的地(農村での言葉)，瘠田jítián(書き言葉)，贫瘠pínjí的土地

述語 ¶この土地はやせていて，作物が育ちにくい▶这块地贫瘠,庄稼长不好。

やわらかい【柔らかい】↔かたい

□固体や人の身体に力を加えると，たやすく変形できる状態。

連体修飾語 ¶柔らかい布団にくるまって寝る▶我裹在软绵绵的被子里睡觉。¶彼女は柔らかい唇をしている▶她嘴唇很柔软róuruǎn。¶彼は柔らかい身体をしている▶他身体柔软。

述語 ¶この絹は手ざわりが柔らかい▶这块绸子摸着很柔软。¶この子のほっぺはとても柔らかい(幼いため)▶这孩子的小脸蛋liǎndàn很嫩。¶この肉は柔らかい▶这块肉很嫩nèn。¶ご飯の炊き方が少し柔らかい▶米饭煮得有点儿软。

連用修飾語 ¶肉をもう少し柔らかく煮込んで下さい▶请把肉炖得dùnde烂làn一点儿。¶豆を形を崩さず，柔らかく煮るのは難しい▶把豆煮得既软又不变形是很难的。¶〔野菜/肉〕を柔らかくいためて下さい▶〔青菜/肉〕要炒嫩一点儿。注 "嫩"は，調理前の肉や，いためた場合の肉と繊維のある野菜について使う。

慣用的表現 ¶彼は頭が柔らかい▶他头脑很灵活。¶固い話ばかりではつまらないでしょう，少し柔らかい話をしましょう▶尽说一本正经的话,没意思吧,也谈谈轻松的话题吧。¶春の〔日差し/風〕が柔らかい(詩的表現)▶〔春光/春风〕和煦héxù。

ゆ

ゆううつだ【憂鬱だ】

① 天候が曇りがちで気分を重くさせる状態。[→うっとうしい][→重苦しい]

連体修飾語 ¶実に憂鬱な天気だ▶真是个〔阴沉的/闷人的/使人郁闷的〕天气。¶連日どんよりとした憂鬱な天気が続いている▶每天天气都阴沉沉的。

② 晴れ晴れとせず,何もしたくないような気持ち。

連体修飾語 ¶憂鬱そうな顔をしている▶现出一付忧郁yōuyù的神态。搭拉个脸 ¶憂鬱症にかかる▶犯fàn忧郁症。

述語 ¶試験のことを考えると憂鬱だ▶一想到考试就发愁。¶母親の病状を考えると憂鬱だ▶一想到妈妈的病情,就感到忧愁yōuchóu。¶仕事がはかどらず憂鬱だ▶工作不顺利,〔愁死人/心情不好/使人发愁〕。

ゆうめいだ【有名だ】

□ たくさんの人に知られ,注目されている状態。

連体修飾語 ¶有名な人▶名人,著名的人物,知名人士 ¶有名な〔作家/景勝地〕▶〔有名的/著名的〕〔作家/风景区〕¶彼女は世界でも有名なオペラ歌手だ▶她是个世界著名的歌剧演员。

述語 ¶泉岳寺は四十七士で有名だ▶泉岳寺以四十七壮士而闻名(于世)。¶彼は一躍有名になった▶他一举yījǔ成名。他一下子出了名。

ゆかいだ【愉快だ】

① 人の気持ちが楽しさでのびやかになっているありさま。[→たのしい]

連体修飾語 ¶愉快な一日を過ごした▶度过了愉快的一天。

連用修飾語 ¶愉快に休暇をお過ごし下さい▶愿你们假日jiàrì愉快! ¶彼は愉快そうに声をたてて笑った▶他高高兴兴地哈哈笑了。他开心地笑出了声。注"高高兴兴地"は他人が見てもいかにも楽しげにふるまう様子を表す。"开心地"は動作主(=彼)が心から安心しきって楽しんでいることを表す。

② 人の気持ちを楽しくのびやかにさせる状態。

連体修飾語 ¶彼は愉快な人で,みなに好感を与える▶他这个人很快活,招人喜欢。¶彼はいつも愉快なことをいう▶他说话总是那么有趣。

述語 ¶それは愉快だ▶那可真〔叫人开心/有意思〕。

ゆたかだ【豊かだ】㊩豊富だ

① 物質的,経済的に満たされ,余裕がある状態。

連体修飾語 ¶豊かな収入がある▶有充裕chōngyù的收入。¶日本は世界でも有数な豊かな国家になった▶日本变成了世界上屈指qīzhǐ可数kě shǔ的富裕fùyù国家。

述語 ¶〔財政/経費〕が豊かだ▶〔財政/经费〕充裕。¶財政が豊かでない▶財政〔不大充裕/较紧〕。¶生活が豊かになった▶生活富裕了。日子宽裕kuānyù了。¶今日は懐具合が豊かだ▶今天我手头充足。

連用修飾語 ¶豊かに暮らす▶日子过得富裕。

② 精神的に必要が満たされ,ゆとりがあ

る状態。

連体修飾語 ¶豊かな経験を活かす▶运用丰富的经验。¶彼は豊かな心の持ち主だ▶他〔胸怀宽大／宽阔〕。他心胸宽广。

述語 ¶彼は才能が豊かだ▶他〔富有才能／很有才能〕。¶彼女は想像力が豊かだ▶她想像力很丰富。

豊かにする ¶よい絵本は子供の心を豊かにする▶她的画书可以滋润zīrùn孩子们的心田。

③収穫や獲物が多い状態。

連体修飾語 ¶豊かな農地▶肥沃féiwò的田地

連用修飾語 ¶魚が豊かにとれる▶鱼业资源丰富。¶作物が豊かに実る▶粮食丰收。五谷丰登wǔgǔ fēngdēng。

④身体部位が魅力的にふっくらしている状態。

連体修飾語 ¶あの女優は豊かな曲線美が売り物です▶那个女演员最吸引人的是她那丰盈fēngyíng优美的线条。¶豊かなバストは若い女性の憧れです▶年轻姑娘都希望有一个丰满fēngmǎn的胸脯xiōngpú。¶豊かな黒髪は昔から女の命といわれてきた▶自古以来，丰盈的黑发被认为是女子的命根子mìnggēnzi。

慣用的表現 ¶彼は豊かな声量を持った歌手だ▶他是个嗓音洪亮hóngliàng的歌唱家。

ゆっくりだ

①スピードが遅い状態。〔→おそい〕

述語 ¶歩き方がゆっくりだ▶走得很慢。

連用修飾語 ¶老婆ゆっくりと歩いて行く▶一个老太太慢腾腾地走去。¶もう少しゆっくりいって下さい。聞きとれません▶请再说慢一点儿，我们听不清楚。

②物事に取り組むのに時間をかける様子。

連用修飾語 ¶歩きながらゆっくり話し合いましょう▶我们一边走路，一边好好儿聊聊。¶この一件についてゆっくり考えたい▶关于这件事，我要好好儿想一想。¶一晩ゆっくり休めば疲れはとれる▶好好儿休息一夜，就会歇xiē过来的。¶この仕事はゆっくりでよい▶这个工作不用着急。

慣用的表現 ¶どうぞもう少しゆっくりしていって下さい▶请再〔多呆一会儿／多坐一会儿〕吧。

ゆるい【緩い】

①締め方や付け方が不充分で，充分には役に立たない状態。〔←→きつい〕

述語 ¶ベルトが緩い▶带子系得松。¶ヒモの結び方が緩い▶绳子系得jìde〔松sōng／不紧〕。¶ネジが緩んで，はずれやすくなった▶螺丝〔松了／旷了〕，容易掉下来／脱落〕。¶スカートのウエストが少し緩くなった▶裙子的腰围有点儿松了。¶このズボンは少し緩いのでつめて下さい▶这条裤子肥了一点儿，请稍微改瘦gǎi shòu点儿。

連用修飾語 ¶胸が苦しくないように，帯を緩く締めて下さい▶请将带子系松一些，以免yǐmiǎn胸部不适。

②見張りや規制，管理が緩い状態。

述語 ¶校則が緩い▶〔校规／学校的管理〕〔△不严／宽松〕。¶"不严"には「あまりよくない」というニュアンスがあり，"宽松"にはない。¶警察の〔取り締まり／制限〕が緩い▶公安局的〔取缔／限

制〕△不严。¶工場内の監視が緩くなった►工厂的监视工作放松了。¶図書館の図書借り出しの制限が緩くなった►图书馆的借书限制放宽了。

3 カーブや傾斜がなだらかな状態。

連体修飾語 ¶緩い坂をのぼる►爬缓坡 huǎnpō。

連用修飾語 ¶道が左へ緩くカーブしている►道路向左平缓地弯曲着。¶パーマを緩くかける►卷儿烫得大一点儿。烫大花。

4 動きや変化が遅い状態。

連体修飾語 ¶ゆるいテンポ►缓慢的速度

述語 ¶このあたりは川の流れが緩い►这附近河水流得缓慢。

附 **ゆるやかだ【緩やかだ】**
連体修飾語 ¶ゆるやかな坂道►平缓的坡道。
連用修飾語 ¶ゆるやかに流れる►缓缓地流淌 liútǎng。

5 水分が多すぎて、水っぽい。

連体修飾語 ¶ゆるい〔粥／便〕►稀〔粥／便〕¶ゆるい便(=下痢)をする►拉稀 lāxī。¶腹具合がゆるい►泻 xiè 肚子。腹泻。

よ

ようきだ【陽気だ】

1 性格が明るく、いつも快活なあり様。

連体修飾語 ¶彼女は陽気な人で、彼女がいると周囲に笑い声が絶えない►她性格活泼开朗，哪里有她，哪里就会笑声不断。¶彼女は陽気なふりをしているが、本当は寂しがり屋だ►她表面上显得很活泼，可实际上内心很寂寞。她总是做出一副开朗的样子，可实际上却是〔容易感到寂寞／性格孤僻 gūpì〕。

2 不平や心配事を忘れ、賑やかに騒ぐあり様。

連用修飾語 ¶陽気に騒ぐ►尽情欢闹。¶宴会で陽気に歌を歌う►在宴会上兴高采烈地唱歌。¶酒を飲むと陽気になる人と陰気になる人がいる►喝了酒，有人变得快活起来，有人则变得忧郁起来。¶葬式の席で陽気にふるまうのはどうかと思う►我认为在葬礼 zànglǐ 上，〔不庄重／不静穆 jìngmù〕是不太合适的。注"认为"は自説を主張する場合使う。日本語流の曖昧な表現にはそぐわない。

陽気にする ¶酒は人の気持ちを陽気にする►酒使人心情畅快。

よそよそしい

□ 自分は無関係というような冷淡な態度をとるありさま。

連体修飾語 ¶よそよそしい態度をする►采取冷淡的态度。

述語 ¶近ごろ彼女は私にとてもよそよそしい►最近她对我很冷淡。¶彼は急に彼女によそよそしくなった►他忽然

対她变得冷淡了。
よそよそしくする ¶そうよそよそしくしないで下さい▶他别那么冷冰冰的。别那么见外jiànwài。

よろこばしい【喜ばしい】
□第三者として，めでたいことと喜ぶ気持ち。
連体修飾語 ¶喜ばしいこと▶可喜的事，喜事
連用修飾語 ¶お元気の由，喜ばしく存じます▶得知您身体健康，我很高兴。

よわい【弱い】 ↔強い
1 エネルギーや耐久力が小さい。
述語 ¶身体が弱い▶身体〔不结实／△弱〕。¶この糸は弱くて縫うとすぐ切れる▶这种线不结实，一缝就断。¶力が弱い▶力气△小。力量△弱。¶エンジンが弱い▶引擎yǐnqíng〔劲儿△／力量△弱〕。¶ガスの火力が弱い▶煤气炉的火候huǒhou不旺wàng。¶風が弱まった▶风小了。¶視力が弱い▶视力差。¶足が弱くなった▶腿没劲儿了。¶気が弱い▶性情〔软弱／怯懦qiènuò〕。¶父は年のせいか，このごろ気が弱くなった▶父亲也许是因为老了，最近精神差多了。¶頭が弱い▶智力差。脑子不好。
慣用的表現 ¶弱い者いじめ▶恃shì强凌líng弱。¶弱い酒▶度数低的酒
2 人がある物事に対して，不得手意識や，愛情が強すぎたりして，すぐまいってしまう状態。 文型 ～に弱い
述語 ¶外国語に弱い▶不擅长shàncháng外语。¶数字に弱い▶不太会摆弄数字。¶母は孫に弱い▶母亲过不了guò不了孙子关。¶彼は美人に弱い▶他过不了美人关。
3 人が肉体的に，また物が質的にダメージを受けやすい状態。
述語 ¶あなたは車に弱いですか？▶您晕车吗？¶彼はお酒に弱い▶他不能喝酒。他经不起酒。¶私は〔暑さ／寒さ〕に弱い▶我怕〔热／冷〕。¶クォーツ時計は水に弱い▶电子表怕水。¶ビタミンＣは熱に弱い▶维生素Ｃ不能受热。

附 よわよわしい【弱々しい】
□「弱い」と人に感じさせるうわべの状態。
述語 ¶彼女のものいいは弱々しい▶她说话声音微弱。¶彼はいかにも弱々しそうだ▶他显得身体很单薄dānbó。

よわきだ【弱気だ】
□始める前から負けたり失敗したりすることを予想して恐れているありさま。
連体修飾語 ¶そんな弱気なことでどうしますか▶您那么胆怯dǎnqiè，怎么办？¶たとえ失敗しても弱気なことはいわないで下さい▶即使失败了也不要说气馁qìněi的话。
述語 ¶私はここぞというところで弱気になる▶我在关键的时候，气馁起来。¶頑固だった父親も年を取るにつれ，弱気になった▶我那么顽固的父亲由于上了年纪也变得服软fúruǎn了。注 "胆怯"は「ささいなこともこわがる」。"气馁"は「がっかりしてやる気がなくなる」。"服软"は「人から何かいわれると，自分の誤りをすぐ認める」。

ら

らんぽうだ【乱暴だ】

[1] 口の利き方や行動が暴力的であったり、人を不愉快にするありさま。[→荒々しい]

連体修飾語 ¶乱暴な人▶〔粗暴的／粗鲁cūlǔ的〕人。注"粗鲁"は「がさつで品がない」。人に危害を及ぼすほどの乱暴さを表してはいない。"粗暴"は主に人間に対する感情的な対応、時に心身に害を与えるような対応を形容する。¶乱暴な言葉遣いをする▶说话粗鲁。用粗鲁的语言说话。¶女の人に乱暴な態度をとるのはいけない▶不准bùzhǔn对妇女采取粗暴的态度。¶乱暴なやり方はやめなさい▶不要粗暴对待。做事不要粗手粗脚cūshǒu cūjiǎo。

述語 ¶彼の運転は乱暴だ、こわくて乗せてもらえない▶他开车太愣,怕得我不敢坐。注"愣"は口語。後先を考えずやりたい放題の「無鉄砲な強引さ」を表す。¶君、口の利き方が乱暴だぞ▶你说话,太粗暴!

連用修飾語 ¶彼は車を乱暴に運転している▶他愣头愣脑lèngtóulèngnǎo地开着车。¶椅子を乱暴に扱わないように▶搬椅子时,不要太使劲儿shǐjìnr。注物の扱い方についての乱暴さは、力の入れ方や動かし方を具体的に描写することで表現する。

[2] (仕事ぶりや作りあげたものに)いい加減な手抜きがみえる状態。

連体修飾語 ¶乱暴な手抜き工事が多くなった▶胡乱húluàn偷工减料的工程多起来了。

述語 ¶字が乱暴だ▶写字很潦草liáocǎo。¶あの工務店は仕事が乱暴だ▶那个建筑公司工作〔潦草／马虎〕。

[3] 道理を無視し、横暴なことが行われている状態。

連体修飾語 ¶乱暴な要求をつきつける▶提出蛮横mánhèng无理的要求。¶乱暴なことばかりいって人を困らせる▶一味yíwèi地蛮横不讲理,刁难diāonàn别人。¶そんな乱暴な話はない▶没有那么不讲理的话。¶乱暴な開発計画のために、世界中の自然が破壊されている▶由于盲目的乱开发,世界上的自然正遭到破坏。

連体修飾語 ¶乱暴に開発を進めて、災害を引き起こした▶鲁莽地lǔmǎngde实施了开发计划,引发了自然灾害。注"鲁莽"は「そそっかしさ、無鉄砲さ」を表し、他人にダメージを与えない程度を表す。

り

りっぱだ【立派だ】

[1] 能力や業績が優れていると賞賛される状態。[㋪優秀だ]

連体修飾語 ¶立派な青年(男性用)►英俊yīngjùn的青年 ¶立派な奥様(女性用)►贤慧xiánhuì的夫人 ¶立派な〔医者／教師〕►优秀的〔医生／教师〕 ¶彼は立派な成績で卒業した►他以优异的成绩毕业了。 ¶彼は営業部で立派な業績をあげた►他在营业部取得了卓越的成就。

述語 ¶それだけ中国語が話せれば，立派ですよ►您的汉语能说到这种程度，真不简单。

連用修飾語 ¶彼らは実に立派に仕事を完成した►他们工作做得〔真出色／真漂亮〕! ¶彼は立派に父の後を継いだ►他出色地继承了父业。

[2] 人格や態度風采が優れていると賞賛される状態。[→すばらしい]

連体修飾語 ¶立派な人格の人►品格高尚的人 ¶立派な風采をした中年男性►一位仪表堂堂的中年男人 ¶彼は落ち着いた立派な態度で判決を受けた►他镇静zhènjìng自若zìruò地接受了判决。 ¶外見は立派だが，中身は大したことはない►虽然外观漂亮,可实际内容并不怎么样。

述語 ¶ご立派！►真了不起! 真棒! 好极了! ¶あなた，おっしゃることはご立派ね(皮肉)►您,太能说漂亮话了。

[3] 事物が美しく値打ちがあると賞賛される状態。[→すばらしい]

連体修飾語 ¶立派な記念品をいただき，感謝申し上げます►承蒙赠送非常漂亮的纪念礼物,在此表示由衷的感谢。 ¶あの立派な建物が国会議事堂です►那座宏伟的建筑物就是国会会堂。 ¶立派な大統領就任式がテレビ中継された►电视实况转播了隆重的总统就任仪式。

[4] 条件を満たし，充分に用が足りる様子。

連用修飾語 ¶これはまだ立派に使える►这还完全能用。 ¶生活は立派にやっていける►生活完全没问题。

[5] 道理にかない，正当さを備えている状態。

連体修飾語 ¶それには立派な理由がある►那有正当的理由。 ¶嫌煙権は立派な権利として認められた►厌烟权被认为是合理正当的权力。

りゅうちょうだ【流暢だ】

話しぶりによどみがない状態。

連体修飾語 ¶彼は流暢な標準語を話す►他说一口流利的△普通话。

述語 ¶彼の日本語は流暢だ►他日语说得很流利。

連用修飾語 ¶彼は三ヶ国語を流暢に話せる►他能流畅地说三国语言。

れ

れいせいだ【冷静だ】
□感情にはしらず，理性的に物事に対応するありさま。
連体修飾語 ¶冷静な態度を保つ▶保持冷静(的态度)。¶冷静な表情で語る▶表情冷静地讲话。
述語 ¶彼はとても冷静だ▶他十分冷静。
連用修飾語 ¶冷静に事に臨む▶冷静地办事。¶冷静に情況分析をする▶冷静地分析情况。
慣用的表現 ¶私は悲しみのあまり冷静でいられなかった▶我悲痛得失去了理智。

わ

わかい【若い】
1 年齢が低い，またはだれかより年下であるありさま。
連体修飾語 ¶若い人▶年轻人 ¶若い世代▶年轻一代 ¶若い時にしっかり基礎を身につけるべきである▶年轻的时候应该打好基础。¶年は私より二～三歳若いはずだ▶按理他应该比我〔年轻／小〕两三岁。
連用修飾語 ¶彼女は本当の年より若く見える▶她比实际年龄显得年轻。
慣用的表現 ¶番号が若い▶号码hàomǎ小。
2 精神が若者のようで，いくぶん未熟なありさま。
述語 ¶60歳を過ぎても気はまだ若い▶虽然已经年过六十,但精神上还很年轻。¶そんなことをしているようではまだ若い，もっと勉強しなくてはいけない▶如果那样做事,就说明你还不老练lǎoliàn。还得多学点儿。¶彼は正直すぎて政治的かけひきを知らない，若いなあ▶他太老实了,连政治手腕都不懂,真幼稚yòuzhì。
3 植物が芽吹いたばかり，または熟していない状態。
述語 ¶若い葉▶嫩叶 ¶若い木を大切にしよう▶爱护àihù小树。¶若い木々に若い芽が吹いた▶小树上发出了嫩芽。¶この柿はまだ若くて渋い▶这个柿子还没熟,有点儿涩。

附 **わかわかしい【若々しい】**
□「わかい」と人に感じさせる状態。

連体修飾語 ¶彼女は年のわりに若々しい服装をしている►她喜欢穿跟自己年龄不相配bù xiāng pèi的衣服。(贬义)她衣着比实际年龄显得年轻。(褒义) ¶年は取っても気持ちは若々しい►虽然上了年纪,但还是朝气蓬勃zhāoqì péngbó。

わがままだ【我が儘だ】

□他人のことは眼中になく,自分のしたいことだけをするありさま。

述語 ¶彼はわがままで,自分のしたいことしかしない►他很任性,只干自己喜欢做的事。 ¶彼女はわがままで手の打ちようがない►她很霸道bàdao,真〔对付不了/没办法〕。注"任性"は「好きなことをやりたい放題にする」という気ままさを形容する。"霸道"は「自分の思う通りにならないと我慢できない」という横暴さを形容する。¶彼は子供っぽくて,ちょっとわがままだ►他还带着孩子气,有点儿任性。¶一人っ子で甘やかして育てたので,うちの子はだんだんわがままになった►由于是独生子女,从小娇生惯养jiāo shēng guànyǎng,我的孩子越来越任性。

わずらわしい【煩わしい】

1 処置が面倒で精神または肉体的に負担がかかる状態。

連体修飾語 ¶煩わしいことはやりたくない►〔麻烦的/辣手làshǒu的〕事,我不想做。 ¶これは煩わしい問題だ►这是〔让人头疼的/辣手的/麻烦的〕问题。

述語 ¶こんなにたくさんの荷物を持って行くのは煩わしい►带这么多的东西去,太累赘léizhui了。注"累赘"の原因は足手まといになるような荷物,子供などの数が多いこと,重かったり手がかかることなど。¶育児は楽しくもあり,煩わしくもある►〔扶养/培养/抚育fǔyù(書き言葉)〕孩子既有乐趣,也有烦恼。¶雨の日に出かけるのは煩わしい►下雨天出门真麻烦。

2 複雑でわかりにくく人を不快にさせる状態。

連用修飾語 ¶煩わしい虚礼をやめる►废除fèichú繁文缛节fánwénrùjié。 ¶煩わしい言い方をやめて,はっきりいって下さい►请直截了当zhíjiéliǎodàng地说,不要拐弯抹角guǎiwān mòjiǎo。 ¶許可を得るには煩わしい手続きをたくさんせねばならない►要想得到批准,得办很多烦琐fánsuǒ的手续。

わるい【悪い】↔いい

1 間違っていたり,正義にもとる状態。

連体修飾語 ¶悪い人►坏人 ¶悪い奴►坏蛋,坏家伙 ¶悪い考えを起こす►起坏心。¶悪いのは弟なのに,いつも私が叱られた►不对的是弟弟,可父母总是训斥xùnchì我。¶悪いことはいわない,まっすぐ家に帰りなさい►我劝你,直接回家吧。

述語 ¶私が悪かった,かんべんして下さい►我〔不对/不好〕,请原谅。

2 物品の品質,人の技量などが劣っている状態。

述語 ¶成績が悪い►成绩不好。¶発音が悪い►发音△不好。注日本語の「悪い発音」という表現は,中国語では連体修飾構造になりにくい。"发音"は「だれの」「何語の」という名詞で修飾されることはあるが,形容詞を連体修飾語

にとることはまずない。¶頭が悪い▶脳筋不好。脳子△笨。¶腕が悪い▶技術不高。¶安いから悪いとは限らない▶便宜货不见得质量都不好。

3 人の心身の状態，天候の状態が正常でない状態。

述語 ¶からだの具合が悪い▶身体〔不好/不舒服〕。¶病状が悪くなった▶病情恶化。¶たばこはからだに悪い▶抽烟对身体不好。¶あなたは心がけが悪い▶你居心〔不良/不善〕。¶あの夫婦は仲が悪い▶那对夫妇感情不好。注 "感情不好"は基本的に男女の間のことをいう。親子友人の間は"关系不好"。¶今日は天気が悪い▶今天天气不好。¶天候がずっと悪い▶天气持续不正常。¶こう天候が悪くては作物にも悪い▶天气这样不正常的话,对庄稼也一定不利。

4 便利さややりやすさが損なわれている状態。

述語 ¶まったく始末が悪い▶这件事情〔真不好办/不好处理〕。¶今日は都合が悪い，明日来て下さいませんか▶今天不方便,能请您明天来吗？¶交通の便が悪い▶交通不方便。

5 他人に対して申し訳なく思わせる状態。

連体修飾語 ¶ごめん，君に悪いことをしてしまった▶我做出这样的事,〔对不起你/真抱歉〕?

述語 ¶何かお礼をしないと悪いですよ▶不送点儿什么表示谢意,有点儿不礼貌呀。¶こんな遅くまで騒いで，悪いと思わないの▶这么晚还在吵,不觉得缺德吗？¶忙しいのに呼び出して悪かった▶工作那么忙,还把你叫出来,真抱歉!

わんぱくだ【腕白だ】

□男の子がいたずらで，活発すぎるくらいの状態。

連体修飾語 ¶腕白坊主▶淘小子¶腕白な子(男の子，女の子両方を指せる)▶淘气的孩子

述語 ¶この子は腕白で，私の手におえない▶这孩子真淘气,我〔简直管不了/拿他没办法〕。¶息子は今，腕白ざかりです▶我儿子正是最淘气的时候。

中国語索引

A

矮ǎi	低い	139
安静ānjìng	静かだ	84
安全ānquán	安全だ	15
安稳ānwěn	おとなしく	37
安祥ānxiáng	しとやかだ	86
	安らかだ	164
安心ānxīn	安心だ	14
	力強い	115
暗àn	くらい	66
肮脏āngzāng	汚い	54

B

白bái	白い	90
	むだに	160
	[茫茫的](見渡す限り)	
	白い	90
白净báijing	白い	90
薄báo	淡い	14
	薄い	22
饱bǎo	[吃~]十分に,満足に(食べる)	88
宝贵bǎoguì	可愛い	47
	大切だ	106
	貴い	122
悲哀bēi'āi	悲しい	48
	暗い	67
卑鄙bēibǐ	汚い	55
	けちだ	71
	醜い	159
悲惨bēicǎn	痛ましい	20
	悲しい	44
悲观bēiguān	(気持ちが)暗い	67
笨bèn	(様子が)怪しい	12
	(口が)重い	38
	(天気が)重苦しい	39
	ぐずだ	65
	鈍い	128
	へただ	148
	(頭が)悪い	174
必要bìyào	必要だ	140
扁biǎn	平たい	142
薄弱bóruò	(選手層が)薄い	23
不错búcuò	偉い	28
	[脸色~](顔つきが)すがすがしい	94
不得了bùdéliǎo	(~で)たまらない	27, 131
不好意思bùhǎoyìsī	厚かましい(謙遜)	9
	(心が)苦しい	68
	恥ずかしい	135
不利búlì	まずい	154
	(~に)悪い	174
不少bùshǎo	(たくさん)	160
不同bùtóng	[~往常]おかしい	32
不幸búxìng	暗い(ニュース,時代など)	67

C

残酷cánkù	残酷だ	82
	ひどい	140
残忍cánrěn	残忍だ	82
惨cǎn	ひどい	140
差chà	劣っている	37
	(水準が)低い	140
	ひどい	141
	(気が)弱い	169
差点儿chàdiǎnr	危うく	10
长cháng	[不~](日が)浅い	4
	長い	124

长远chángyuǎn	[计划~]気長だ	56
	長い(目で)	124
畅快chàngkuài	[不~]うっとうしい	25
	陽気だ	168
吵chǎo	うるさい	26
	騒がしい	80
吵闹chǎonào	賑やかだ	127
潮湿cháoshī	湿っぽい	87
彻底chèdǐ	完全な・完全に	49
	きれいに	63
	[不够~]手ぬるい	129
沉chén	重い	37
沉静chénjìng	静かだ	85
沉闷chénmèn	息苦しい	17
	重苦しい	39
沉重chénzhòng	重い	37
	手痛い	120
诚恳chéngkěn	優しく	163
成熟chéngshú	(人柄が)まるい	155
迟chí	遅い	34
迟钝chídùn	(感覚が)鈍い	128
炽热chìrè	(焼き付くように)あつい	7
冲chòng	(匂いが)きつい	56
稠chóu	濃い	74
丑陋chǒulòu	醜い	159
臭chòu	[~骂]荒々しく	12
	臭い	64
	腐っている	64
出色chūsè	(技術が)あざやかだ	5
	すぐれている	95
	見事だ	158
	立派だ	171
纯粹chúncuì	純粋だ	88
纯洁chúnjié	(心が)清らかだ	61
	きれいだ	62
	純粋だ	88
纯真chúnzhēn	純粋だ	88
	素直だ	97
纯正chúnzhèng	(発音が)きれいだ	62
	純粋だ	88
慈爱cí'ài	優しく	163
慈祥cíxiáng	優しい	163
匆忙cōngmáng	忙しい	18
	気ぜわしい	54
聪明cōngmíng	賢い	40
	りこうだ	113
粗cū	粗い	13
	大ざっぱだ	31
	簡単だ	51
	太い	146
粗糙cūcāo	粗い	13
	大ざっぱだ	31
粗鲁cūlǔ	荒い	13
	荒々しい	12
	乱暴だ	170
粗野cūyě	(性格が)荒い	13
脆cuì	もろい	162
脆弱cuìruò	もろい	162
错cuò	[估计~](予想が)狂っている	69
	[没méi~]正しい	110

D

大dà	粗い	13
	偉い	28
	大きい	30
	高い	107
	(風雨など)強い	118
	広い	103
	太い	146
	見事な	158
	(程度を表す)痛い	19
	すごい	96
	激しい	133
	ひどい	140
大胆dàdǎn	大胆である	92
大方dàfāng	気前よい	58
	きれいに(使う)	63
	上品な(身なり)	105

中国語	日本語	ページ
	(字体が)素直だ	97
呆板 dāibǎn	ぎこちない	53
单薄 dānbó	[身体~](影が)うすい	23
	[身体~]弱弱しい	169
单纯 dānchún	(考え方が)甘い	11
	簡単だ	50
	純粋だ	88
	素朴だ	104
	[心地~](心が)清らかだ	61
胆怯 dǎnqiè	臆病だ	32
	心細い	76
	心もとない	77
	弱気だ	169
胆小 dǎnxiǎo	臆病である	32
胆壮 dǎnzhuàng	心強い	76
淡 dàn	(色が)浅い	4
	淡い	13
	薄い	22
淡薄 dànbó	淡い(記憶)	14
	薄い	23
倒霉 dǎoméi	損だ	105
得意 déyì	(鼻が)高い	108
	得意に(なる)	123
低 dī	(目算が)甘い	11
	卑しい	21
	(声が)小さい	107
	低い	139
	(値段が)安い	164
低沉 dīchén	陰気だ	22
的确 díquè	(副)確かに	109
地道 dìdao	純粋な	88
丢丑 diūchǒu	まずい	154
	(謙遜)まずい	154
	見苦しい	157
丢脸 diūliǎn	(肩身が)狭い	103
	まずい(不都合)	154
	見苦しい	157
	みっともない	159
丢人 diūrén	恥ずかしい	134
	情けない	124
动人 dòngrén	美しい	24
	すばらしい	99
陡 dǒu	急だ	60
	険しい	72
短 duǎn	(考え方が)浅い	4
	(時間が)少ない	95
	短い	158
短暂 duǎnzàn	はかない	132
	短い	158
对 duì	いい	16
	正しい	110
	[不~]狂っている	69
对准 duìzhǔn	[没~](ピントが)甘い	11
多 duō	多い	29
	大きい	30
	(毛が)濃い	74
	(値段が)高い	107
	[不~]とぼしい	123
	(年月が)長い	124

E

恶劣 èliè	(生活環境が)厳しい	57
恶心 ěxīn	忌まわしい	20
	薄気味わるい	59

F

发慌 fāhuāng	心細い	76
乏 fá	[~味]おもしろくない	65
	[缺~](空気・層が)薄い	23
烦恼 fánnǎo	煩わしい	173
烦闷 fánmèn	うっとうしい	25
繁 fán	[频~]活発だ	43
繁杂 fánzá	複雑だ	144
繁忙 fánmáng	忙しい	18
方 fāng	四角い	84

方便 fāngbiàn	便利だ	149
	便利だ	149
	[不~]不便だ	149
放心 fàngxīn	安心だ	14
	心強い	76
	[不~]心配だ	92
肥 féi	肥えている	75
	(服が)太い	146
	太っている	147
	(服が)ゆるい	167
肥沃 féiwò	肥えている	75
	豊かな(土地)	167
纷纷 fēnfēn	騒がしい	81
丰富 fēngfù	多い	29
	(想像力が)たくましい	108
	[不~]とぼしい	123
	豊かだ	167
疯 fēng	(気が)狂っている	69
肤浅 fūqiǎn	浅い	4
富裕 fùyù	[不~](経済的に)きつい	55
	豊かだ	166
复杂 fùzá	(感情的に)おもしろくない	39
	複雑だ	144
	深い(わけ)	144
	難しい	160

G

干 gān	乾いている	48
干脆 gāncuì	[不~]煮え切らない	160
	[不~]煮え切らない	127
干净 gānjìng	きれいだ	62
	清潔だ	101
	[不~]汚い	54
刚强 gāngqiáng	気丈だ	54
	きつい	56
高 gāo	すぐれている	95
	高い	107

	強い	118
	ひどい	140
	見事だ	158
高超 gāochāo	鮮やかだ	5
高大 gāodà	大きい	30
	たくましい	108
高贵 gāoguì	(身分が)高い	108
	貴い	122
高明 gāomíng	賢い	41
	器用だ	61
	上手だ	89
高尚 gāoshàng	きれいだ	62
	立派だ	171
高兴 gāoxìng	嬉しい	27
	楽しく	111
	愉快だ	166
	喜ばしい	169
	[不~]苦々しい	127
	[不~](表情が)渋い	87
	[不~]難しい	160
公正 gōngzhèng	清い	61
	きれいだ	62
	清潔な	101
	正しい	110
巩固 gǒnggù	固める	73
够 gòu	(程度を表す)えらく	29
	充分だ	88
	[不~]浅い	4
	[不~]足りない	26, 93, 102
	[不~]ぬるい	129
够受的 gòushòude	きつい	55
	ひどい	140
孤独 gūdú	寂しい	79
孤单单地 gūdāndānde	寂しい	79
孤零零地 gūlínglíngde	(人がいなくて)寂しい	79

古 gǔ	古い	147	害羞 hàixiū	恥ずかしい(㋐てれくさい)	134
古板 gǔbǎn	(頭が)固い	41	好 hǎo	いい	15
	四角ばっている	84		美しい	25
古怪 gǔguài	おかしい	32		偉い	28
	気味悪い	59		おもしろい	39
	突飛な	32		きれいだ	62
古老 gǔlǎo	長い(歴史)	124		元気だ	73
	古い	147		快い	76
古朴 gǔpǔ	素朴な	105		親しい	85
古雅 gǔyǎ	渋い	87		親切だ	91
故意 gùyì	いじわるだ	18		すぐれている	95
固执 gùzhí	強情だ	75		すばらしい	98
	頑固だ	48		順調だ	88
乖 guāi	いい	15		上手だ	89
	いじらしい	18		丈夫だ	89
	おとなしい	37		強い	119
乖僻 guāipì	(根性が)曲がっている	152	好吃 hǎochī	おいしい	29
怪 guài	怪しい	11		[不~]まずい	154
	おかしい	32		[不~](謙遜)つまらない	116
	うそだ	23			
	奇妙だ	58	好久 hǎojiǔ	(時間が)長い	124
	不思議だ	145		しばらく	148
	(性格が)難しい	160	好看 hǎokàn	美しい	24
光明 guāngmíng	あかるい	2		(読んで)おもしろい	39
广 guǎng	広い	142		きれいだ	61
广泛 guǎngfàn	広い	142		見事だ	157
广阔 guǎngkuò	広い	142		(顔立ちが)良い	13
规矩 guīju	きちょうめんだ	55		[不~](謙遜)つまらない	116
	四角ばった	84			
	[没~]だらしない	112	好听 hǎotīng	美しい	25
贵 guì	高い	107		(言葉が)きざだ	53
过硬 guòyìng	(技術が)確かだ	109		きれいだ	62
			好玩儿 hǎowánr	面白い	39
H				可愛い	47
含糊 hánhu	煮え切らない	127	和蔼 hé'ǎi	穏やかだ	35
寒冷 hánlěng	寒い	80		優しい	163
害臊 hàisào	恥ずかしい	134	合理 hélǐ	正当だ	110
	[不~]厚かましい	9		立派(な)	171
	[不~]いやらしい	21		[不~]ばかばかしい	132

中国語		
和气 héqì	[不~]間違っている	154
	穏やかだ	35
	にこやかだ	128
合适 héshì	(都合が)いい	16
	てごろだ	121
	ふさわしい	145
	ほどよい	150
黑 hēi	(性格が)汚い	55
	黒い	69
	暗い	66
	[~糊糊的](ぼんやりくすんで)黒い	69
	[~压压地]黒山のように	69
黑暗 hēi'àn	暗い	66
狠 hěn	(気性が)荒い	13
	冷たい	117
狠毒 hěndú	残酷だ	82
狠狠 hěnhěn	荒々しく	12
	きつい	56
	険しい	72
	すごい	96
	強く	118
恨 hèn	恨めしい	26
横 héng	横柄だ	126
红 hóng	赤い	1
	[~嘟嘟的 ~ dūdūde] 赤い	1
	[~彤彤的 ~ tóngtóngde] 赤い	1
	[~扑扑的 pūpūde](子供の顔が)まっかだ	1
宏伟 hóngwěi	大きい	30
	立派だ	171
厚 hòu	厚い	8
	濃い	74
	[脸皮~]厚かましい	9
	[膘biāo~]肥えている	75
	[~墩墩的dūndūnde](ずっしりと頑丈で)厚い	8
厚实 hòushi	(布団・身体部位が)厚い	8
后悔 hòuhuǐ	後悔している	34
糊涂 hútu	(頭が)おかしい	32
滑 huá	ずるい	
滑稽 huáji	おかしい	32
	おもしろい	39
坏 huài	(天気が)危ない	10
	(天気が)怪しい	11
	いじわるだ	18
	忌まわしい	20
	(腹)黒い	70
	悪い	173
怀念 huáiniàn	恋しい	75
	懐かしい	125
欢喜 huānxǐ	嬉しい	27
	楽しそうに	111
	賑やかに	127
缓 huǎn	なだらかだ	125
	ゆるい(坂)	168
	ゆるやかに	168
缓慢 huǎnmàn	(スピード)重い	38
	ゆるい	168
慌 huāng	[V得~](塞がって,蒸して,締められて)苦しい	17
慌张 huāngzhāng	慌てている	14
黄 huáng	黄色い	52
灰 huī	[~色]灰色だ	140
昏暗 hūn'àn	暗い	14
	うす暗い	68
	鈍い(光)	128
活泼 huópo	勇ましい	17
	活発だ	43
	陽気だ	168

J

积极 jījí	積極的だ	102
激烈 jīliè	活発だ	43
	激しい	133
急 jí	気短だ	158
	気ぜわしい	54
	急だ	59
	速い	137
急促 jícù	荒い	13
	激しい	133
	速い	137
急忙 jímáng	忙しい	19
急躁 jízào	短気だ	112
寂静 jìjìng	(夜が)静かだ	84
寂寞 jìmò	寂しい	79
佳 jiā	[不～](気分が)悪い	136
假 jiǎ	[～的]嘘だ	23
尖 jiān	黄色い(声)	52
尖 jiān	高い(声)	107
	鋭い	99
尖刻 jiānkè	厳しい	117
尖锐 jiānruì	鋭い	99
坚定 jiāndìng	(決心・信仰が)篤い	9
	かたい	42
坚固 jiāngù	硬い	41
	頑丈だ	49
	丈夫だ	90
	強い	118
坚决 jiānjué	かたく	42
	頑固に	48
坚强 jiānqiáng	気丈だ	53
	強い	118
	たくましい	109
坚硬 jiānyìng	硬い	41
艰巨 jiānjù	難しい(任務)	5
艰苦 jiānkǔ	苦しい	68
	辛い	45
艰难 jiānnán	苦しい	68
	険しい	72
	つらい	119
简单 jiǎndān	(考えが)浅い	4
	(考えが)甘い	11
	簡単だ	50
	軽い	45
	単純だ	113
	易しい	164
健康 jiànkāng	元気だ	73
	丈夫だ	89
健壮 jiànzhuàng	頑丈だ	49
	丈夫だ	89
贱 jiàn	卑しい	21
僵硬 jiāngyìng	(足取りが)怪しい	12
骄傲 jiāo'ào	(態度が)大きい	30
	生意気だ	126
奸猾 jiānhuá	ずるい	99
接近 jiējìn	近い	114
	親しい	85
结实 jiēshi	頑丈だ	49
	丈夫だ	89
	強い	118
紧 jǐn	(結び目が)固い	41
	(服・栓などが)きつい	55
	強く	118
	[不～]ゆるい	167
紧张 jǐnzhāng	息苦しい	17
	(時間が)忙しい	18
	堅い	41
谨慎 jǐnshèn	慎重だ	92
近 jìn	近い	114
近乎 jìnhu	馴れ馴れしい	126
惊人 jīngrén	恐ろしい	35
	すごい	96
精彩 jīngcǎi	鮮やかだ	5
	見事だ	158
精美 jīngměi	すぐれている	95
精明 jīngmíng	賢い	40
精神 jīngshén	[有～]元気だ	72

静jìng	[夜深人~]静かだ	84		恐ろしい	34
久jiǔ	遠い	122		憎い	128
	(時間が)長い	124	可笑kěxiào	おかしい	32
旧jiù	懐かしい	125	可以kěyǐ	いい(あいづち,疑問など)	16
	古い	147		(~しても)いい	16
巨大jùdà	大きい~	30	渴kě	(のどが)渇いている	48
	強い~	118	客气kèqi	(遠慮)深い	144
K				[不~]厚かましい	9
开朗kāilǎng	明るい	2		[不~]馴れ馴れしい	126
	晴れやかだ	138	空荡荡kōngdāngdāng		
	朗らかだ	149		(がらんとして)寂しい	80
	陽気だ	168	苦kǔ	(味が)苦い	127
	[不~]陰気だ	22	苦闷kǔmèn	悔しい	66
苛刻kēkè	可哀そうだ	48	快kuài	(流れが)急だ	60
	きつい	56		すばやい	98
	厳しい	27		速い	137
可爱kě'ài	いじらしい	18		(刃が)鋭い	99
	美しい	18		[不~](刃が)甘い	10
	可愛い	47		[不~]にぶい	128
可靠kěkào	堅実だ	73	快活kuàihuo	明るい	2
	心強い	76		朗らかだ	149
	確かだ	109		愉快だ	166
	頼もしい	112		陽気だ	168
可怜kělián	いじらしい	18	快乐kuàilè	明るい	2
	いたいたしい	20		楽しい	111
	可哀相だ	47	宽kuān	広い	142
	情けない	125		太い	146
	ひどい	140		優しい	163
可怕kěpà	恐ろしい	34		(点が)甘い	10
	気味悪い	59	宽敞kuānchang	広い	142
	(表情が)険しい	72	宽大kuāndà	(~に)甘い	11
	怖い	78		手ぬるい	129
可惜kěxī	(失点が)痛い	19		豊かだ	167
	惜しい	19	宽阔kuānkuò	豊かだ	167
	残念だ	82	宽松kuānsòng	緩い	167
	もったいない	162	宽裕kuānyù	(懐が)暖かい	6
可恨kěhèn	恨めしい	26		豊かだ	166
	憎い	128			
可恶kěwù	忌まわしい	20			

亏kuī	[吃~]損だ	105			[~冰冰的]冷ややかだ	141
魁伟kuíwěi	(体格が)いい	15			[~冰冰的]よそよそしい	169
魁梧kuíwú	(体格が)いい	15		冷淡lěngdàn	(心が)冷たい	117
	大きい	30			冷ややかだ	141
	たくましい	108			よそよそしい	168
困kùn	眠い	131		冷酷lěngkù	冷たい	117
困倦kùnjuàn	眠い	131		冷寂lěngjì	(景色など)寂しい	79
困苦kùnkǔ	(生活が)苦しい	154		冷静lěngjìng	冷ややかだ	141
	深刻だ	91			冷静だ	172
困难kùnnan	苦しい	68		礼貌lǐmào	つつましい	116
	つらい	119			ていねいだ	120
	難しい	160		厉害lìhai	えらい(目)	29
靠得住kàodezhù	確かだ	109			恐ろしい	35
					きつい	56
L					激しい	133
辣là	辛い	44			強い	119
	[火~~]辛い	44			ひどい	140
辣手làshǒu	煩わしい	173		凉liáng	涼しい	97
懒lǎn	[~得动](腰が)重い	38			冷たい	116
老lǎo	(肉が)硬い	41			[~飕飕sōusōu的]涼しい	96
	古い	147		凉快liángkuai	涼しい	97
老实lǎoshi	おとなしい	37		凉爽liángshuǎng		
	(人物が)堅い	41			爽やかだ	81
	しおらしい	84		亮liàng	明るい	1
	正直だ	172			[不~]暗い	1
	まじめだ	153		辽阔liáokuò	広い	142
	[老老实实地]素直に	97		了不起liǎobuqǐ	偉い	28
	[老老实实地]おとなしく	37			すごい	96
老练lǎoliàn	渋い	87			見事だ	158
	[成熟~](人柄が)まるい	155			立派だ	171
乐lè	嬉しい	27		零碎língsuì	細かい(品物)	77
乐观lèguān	甘く(考える)	11		灵líng	[耳朵~](耳が)肥えている	75
累lèi	きつい	55			[耳朵~]鋭い	100
	疲れている	115			[不~](仕草が)怪しい	12
累赘lèizhuì	煩わしい	173			[手脚~]確かだ	109
冷lěng	寒い	80				
	冷たい	116				

灵便língbiàn	[不~]鈍い	128
	[不~](仕草が)怪しい	12
	[不~]ぎこちない	53
	(足腰が)頑丈だ	49
灵活línghuo	すばしこい	98
	すばやい	98
	(調子が)(頭の回転が)速い	137
	敏捷だ	143
	(考え方が)柔らかい	165
	[不~]ぎこちない	53
	[不~]鈍い	128
灵敏língmǐn	(感覚が)鋭い	100
	(反応が)速い	137
灵巧língqiǎo	(身のこなしが)軽い	46
	器用だ	61
伶俐línglì	賢い	40
	[口齿~](弁舌が)爽やかだ	81
玲珑línglóng	可愛い	47
流利liúlì	流暢だ	171
	[不~]たどたどしい	50
隆重lóngzhòng	厳かだ	33
	華やかだ	137
	立派だ	171
罗唆luōsuo	うるさい	27
	(口数が)多い	30
	くどい	65
乱luàn	(予定が)狂っている	69
	[~七八糟]だらしない	112
	[~蓬蓬的]見苦しい	157

M

麻烦máfan	複雑だ	144
	煩わしい	173
	[找人~]いじわるだ	18
	[有~的](後が)こわい	78
马虎mǎhu	(やり方が)乱暴だ	170
	だらしない	112
	[不~]きちょうめんだ	55
	[马马虎虎]だらしない	112
满mǎn	多い(満ちている)	30
	[饱~,布~,充~,丰~,铺~,洒~,溢~]	
满不在乎mǎnbuzàihu	涼しい(顔)	97
	呑気だ	132
满意mǎnyì	快く(思う)	76
	満足だ	156
满足mǎnzú	充分だ	88
	満足だ	156
漫长màncháng	長い(時)	124
慢màn	遅い	34
	(反応が)鈍い	128
	のろい	131
	[~坡]なだらかだ	125
	[~腾腾的]のろい	131
	[~腾腾的]ゆっくりだ	167
	[~吞吞的]のろい	131
	[性子~]気が長い	124
	[性子~]呑気だ	131
忙máng	忙しい	18
	[~叨叨的]忙しい	18
忙乱mángluàn	忙しい	18
	気ぜわしい	54
忙碌mánglù	忙しい	18
冒失màoshi	[冒冒失失地]へたに	149
没出息méichūxi	だらしない	112
	情けない	125
美měi	美しい	24
	すばらしい	98

美好 měihǎo	美しい	25
	楽しい	111
美丽 měilì	美しい	23
	きれいだ	61
	すばらしい	98
美妙 měimiào	美しい	25
闷 mēn	暑苦しい	8
	息苦しい	17
	うっとうしい	25
闷热 mēnrè	暑苦しい	8
闷 mèn	退屈だ	106
猛烈 měngliè	ものすごい	96
	激しい	133
密 mì	(毛が)濃い	74
勉强 miǎnqiáng	(無理があり)苦しい	69
敏捷 mǐnjié	すばしこい	98
	すばやく	98
明白 míngbái	はっきりしている	135
明亮 míngliàng	(瞳が)清らかだ	60
	清らかだ	60
	明るい	60, 142
明确 míngquè	明らかに(する)	4
	はっきりしている	135
明显 míngxiǎn	あきらかだ	3
	[太~]しらじらしい	90
模糊 móhu	紛らわしい	153
	ぼんやりしている	151
陌生 mòshēng	(〜に)暗い	67

N

拿手 náshǒu	上手だ	89
	得意だ	122
耐心 nàixīn	気長だ	56
	辛抱づよい	93
难 nán	難しい	160
难保 nánbǎo	危ない	9
难吃 nánchī	まずい	154
难得 nándé	惜しい	33
	貴い	122
	珍しい	161

难对付 nánduìfu	したたかだ	86
	難しい	160
难过 nánguò	悲しい	43
	辛い	119
难看 nánkàn	見苦しい	157
	みっともない	159
	醜い	159
难受 nánshòu	苦しい	68
	辛い	119
难听 nántīng	聞き苦しい	52
难为情 nánwéiqíng		
	恥ずかしい	135
嫩 nèn	柔らかい	165
	若い	172
能干 nénggàn	(やり手で)勇ましい	17
年轻 niánqīng	若い	172
浓 nóng	(味・色など)くどい	65
	濃い	74
	(霧が)深い	143
浓厚 nónghòu	(政治色が)濃い	75
暖 nuǎn	暖かい	5
	[~洋洋的][~融融的]	
	ぽかぽか暖かい	6
暖和 nuǎnhuo	暖かい	5

P

蹒跚 pánshān	たどたどしい	110
胖 pàng	太っている	147
	[~乎乎的](まるまると)太っている	110
疲劳 píláo	疲れている	115
便宜 piányi	[贪~]がめつい	44
	[占~]得だ	123
	安い	164
漂亮 piàoliang	鮮やかだ	5
	美しい	23
	きれいだ	61
	立派だ	171
贫穷 pínqióng	貧しい	154
贫困 pínkùn	貧しい	154

平 píng	ひらたい	142			たくましい	108
平安 píng'ān	無事だ	16	巧 qiǎo		[灵~]器用だ	61
平常 píngcháng	普通だ	146			[精~]見事だ	158
平淡 píngdàn	[~无奇][~无味]				[手~]器用だ	40,61
	平凡だ	148	巧妙 qiǎomiào		鮮やかに	5
平凡 píngfán	平凡だ	148	俏 qiào		小粋だ	75
平静 píngjìng	穏やかだ	35	亲爱 qīn'ài		可愛い	47
	静かだ	84	亲近 qīnìn		親しい	85
	[不~]騒がしい	80	亲切 qīnqiè		あたたかい	6
平缓 pínghuǎn	なだらかだ	80			親切だ	91
	ゆるやかだ	168			優しい	163
破 pò	古い(破れている)		亲热 qīnrè		熱い(思い)	1
	[打~,攻~,磨~,抓~]				和やかに	124
		147	亲密 qīnmì		熱い(思い)	1
破旧 pòjiù	古い	147			親しい	85
	みすぼらしい	158			[过于~]なれなれしい	
破陋 pòlòu	みすぼらしい	158				126
普通 pǔtōng	普通だ	145	勤劳 qínláo		勤勉だ	63
	平凡だ	147	清 qīng		清らかだ	60
朴素 pǔsù	おとなしい	37			きれいだ	62
	素朴だ	105			[~彻]澄んでいる	24
			清楚 qīngchu		明らかだ	3
Q					きれいだ	62
凄惨 qīcǎn	痛ましい	20			爽やかだ	81
	可哀相だ	47			はっきりしている	135
凄凉 qīliáng	寂しい	79	清脆 qīngcuì		清らかな(声)	60
奇怪 qíguài	怪しい	11			涼しい(音色)	97
	おかしい	32	清淡 qīngdàn		淡い	13
	奇妙だ	58			薄い	2
奇妙 qímiào	奇妙だ	59			清らかだ	61
恰当 qiàdàng	的確な	121	清洁 qīngjié		きれいだ	62
谦虚 qiānxū	謙虚である	73			清潔だ	101
	つつましい	106	清静 qīngjìng		静かだ	84
浅 qiǎn	浅い	4	清亮 qīngliàng		爽やかな(声)	81
	淡い	13			涼しい(目元)	97
	薄い	22	清爽 qīngshuǎng		(空気・朝が)爽やかだ	81
强 qiáng	強い	117			すがすがしい	94
强烈 qiángliè	激しい	134	清晰 qīngxī		鮮やかだ	5
强壮 qiángzhuàng			清秀 qīngxiù		涼しい(目元)	97
	丈夫だ	89			(娘が)清潔だ	102

轻qīng	(傷・眠りが)浅い	4		熱い	8	
	軽い	45		親切だ	91	
	(そっと)静かに	84		熱心だ	130	
轻浮qīngfú	軽々しい	46	热腾腾rètēngtēng			
轻快qīngkuài	(動き・メロディが)軽い	46		熱い	8	
	軽やかだ	46	热心rèxīn	温かい	6	
轻巧qīngqiǎo	軽く(攻撃する)	45		親切だ	91	
轻率qīngshuài	軽々しく	46		熱心だ	130	
	軽率だ	71	认真rènzhēn	きちょうめんだ	55	
轻松qīngsōng	(運動仕事・気持ちが)			真剣だ	90	
	軽い	45		熱心だ	131	
	軽やかだ	46		本気だ	150	
	気ままだ	58		まじめだ	153	
轻微qīngwēi	(風邪・犯罪が)軽い	45	任性rènxìng	勝手だ	43	
轻易qīngyì	簡単に	51		わがままだ	173	
轻盈qīngyíng	軽い	46	容易róngyì	簡単だ	50	
	[不~](身体が)重い	38		易しい	164	
晴朗qínglǎng	(天気が)すばらしい	98		[不~]難しい	160	
	晴れやかだ	138	柔和róuhé	(声・まなざしが)優しい	163	
穷qióng	貧しい	154	柔软róuruǎn	しなやかだ	86	
穷苦qióngkǔ	貧しい	154		柔らかい	165	
穷困qióngkùn	苦しい	68	软ruǎn	(情に)もろい	162	
	貧しい	154		柔らかい	165	
确实quèshí	確かだ	109	软绵绵ruǎnmiánmián			
				柔らかい	165	
R			软弱ruǎnruò	弱い	169	
热rè	(飲み物)温かい	6	弱ruò	弱い	169	
	暑い	7				
	熱い	8	**S**			
	[不够~]ぬるい	129	臊sāo	臭い	64	
热爱rè'ài	熱い(思い)	8	臊sào	恥ずかしい	1	
热烘烘rèhōnghōng			涩sè	渋い	87	
	暑い	7	森严sēnyán	いかめしい	17	
热乎乎rèhūhū	あたたかい	6	善良shànliáng	(心が)美しい	25	
热烈rèliè	活発な(議論)	43		(心が)きれいだ	62	
	元気だ	72		優しい	163	
	熱心だ	131	伤心shāngxīn	悲しい	165	
热闹rènǎo	賑やかだ	127		寂しい	79	
热情rèqíng	暖かい	6	少shǎo	(経験が)浅い	4	

	少ない	94		すがすがしい	94
	[不~]たくさんだ	160		晴れやかだ	138
舍不得 shěbude	惜しい	33		朗らかだ	149
	(~するのが)辛い	119	顺利 shùnlì	順調だ	81
深 shēn	[不~]浅い	4	四方 sìfāng	四角い	84
	深い	143	松 sōng	(点数・栓が)甘い	10
深厚 shēnhòu	あつい	9		粗く(編む)	13
深刻 shēnkè	(印象が)鮮やかだ	5		緩い	167
	難しい(理論)	164	酸 suān	(牛乳が)腐っている	64
慎重 shènzhòng	慎重だ	92		すっぱい	97
生动 shēngdòng	生き生きしている	43		(腰が)だるい	112
	生々しく	126	酸懒 suānlǎn	(全身が)だるい	112
生硬 shēngyìng	(文章が)硬い	42	酸疼 suānténg	(足腰が)だるい	112
	ぎこちない	52	随便 suíbiàn	[太~]軽軽しい	46
适当 shìdàng	ほどよい	150		だらしない	112
熟 shóushú	親しい	85	碎 suì	[嘴~](口数が)多い	30
	[不~](眠りが)浅い	4		細かい	77
	[没~]若い	172	素气 sùqì	(柄が)おとなしい	37
熟悉 shúxī	(~に)明るい	3	素淡 sùdàn	(色が)地味だ	87
	[不~]暗い	67	素雅 sùyǎ	渋い	87
	詳しい	70	琐碎 suǒsuì	細かい(事)	77
瘦 shòu	(衣服が)きつい	56		小さい(事)	113
	痩せている	165			
舒畅 shūchàng	(気持ちが)明るい	2		**T**	
	[不~]重苦しい	39	踏实 tāshi	堅実だ	73
	心地よい	76		心強い	76
	晴れやかだ	138		手がたい	74
舒服 shūfu	心地よい	76	烫 tàng	熱い	8
	心地よい	76	淘气 táoqì	腕白だ	174
	[不~]うっとうしい	25	讨厌 tǎoyàn	いやらしい	21
	[不~](体調が)おかしい	32		うるさい	27
舒适 shūshì	心地よい	75		嫌いだ	61
率真 shuàizhēn	素直に	97		苦々しい	127
爽快 shuǎngkuài	気さくだ	53		憎らしい	128
	心地よい	76	疼 téng	痛い	19
	爽やかだ	81	疼爱 téng'ài	いじらしい	18
	すがすがしい	94	天真 tiānzhēn	(考え方が)あまい	11
爽朗 shuǎnglǎng	明るい	2		いじらしい	18
	爽やかだ	81		素直だ	97
			甜 tián	甘い	10

甜蜜tiánmì	甘い	10			たくましく	108
甜美tiánměi	甘い	10	晚wǎn	遅い		34
通顺tōngshùn	[不~]たどたどしい	111	旺盛wàngshèng	元気だ		72
通俗tōngsú	俗っぽい	104		たくましい		108
	易しい	164	危险wēixiǎn	危ない		9
痛tòng	[不~不痒]痛い	19		危険だ		15
痛苦tòngkǔ	苦しい	68	威风wēifēng	勇ましい		17
	苦い	127	为难wéinán	[使人~]いじわる	
痛快tòngkuài	おもしろい	39		(をする)		18
	心よい	76	伟大wěidà	偉い~		28
	爽やかだ	81	温wēn	[~呑]ぬるい(茶)		129
	楽しい	87	温和wēnhe	穏やかだ		35
	[不~]苦々しい	127		優しい		163
痛心tòngxīn	痛ましい	20	温暖wēnnuǎn	暖かい		6
头疼tóuténg	煩わしい	173		ほほえましい		150
秃tū	(鉛筆の先が)まるい	155	温柔wēnróu	(娘が)おとなしい		37
妥当tuǒdang	[欠~]穏やかならない			しとやかだ		86
		36		つつましい		116
妥善tuǒshàn	穏やかだ	36	稳wěn	[不~]たどたどしい		110
			稳步wěnbù	手堅く		74
W				堅実に		73
歪wāi	[瞄~](ねらいが)		稳当wěndàng	堅実だ		73
	狂っている	69	稳定wěndìng	堅実だ		73
	曲がっている	152		(安定している)		73
弯wān	曲がっている	152		落ち着いている		36
弯曲wānqū	曲がっている	152	稳健wěnjiàn	(人柄が)堅実だ		73
完备wánbèi	完全だ		稳妥wěntuǒ	穏やかだ		36
	(完備している)	50		堅実だ		73
完好wánhǎo	満足な	156	稳重wěnzhòng	落ち着いている		36
完美wánměi	(形・物事の過程が)			落ち着いている		36
	完全だ	50		堅実だ		73
完全wánquán	完全だ	49		堅実だ		73
完善wánshàn	完全だ	50	无聊wúliáo	愚かだ		40
	満足な[→完全だ]	156		退屈だ		106
完整wánzhěng	完全だ	49		つまらない		116
顽固wángù	頑固だ	48		ばかばかしい		133
	強情だ	75				
	(偏見が)根強い	118	**X**			
顽皮wánpí	[太~]いたずらだ	56	稀xī	粗く		13
顽强wánqiáng	頑固に	48		薄い(粥)		23

		珍しい(客)	161	香xiāng	おいしい 29
		ゆるい	168		[~甜]心地よく(眠る) 76
稀薄xībó	(空気が)薄い	23			
稀疏xīshū	粗い(まばら)	13	详细xiángxì	詳しい	70
	薄い	23		細かい	78
喜欢xǐhuan	好きだ	89		丁寧に	120
	[招人~]いじらしい	18	消极xiāojí	消極的だ	89
	[招人~]しおらしい	84	响亮xiǎngliàng	(声が)明るい	2
	[不~]嫌いだ	61	现代xiàndài	新しい	7
细xì	細かい	77	羡慕xiànmù	うらやましい	26
	細い	150	小xiǎo	(効果が)うすい	23
	小さく(切る)	113		可愛い	47
	[~节]詳しいこと	70		[穿着~](服が)きつい 56
细腻xìnì	渋い	87		けちだ	71
细心xìxīn	丁寧だ	120		細かい	77
	手厚い	120		狭い	102
细致xìzhì	[不~]大ざっぱだ	31		小さい	113
	丁寧だ	120		細い	150
瞎xiā	[抓~]えらい	28		弱い	169
	[~话]しらじらしい嘘 90			若い	172
	[白~]もったいない	162	小气xiǎoqì	けちだ	71
	[~操心](よけいな)心配だ 93		小心xiǎoxīn	危ない	9
				丁寧に	120
狭长xiácháng	狭くて長い	103		[加~]慎重だ	92
狭窄xiázhǎi	狭い	103	斜xié	曲がっている	152
鲜明xiānmíng	(色調が)明るい	1	泄气xièqì	[~话]陰気な	22
	明らかだ	4	泄气xièqì	[~话]心細い	76
鲜艳xiānyàn	明るい	1	泄气xièqì	[~话]湿っぽい(話) 87
	鮮やかだ	4		腐っている	65
	華やかだ	136		情けない	125
闲xián	寂しい	80	辛苦xīnkǔ	[辛辛苦苦地]あくせく 116
	[~聊][~话] 無駄な話(をする) 160		辛酸xīnsuān	辛い	119
	[~不住]活発だ	43	新xīn	新しい	7
	[操~心](よけいな)心配をする 93		新奇xīnqí	珍しい	161
			新鲜xīnxiān	新しい	7
咸xián	からい	44		みずみずしい	159
相反xiāngfǎn	反対だ	138		珍しい	161
相同xiāngtóng	等しい	141	新颖xīnyǐng	新たな	7

	珍しい	161	严密yánmì	(口調が)強い	118
腥xīng	生臭い	64		(監視・追跡が)厳しい	57
行xíng	いい	16	严肃yánsù	(態度・表情が)いかめしい	17
	偉い	28		厳かだ	33
	[不~]あぶない	9		(口調が)重々しい	39
	[不~]へただ	148		(顔立ちが)きつい	56
兴奋xīngfèn	熱い	8		厳しい	58
	興奮している	134		険しい	72
兴高采烈xīnggāocǎiliè				真剣だ	90
	楽しく	111	严重yánzhòng	えらい(困大変だ)	29
	晴れやかだ	138		大きな	30
	陽気だ	168		(病気が)重い	38
幸福xìngfú	幸せだ	83		深刻だ	90
凶狠xiōnghěn	荒々しく	12		手痛い	120
	(目つきが)険しい	72	痒yǎng	かゆい	44
雄壮xióngzhuàng			要好yàohǎo	親しい	85
	(音楽が)勇ましい	17	要紧yàojǐn	惜しい	33
羞(得)xiū(de)	[没~]卑しい	21		大切だ	106
	恥ずかしい	134		重大だ	60
	[~喜喜]恥ずかしい	134	要强yàoqiáng	勝気だ	42
虚心xūxīn	謙虚に	73	耀眼yàoyǎn	まぶしい	155
Y			一般yìbān	普通だ	145
严yán	(罰が)重い	38	一本正经yìběnzhèngjīng		
	(評価が)からい	45		固い	41
	厳しい	57		四角ばっている	84
	[不~]生ぬるい	130		まじめだ	153
	[不~]緩い	167	一样yíyàng	等しい	141
	[管得~]うるさい	27	阴yīn	[天~了](空模様が)陰気だ	22
	[嘴~](口が)堅い	41		うっとうしい	25
严格yángé	(規則が)うるさい	27	阴暗yīn'àn	陰気だ	22
	(評価が)からい	45		暗い	66
	厳しい	57	阴沉yīnchén	陰気だ	22
严峻yánjùn	厳かだ	33		うっとうしい	25
	厳しい(局面)	57		重苦しい	39
严酷yánkù	(状況が)厳しい	57		暗い	67
严厉yánlì	(態度・声が)いかめしい	17		(顔だちが)険しい	72
	厳しい	57		(天候が)憂鬱だ	166
	険しい	72	阴凉yīnliáng	涼しい	97

阴险yīnxiǎn	陰険だ	22
阴郁yīnyù	(性格・気分が)陰気だ	22
	うっとうしい	25
	暗い	67
	(話が)湿っぽい	87
英勇yīngyǒng	勇ましい	17
硬yìng	硬い	41
	(毛が)こわい	78
硬邦邦yìngbāngbāng		
	硬い	41
硬朗yìnglǎng	(老人の身体が)頑丈だ	49
	元気だ	73
	丈夫だ	89
勇敢yǒnggǎn	勇ましい	17
忧愁yōuchóu	憂鬱だ	166
优美yōuměi	美しい	24
	きれいだ	62
	すばらしい	98
优秀yōuxiù	すぐれている	95
	立派な	171
悠闲yōuxián	[~自在]呑気だ	132
犹新yóuxīn	[记忆~](記憶が)生々しい	126
油腻yóunì	(味が)くどい	66
友好yǒuhǎo	[~和睦]和やかだ	124
有力yǒulì	力強い	114
有趣yǒuqù	面白い	39
	愉快だ	166
有名yǒumíng	有名だ	166
有利yǒulì	得だ	123
愉快yúkuài	(気持ちが)明るい	2
	嬉しい	27
	心地よい	75
	楽しい	111
	朗らかだ	149
	愉快だ	166
郁闷yùmèn	重苦しい	39
	憂鬱だ	166
圆yuán	まるい	155
	[~滚滚的]まるまると肥えている	75
圆滑yuánhuá	(人柄が八方美人)まるい	155
圆通yuántōng	(人柄が)まるい	155
圆满yuánmǎn	穏やかに	36
	まるく	155
远yuǎn	遠い	122
	[走~路]長い(道のり)	124
	[不~]近い	114
	[遥~]遠い(時・場所)	122
晕yūn	(乗り物に)弱い	169

Z

脏zāng	汚い	54
早zǎo	早い	137
	[不~]遅い	34
糟糕zāogāo	あやしい	12
	まずい	154
窄zhǎi	狭い	103
	細い	150
窄小zhǎixiǎo	狭い	102
	小さい	113
着急zháojí	[叫人~]歯がゆい	133
真zhēn	本当に	151
	[当~]本気に(する)	150
	[当~]真面目に(とる)	153
真实zhēnshí	本当の	151
争强zhēngqiáng	勝気だ	42
整洁zhěngjié	きれいだ	62
	[不~]きたない(片付いていない)	54
整齐zhěngqí	きちょうめんだ	55
	きれいだ	62
	丁寧に	122
	[不~]だらしない	112
正常zhèngcháng	正常だ	102

		普通だ	146		(社会的にみて)重大だ	46
		[不~]怪しい	11	重要zhòngyào	大切だ	106
		[不~]おかしい	32		(社会的にみて)重い	38
		[不~]狂っている	69	周到zhōudào	[細心~]手厚い	120
		[不~](天候が)悪い	174	庄严zhuāngyán	いかめしい	17
正当zhèngdàng	正当だ	110		厳かだ	33
	立派な	171	壮zhuàng	強い	118
正好zhènghǎo	(ちょうど)いい	16		[健~,強~]強い	118
	ほどよい	150	壮实zhuàngshi	厚い(胸)	9
正经zhèngjing	(人柄が)固い	41	准zhǔn	正確だ	101
	まじめだ	153		確かだ	109
正派zhèngpai	まじめな	153	准确zhǔnquè	正確だ	101
正确zhèngquè	正確だ	101		正しい	110
	正しい	110		的確だ	121
	的確だ	121	卓越zhuóyuè	優れている	95
正直zhèngzhí	(心が)まっすぐだ	155		立派だ	171
直zhí	まっすぐだ	155	拙笨zhuōbèn	(口が)下手だ	148
直爽zhíshuǎng	気さくだ	53	紫zǐ	[发~了]赤くなる	1
直率zhíshuài	率直だ	104	仔细zǐxì	詳しく	70
众多zhòngduō	多くの	132		細かい	78
重zhòng	(情に)あつい	9		丁寧だ	120
	(情に)あつい	9	自大zìdà	生意気だ	126
	重い	37	自然zìrán	(字が)素直だ	97
	ひどい	140		[不~]ぎこちない	52
重大zhòngdà	(精神的に)痛い	19	自私zìsī	[~自利]けちだ	71
	大きい	30	自由zìyóu	[~自在]気ままに	58
	深刻だ	90			
	手痛い	120			

日本語索引

*は類義語コーナーがあることを示す。
*の後の数字はコーナーがその意味分類の類義語であることを示す。

あ

あいまいだ →にえきらない	127
あかい【赤い】	1
あかるい【明るい】*②③⑤	1
あきらかだ【明らかだ】	3
あさい【浅い】	4
あざやかだ【鮮やかだ】*②	4
あせっている【焦っている】 →あわてている	14
あたたかい【暖かい・温かい】*①	5
あたたかだ【暖かだ・温かだ】	5
あたらしい【新しい】	7
あつい【暑い】	7
あつい【熱い】	8
あつい【厚い】	8
あつい【篤い・厚い】	9
あつかましい【厚かましい】	9
あつくるしい【暑苦しい】	7
あぶない【危ない】	9
あまい【甘い】	10
あやうく【危うく】	10
あやしい【怪しい】	11
あらあらしい【荒々しい】*②	12
あらい【荒い】	13
あらい【粗い】	13
あらたな【新たな】	7
あらたに【新たに】	7
あわい【淡い】	13
あわてている【慌てている】	14
あんしんだ【安心だ】*	14
あんぜんだ【安全だ】	15
いい	15
いかめしい【厳めしい】	17
いきぐるしい【息苦しい】	17
いさましい【勇ましい】	17
いじらしい	18
いじわるだ【意地悪だ】	18
いそがしい【忙しい】*②	18
いたい【痛い】	19
いたいたしい【痛々しい】	19
いたましい【痛ましい】	20
いぶかしい【訝しい】	20
いまわしい【忌まわしい】	20
いやしい【卑しい】*②	20
いやらしい	21
いんきだ【陰気だ】	21
いんけんだ【陰険だ】	22
うすい【薄い】	22
うすきみわるい【薄気味悪い】	59
うすぐらい【薄暗い】	67
うずたかい【堆い】	107
うそだ【嘘だ】	23
うたがいぶかい【疑い深い】	23
うつくしい【美しい】*①	23
うっとうしい*②	25
うまい →おいしい	29
うらめしい【恨めしい】	26
うらやましい【羨ましい】	26
うるさい	26
うれしい【嬉しい】*	27
えらい【偉い】	28
おいしい【美味しい】	29
おおい【多い】	29
おおきい【大きい】	30
おおげさだ【大げさだ】	31
おおざっぱだ【大ざっぱだ】*②	31
おかしい【可笑しい】	32

おくびょうだ【臆病だ】	32	かんたんだ【簡単だ】*③	50
おごそかだ【厳かだ】	33	きいろい【黄色い】	52
おしい【惜しい】	33	ききぐるしい【聞き苦しい】	52
おそい【遅い】	34	きけんだ【危険だ】→あぶない	9
おそろしい【恐ろしい】	34	ぎこちない	52
おだやかだ【穏やかだ】*②	35	きさくだ【気さくだ】*	53
おちついている【落ち着いている】	36	きざだ【気障だ】	53
おとっている【劣っている】	36	きじょうだ【気丈だ】*	54
おとなしい【大人しい】	37	きぜわしい【気ぜわしい】	54
おなじだ【同じだ】	37	きたない【汚い】	54
おもい【重い】*①	37	きちょうめんだ【几帳面だ】	55
おもおもしい【重々しい】	39	きつい*①	55
おもくるしい【重苦しい】	39	きながだ【気長だ】	56
おもしろい【面白い】	39	きびしい【厳しい】*①	56
おろかしい【愚かしい】	40	きまえがよい【気前がよい】	58
おろかだ【愚かだ】	40	きまずい【気まずい】	58
		きままだ【気ままだ】	58
か		きみじかだ【気短だ】	158
かしこい【賢い】*①	40	きみょうだ【奇妙だ】	58
かたい【硬い・固い・堅い】*③	41	きみわるい【気味悪い】	59
かたくるしい【堅苦しい】	42	きゅうだ【急だ】	59
かちきだ【勝気だ】	42	きよい【清い】	60
かってだ【勝手だ】	42	きようだ【器用だ】	61
かっぱつだ【活発だ】*②	43	きよらかだ【清らかだ】	60
かなしい【悲しい】*②	43	きらいだ【嫌いだ】	61
がめつい	44	きれいだ	61
かゆい【痒い】	44	きんべんだ【勤勉だ】	63
からい【辛い】	44	くさい【臭い】	64
かるい【軽い】	45	くさっている【腐っている】	64
かるがるしい【軽々しい】	46	ぐずだ	65
かろやかだ【軽やかだ】	46	くたびれている	115
かわいい【可愛い】	47	くたびれる →つかれている	115
かわいそうだ【可哀そうだ】	47	くどい	65
かわいている【渇いている・乾いている】	48	くやしい【悔しい】*②	66
かわいらしい【可愛らしい】	47	くらい【暗い】	66
かんがえぶかい【考え深い】	48	くるしい【苦しい】*③	68
がんこだ【頑固だ】*①	48	くるっている【狂っている】	69
がんじょうだ【頑丈だ】*①	49	くろい【黒い】	69
かんぜんだ【完全だ】	49	くわしい【詳しい】*①	70
		けいそつだ【軽率だ】	71

けちだ	71	しなやかだ	86
けむい【煙い】	71	しぶい【渋い】	87
けむたい【煙たい】	71	しめっぽい【湿っぽい】	87
けわしい【険しい】	71	じゆうだ【自由だ】　→きままだ	58
げんきだ【元気だ】	72	じゅうだいだ【重大だ】	
けんきょだ【謙虚だ】	73	→しんこくだ①	90
けんじつだ【堅実だ】*①③	73	→ていたい	120
こい【濃い】	74	じゅうぶんだ【充分だ・十分だ】	87
こいきだ【小粋だ】	75	じゅんすいだ【純粋だ】	88
こいしい【恋しい】	75	じゅんちょうだ【順調だ】	88
ごうじょうだ【強情だ】	75	しょうきょくてきだ【消極的だ】	88
こえている【肥えている】	75	じょうずだ【上手だ】	89
ここちよい【心地よい】*②	75	じょうぶだ【丈夫だ】*①	89
こころづよい【心強い】	76	しらじらしい	90
こころぼそい【心細い】	76	しろい【白い】	90
こころもとない【心もとない】	77	しんけんだ【真剣だ】	90
こころよい【快い】	76	しんこくだ【深刻だ】	90
こざっぱりしている	62	しんせつだ【親切だ】*	91
こだかい【小高い】	107	しんちょうだ【慎重だ】	92
こまかい【細かい】	77	しんぱいだ【心配だ】*①	92
こわい【怖い】	78	しんぼうづよい【辛抱強い】	93
さ		すがすがしい	94
		すきだ【好きだ】	94
さびしい【寂しい】*①③	79	すくない【少ない】	94
さむい【寒い】	80	すぐれている【優れている】*②	95
さわがしい【騒がしい】	80	すごい	96
さわやかだ【爽やかだ】*②	81	すずしい【涼しい】	96
ざんこくだ【残酷だ】	82	すっぱい	97
ざんにんだ【残忍だ】*	82	すてきだ【素敵だ】　→すばらしい	98
ざんねんだ【残念だ】*②	82	すなおだ【素直だ】	97
しあわせだ【幸せだ】	83	すばしこい	98
しおらしい	83	すばやい【素早い】	98
しかくい【四角い】	84	すばらしい【素晴らしい】	98
しかくばっている【四角ばっている】	84	ずるい【狡い】	99
しずかだ【静かだ】*④	84	ずるがしこい【狡賢い】	99
したしい【親しい】*②	85	するどい【鋭い】*③	99
したたかだ	86	せいかくだ【正確だ】*②	101
しっそだ【質素だ】　→そほくだ③	104	せいけつだ【清潔だ】	101
しとやかだ	86	せいじつだ【誠実だ】	102
しどろもどろだ	111	せいじょうだ【正常だ】	102

せいとうだ【正当だ】	110	てぬるい【手緩い】	129
せっきょくてきだ【積極的だ】	102	とうとい【貴い・尊い】	122
せまい【狭い】*4	102	とおい【遠い】	122
ぞくっぽい【俗っぽい】	104	とくいだ【得意だ】	122
そっちょくだ【率直だ】*	104	とくだ【得だ】	123
そぼくだ【素朴だ】*3	104	とぼしい【乏しい】	123
そんだ【損だ】	105	どもっている　→しどろもどろだ	111

た

たいくつだ【退屈だ】	106	ながい【長い】	124
たいせつだ【大切だ】	106	なごやかだ【和やかだ】	124
たかい【高い】	107	なさけない【情けない】	124
たくましい【逞しい】	108	なだらかだ	125
たしかだ【確かだ】*3	109	なつかしい【懐かしい】	125
ただしい【正しい】	110	なまいきだ【生意気だ】	126
たどたどしい	110	なまぐさい【生臭い】	64
たのしい【楽しい】*1	111	なまなましい【生々しい】	126
たのもしい【頼もしい】	112	なまぬるい【生ぬるい】	129
だらしない	112	なれなれしい【馴れ馴れしい】	126
だるい	112	にえきらない【煮え切らない】	127
たんきだ【短気だ】	112	にがい【苦い】	127
たんじゅんだ【単純だ】	113	にがにがしい【苦々しい】	127
ちいさい【小さい】	113	にぎやかだ【賑やかだ】	127
ちかい【近い】	114	にくい【憎い】	128
ちがっている【違っている】	114	にくらしい【憎らしい】	128
ちからづよい【力強い】	114	にこやかだ	128
つかれている【疲れている】	115	にぶい【鈍い】	128
つつましい	116	ぬるい	129
つまらない	116	ねたましい【妬ましい】	130
つめたい【冷たい】*2	116	ねっしんだ【熱心だ】	130
つよい【強い】	117	ねづよい【根強い】	118
つらい【辛い】	119	ねむい【眠い】	131
てあつい【手厚い】	120	のぞましい【望ましい】	131
ていたい【手痛い】	120	のろい	131
ていねいだ【丁寧だ】	120	のんきだ【呑気だ】	131
てがたい【手堅い】	74		
てきかくだ【的確だ】	121	### は	
てきとうだ【適当だ】　→ほどよい	150	はかない【儚い】	132
てごろだ【手頃だ】	121	ばかばかしい【馬鹿馬鹿しい】	132
てごわい【手ごわい】	78	はがゆい【歯がゆい】	133

はげしい【激しい】*3	133
はずかしい【恥ずかしい】	134
はっきりしている*2	135
はでだ【派手だ】 →大げさだ2	31
はなやかだ【華やかだ】	136
はやい【早い】	137
はやい【速い】	137
はらだたしい【腹立たしい】	138
はれやかだ【晴れやかだ】	138
はんたいだ【反対だ】	138
ひくい【低い】	139
ひつようだ【必要だ】	140
ひどい	140
ひとしい【等しい】	141
ひややかだ【冷ややかだ】	141
ひらたい【平たい】	141
ひろい【広い】	142
びんしょうだ【敏捷だ】	143
ふかい【深い】	143
ぶきみだ【不気味だ】 →うすきみわるい	59
ふくざつだ【複雑だ】	144
ふさわしい【相応しい】	144
ふしぎだ【不思議だ】	145
ふつうだ【普通だ】*2	145
ふとい【太い】	146
ふとっている【太っている】	147
ふべんだ【不便だ】	149
ふるい【古い】	147
へいぼんだ【平凡だ】*	148
へただ【下手だ】	148
べんりだ【便利だ】	149
ほうふだ【豊富だ】 →ゆたかだ	166
ほがらかだ【朗らかだ】	149
ほそい【細い】	150
ほどよい	150
ほほえましい【微笑ましい】	150
ほんきだ【本気だ】	150
ほんとうだ【本当だ】	150
ぼんやりしている	151

ま

まがっている【曲がっている】	152
まぎらわしい【紛らわしい】	152
まじめだ【真面目だ】*1	153
まずい	154
まずしい【貧しい】	154
まちがっている【間違っている】	154
まっすぐだ	155
まぶしい【眩しい】	155
まるい【丸い】	155
まろやかだ	155
まんぞくだ【満足だ】*12	156
みぐるしい【見苦しい】	157
みごとだ【見事だ】	157
みじかい【短い】	158
みすぼらしい	158
みずみずしい【瑞々しい】	159
みっともない	159
みにくい【醜い】	159
むずかしい【難しい】	160
むだだ【無駄だ】	160
めずらしい【珍しい】	161
めまぐるしい【目まぐるしい】	161
もったいない	162
ものすごい	96
もろい【脆い】	162

や

やさしい【優しい】	163
やさしい【易しい】	164
やすい【安い】	164
やすらかだ【安らかだ】	164
やせている【痩せている】	165
やわらかい【柔らかい】	165
ゆううつだ【憂鬱だ】	166
ゆうしゅうだ【優秀だ】 →りっぱだ1	171
ゆうめいだ【有名だ】	166
ゆかいだ【愉快だ】	166

ゆたかだ【豊かだ】	166	**ら**	
ゆっくりだ	167	らんぼうだ【乱暴だ】	170
ゆるい【緩い】	167	りっぱだ【立派だ】	171
ゆるやかだ【緩やかだ】	168	りゅうちょうだ【流暢だ】	171
よい →いい	15	れいせいだ【冷静だ】	172
ようきだ【陽気だ】	168	**わ**	
よかった【良かった】	16	わかい【若い】	172
よそよそしい	168	わがままだ【我が儘だ】	173
よろこばしい【喜ばしい】	169	わかわかしい【若々しい】	172
よろこんでいる【喜んでいる】→うれしい	27	わずらわしい【煩わしい】	173
よわい【弱い】	169	わるい【悪い】	173
よわきだ【弱気だ】	169	わんぱくだ【腕白だ】	174
よわよわしい【弱々しい】	169		

表現力アップの虎の巻！
中国語常用口語表現 1000
陳洲挙著／李永寧・加藤昌弘編訳／四六判／232頁／2718円（税別）
文の冒頭や中間に置かれ、感情や態度などのニュアンスを加味する「挿入語」1000について、意味だけでなく用法や使用できる対象まで解説。例文も、日常的で平易なものを多数挙げ、学習者の理解を助ける。

「上手な中国語」で満足ですか？
中国語表現 300 例 日本人の発想・中国人の発想
中山時子・佐藤光・趙間先著／A5判／180頁／1900円（税別）
日本語の例文に、日本人と中国人それぞれによる作文例をあげ、発想のしかたそのものの違いを一目瞭然とした。一歩先行く中国語を目指す学習者向け。巻末の「こんな時どういう？」も便利。

離合詞の特殊な用法をとらえる！
中国語離合詞 500
中山時子監修／鹿琼世・李清華・大滝幸子編著／四六判／256頁／2900円（税別）
概説篇で離合詞の特徴を解説、用例篇で常用語541語を豊富な例文を用いて詳細に解説。挿入成文が一目でわかる一覧表を収録。

ポケット判日中・中日辞典の決定版、待望の改訂！
精選日中・中日辞典 改訂版
姜晩成・王郁良編（北京・商務印書館版）／ポケット判／1408頁／2500円（税別）
日中辞典約2万語、中日辞典約2万2,000語の語彙を収録。学習に旅行にビジネスに携帯便利なポケット辞典。

中国で最も愛用されている中中字典の最新版！
新華字典 改訂版
北京・商務印書館編／B7判／800頁／1800円（税別）
1957年初版出版以来、中国では数多くの人が使用しているスタンダードな中中字典。収録文字数は繁体字・異体字を含め1万余字を数える。

21世紀日本にあふれるカタカナ語を多数収録！
日中外来語辞典
秦延通主編／B6判／880頁／4800円（税別）
情報時代の日本語の中にあふれる外来語、英字による略語、和製語等カタカナや英字を交えたことばを、政治・経済・文化・社会生活・教育・軍事・情報通信・電子技術・コンピュータ・バイオテクノロジー・医薬衛生・放送・テレビなどの諸分野から採録。5万余語の日本における外来語を五十音順に配列する日中辞典。

東方書店ホームページ〈中国・本の情報館〉http://www.toho-shoten.co.jp/

似ているようでちょいと違う、類義語の微妙な世界！
中国語類義語のニュアンス
相原茂・荒川清秀・大川完三郎・杉村博文編／四六判／224頁／2200円（税別）
わかるようでわからない中国語の同義語・類義語計100組、200余語について、そのニュアンスや使い方を解説。

違いがわかれば中国語が伸びる、類義語の世界！
どうちがう？中国語類義語のニュアンス2
相原茂・荒川清秀・大川完三郎・杉村博文編／四六判／224頁／2200円（税別）
わかるようでわからない中国語の同義語・類義語計100組、200余語について、そのニュアンスや使い方を解説。

困ったときのポケット版文法書！
中国語表現文法 28のポイント
張黎・佐藤晴彦著／新書判／196頁／1800円（税別）
比較表現・受身表現・可能表現などの表現別に分類・解説したインデックス式文法解説書。それぞれの項目は、「表現形式」「相違点の比較」「疑問解決」で構成する。

中国語文法参考書の決定版！
やさしくくわしい中国語文法の基礎
守屋 宏則 著／A5判／360頁／2000円（税別）
初級から中級まで、学習者のニーズに応える、くわしくわかりやすい参考書の決定版。本文中の例文には日本語訳とピンインを付け、説明中の関連する事項には参照箇所を指示する。検索機能も充実。

本格的な自習用学習ソフト、教室での中国語学習の補助教材にも最適！
ハイパー中国語実用漢語課本
[日本語版] CD-ROM Ver.1.5
林要三＝企画・監修／東方書店＋クリエイト大阪＝製作
【パーソナル版】B5判／CD-ROM4枚＋セットアップガイド1冊＋マニュアル1冊／24000円（税別）【ネットワーク版】基本パック：280000円（税別）[クライアントライセンス1（端末1台）追加ごとにプラス22,000円]
中国語入門コースの標準テキストとして定評のある北京言語学院編『実用漢語課本[日本語版]』BOOK1・2(全951頁)を電子化。CD-ROM4枚の圧倒的なボリューム！ 課文、閲読、単語、会話練習など400分以上の音声を収録、聞きたい箇所をいつでも自在に再生！

東方書店ホームページ〈中国・本の情報館〉http://www.toho-shoten.co.jp/

これが相原流！中国語学習術！
中国語の学び方
相原茂著／新書判／216頁／1000円（税別）
自身の体験にもとづいて語りかける楽しい語学エッセイ。ユーモアあふれる語り口で中国語学習のポイント、楽しさ、コツを伝授する。初心者から「さまよえる中級人」まで相原流学習術で使える中国語をモノにしよう！

コミュニケーションをなめらかにする必修ツール50！
あ、知ってる中国語 常用文ファイル50
相原茂著／新書判／224頁／1200円（税別）
你好（ニイハオ）対不起（トイプチー）没关系（メイクアンシ）など実用性の高い50のフレーズのワンランク上の用法を軽妙な語り口で解き明かす、相原流語学エッセイ第二弾！　例文には全てピンイン、日本語訳付き。

この一冊でTECCのすべてがわかる！〔CD付〕
TECC受験公式ガイド 中国語コミュニケーション能力検定のすべて
中国語コミュニケーション協会編／A5判／80頁＋CD1枚／1500円（税別）
中国語コミュニケーション能力検定（略称TECC）唯一の公式ガイドブック。2001年から採用される新方式に完全対応。本番と同じ形式の例題をパターン別に徹底解説。初級者から上級者まで全受験者必携の一冊。CD付。

「使える中国語」へのチャレンジ！〔CD付〕
TECC実践過去問題集 第9回～第11回
中国語コミュニケーション協会編／B5判／240頁＋CD2枚／2800円（税別）
TECC新方式の3回分（第9回～第11回）を集めた過去問題集。本番と同じ条件で問題にチャレンジし、さらに丁寧な解説で弱点をチェックできる。試験問題、リスニングCD、問題文全訳、解答と解説＋傾向分析、マークシートつき。

TECC〔中国語コミュニケーション検定〕受験者必携！〔CD付〕
TECCにチャレンジ 初級攻略編
内田慶市・奥田寛・黄志軍・沈国威・張黎輝編著／A5判／240頁＋CD1枚／2400円（税別）
中国語コミュニケーション検定を受験する初級・中級学習者のために、本試験と同じ形式の問題と、解説を収録。スコア350点獲得を目標とする実践的問題集。

コミュニケーションのための基本語を例文とともに覚えよう！〔CD付〕
中国語基本単語1400
相原茂編／A5判／320頁＋CD2枚／2200円（税別）
中国語コミュニケーション能力検定（TECC）をはじめ各種試験で頻出する基本語彙約1400を品詞別に分類、さらに日本語との比較によるわかりやすさから3グループに分け、意味分野で配列した単語集。

東方書店ホームページ〈中国・本の情報館〉http://www.toho-shoten.co.jp/

監修者略歴
平松圭子（ひらまつ　けいこ）
1931年東京生まれ。
1953年お茶の水女子大学卒業。1973年中華民国台湾大学中国文学研究所（碩士）卒業。放送大学（1984〜86），大東文化大学（1986〜2001）勤務，2001年定年。大東文化大学名誉教授。
訳書に，『火葬』（老舎著，学習研究社，1982），『中国語の表現と機能』（共訳，劉月華著，好文出版，1992）など。

編著者略歴
大瀧幸子（おおたき　さちこ）
1949年生まれ。
1972年東京大学文学部卒。1974年東京大学大学院修士課程修了。1977年東京大学大学院博士課程単位取得満期退学。1993年明海大学外国語学部助教授。1997年より金沢大学文学部教授。
編著書に『中国語離合詞500』（共編著，東方書店，1990），『中国語類義語のニュアンス』（共著，東方書店，1995）など。

日本語・中国語　形容表現例釈
2002年10月25日　初版第1刷発行

監　　修●平松圭子
編著者●大瀧幸子
発行者●山田真史
発行所●株式会社東方書店
　　　　　東京都千代田区神田神保町1-3 〒101-0051
　　　　　電話 03-3294-1001 振替東京 00140-4-1001
　　　　　営業電話 03-3233-1003
装　　幀●株式会社知覧俊郎事務所
印刷・製本●倉敷印刷株式会社

定価はカバーに表示してあります。

Ⓒ 2002　平松圭子＋大瀧幸子　　　Printed in Japan
ISBN 4-497-20208-9　C3087
乱丁・落丁本はお取り替えいたします。
恐れ入りますが直接小社までお送りください。

Ⓡ本書の全部または一部を無断で複写複製（コピー）することは，著作権法上での例外を除き禁じられています。本書からの複写を希望される場合は日本複写権センター（03-3401-2382）にご連絡ください。
小社ホームページ〈中国・本の情報館〉で小社出版物のご案内をしております。
http://www.toho-shoten.co.jp/